广东地方习惯法研究

GUANGDONG DIFANG XIGUANFA YANJIU

张洪林◎主编

法律出版社
LAW PRESS·CHINA
北京

图书在版编目(CIP)数据

广东地方习惯法研究 / 张洪林主编. -- 北京 : 法律出版社, 2023

ISBN 978-7-5197-7417-2

Ⅰ. ①广… Ⅱ. ①张… Ⅲ. ①习惯法-研究-广东 Ⅳ. ①D927.650.4

中国版本图书馆 CIP 数据核字(2022)第 238051 号

广东地方习惯法研究
GUANGDONG DIFANG XIGUANFA YANJIU

张洪林 主编

策划编辑 张 珺
责任编辑 张 珺
装帧设计 汪奇峰

出版发行 法律出版社
编辑统筹 法商出版分社
责任校对 王晓萍 王语童
责任印制 胡晓雅
经　　销 新华书店

开本 710 毫米×1000 毫米 1/16
印张 19 **字数** 271 千
版本 2023 年 2 月第 1 版
印次 2023 年 2 月第 1 次印刷
印刷 三河市龙大印装有限公司

地址:北京市丰台区莲花池西里 7 号(100073)
网址:www.lawpress.com.cn
投稿邮箱:info@lawpress.com.cn
举报盗版邮箱:jbwq@lawpress.com.cn
销售电话:010-83938349
客服电话:010-83938350
咨询电话:010-63939796

书号:ISBN 978-7-5197-7417-2
定价:75.00 元

前　言

《广东地方习惯法研究》是国家社科基金一般项目“广东地方习惯法研究”（15BFX023）的最终成果，也是广州市哲学社会科学发展“十四五”规划2022年度课题“潮汕侨批法律文化研究”（2022GZJ197）的研究成果。

党的十八届四中全会通过的《中共中央关于全面推进依法治国若干重大问题的决定》第一次明确提出了建设中国特色社会主义法治，将法治中国问题与中国属性提升到了新的高度，强调本土文化与法治理念的承接与转型。发掘法治的民族性、地域性资源，对传承传统法律文化，推进多层次、多领域依法治理有重要的价值。

广东地处岭南，自古形成了多种文化群体和谐共存的社会形态。不同群体在迁居与生养中，孕育了自身独特的习惯法。明清时期，广东的广府民系、潮汕民系和客家民系三大汉族分支基本成型。潮汕民系发展为儒家文化与海洋文化的综合体，兼收并蓄的文化孕育了发达的习惯法，与中原法律文化产生了差异，具有独特的研究价值。在少数民族群体中，宋代以后迁入广东连南的瑶族部落逐渐成为广东少数民族的主体，由于地处汉民生活区，连南瑶族在维持自身文化的同时，也受到汉族法制的影响，形成了具有广东地方特色的排瑶习惯法。对广东地方习惯法的研究，我们以潮汕法律文化和连南瑶族民族文化遗产立法保护为中心进行研究。

本书由项目主持人张洪林（博士、华南理工大学法学院教授），项目组成员曾天然（博士、广东工业大学通识教育中心讲师）、沈玮玮（博士、华南理工大学法学院副教授）、薛锐（博士、华南理工大学法学院）、朱腾伟（博士、广东技术师范大学法学院讲师）共同完成。

目　录

绪　论 …… 001

一、选题意义 …… 001

二、研究综述 …… 004

三、研究材料 …… 009

四、研究的架构与创新 …… 011

第一编　以潮汕法律文化为中心

第一章　潮汕法律文化的意涵 …… 017

第一节　潮汕法律文化的基本特征及内涵 …… 018

一、潮汕法律文化的基本特征 …… 018

二、潮汕法律文化的内涵 …… 021

第二节　潮汕法律文化特征形成的基础 …… 024

一、封闭与开放的地理环境是形成潮汕法律文化特征的客观基础 …… 024

二、土著文化与移民文化多元融合并凸显儒家主流文化根基 …… 026

三、向海外移民铸就了潮汕法律文化开放冒险而又诚实守信的品格 …… 034

第二章　潮汕日常媒介中的法律文化 …… 036

第一节　方言俗语中的法律文化 …… 037

一、齐家治国的语言规训 …… 037

二、俗语中体现的官民关系的治理基础 …… 039

三、商业系统的俗语法则 …… 041
第二节 功夫茶道中的法律文化 …… 042
一、功夫茶道的准则意义 …… 042
二、功夫茶道的传统教化 …… 045
三、功夫茶道中暗含的司法文化 …… 047
第三节 潮绣潮剧嵌瓷木雕中的法律文化 …… 049
一、潮绣的礼义承载 …… 049
二、潮剧的司法意义 …… 051
三、嵌瓷的秩序期盼与木雕的日常提醒 …… 052
第三章 潮汕婚俗中的法律文化 …… 054
第一节 潮汕婚俗的文化基础 …… 054
一、潮汕地方文化群落 …… 054
二、儒家汉族文化背景 …… 056
第二节 潮汕婚俗的内容 …… 057
一、“六礼”的婚姻缔结程序 …… 058
二、潮汕旧俗中的婚姻形态 …… 061
三、潮汕歌册故事中的婚姻观念 …… 062
第三节 潮汕婚俗的特点 …… 065
一、国家法与民间法的协调共生 …… 065
二、儒家伦理是婚俗文化的精神内核 …… 067
第四章 潮汕乡约宗法中的法律文化 …… 070
第一节 潮汕乡约宗法推行的思想基础及中坚力量 …… 072
一、儒家正统思想在潮汕的传播为乡约宗法推行奠定了教化基础 …… 072
二、潮汕的士大夫阶层是推行乡约宗法的中坚力量 …… 080
第二节 潮汕的乡约 …… 088
一、潮汕乡约推行的原因 …… 088
二、潮汕乡约的主要内容 …… 091
三、潮汕乡约的特点 …… 099

第三节　潮汕宗法中的法律文化 …… 105
一、潮汕宗族的构建 …… 105
二、潮汕族谱中的法律文化 …… 108
三、潮汕宗祠中的法律文化 …… 112
四、潮汕宗族规制中的法律文化 …… 120
第五章　潮汕侨批中的法律文化 …… 132
第一节　家族文化浸润的潮汕侨批 …… 133
一、潮汕家族文化的形成 …… 134
二、潮汕家族文化的浸润催生了潮汕侨批 …… 136
三、潮汕家族文化衍生了潮汕侨批的民间法规则 …… 138
第二节　潮汕侨批的民间法规制 …… 139
一、“信款合一”与“回批确认”的规制 …… 139
二、同业公会对侨批的保障措施 …… 142
第三节　潮汕侨批的国家规制 …… 145
一、清末的《开办邮政章程》…… 146
二、中华民国的潮汕侨批规制 …… 148
三、中华人民共和国成立初期的侨批业规制 …… 154
第四节　家族文化构筑的潮汕侨批纠纷调处方式 …… 157
一、家族文化中的商业诚信构筑了潮汕侨批纠纷预防的屏障 …… 157
二、家族文化影响形成的救济方式是化解潮汕侨批纠纷的重要保障 …… 161
三、家族文化构筑的潮汕侨批纠纷调处方式评鉴 …… 167
第五节　潮汕侨批中渗透的法律文化 …… 169
一、潮汕侨批的根基是家族法文化 …… 169
二、潮汕侨批规制中显现了民间法与国家法的互动 …… 172
三、潮汕侨批规制的演变折射了中国法律近代化的轨迹 …… 174
第六章　潮汕官吏的法思想与实践 …… 177
第一节　清官祭祀与信仰 …… 177

一、皇帝与官吏的潮汕风范 …… 177
二、汉法与官吏的潮汕机遇 …… 181
第二节 唐宋时期潮汕官吏的法思想与实践 …… 182
一、韩愈 …… 183
二、彭延年 …… 189
第三节 明清时期潮汕官吏的法思想与实践 …… 194
一、翁万达 …… 194
二、萧端蒙 …… 203
三、周光镐 …… 207
四、林熙春 …… 211
五、蓝鼎元 …… 220
第四节 结语:潮汕法律文化的意义 …… 226

第二编 以连南瑶族民族文化遗产立法保护为中心

第一章 少数民族非物质文化遗产的保护与传承
——以民族自治地方文化遗产保护立法为考察对象 …… 239
第一节 加强民族自治地方非物质文化遗产法律保护与传承的必要性和迫切性 …… 240
一、有利于增进民族团结 …… 240
二、有利于适应城镇化快速发展的需要 …… 241
三、有利于活跃民族自治地方的特色文化 …… 243
第二节 民族自治地方非物质文化遗产法律保护的现实困境 …… 244
一、真实性保护面临困境 …… 244
二、传承性保护面临危机 …… 246
三、整体性保护面临挑战 …… 248
第三节 完善民族自治地方非物质文化遗产法律保护的路径实现 …… 249

一、更新保护理念 …… 249
二、构建多元参与机制 …… 251
三、制订保护规划 …… 253
第四节　结语 …… 254
第二章　连南民族自治地方立法对瑶族文化遗产的保护 …… 255
第一节　《连南瑶族自治县民族文化遗产保护条例》起草的背景 …… 255
一、连南瑶族自治县民族文化遗产的保护现状 …… 256
二、连南瑶族自治县民族文化遗产保护面临的困境 …… 257
三、文化遗产保护的法律体系对民族自治地方文化遗产保护存在针对性不强的问题 …… 259
第二节　《连南瑶族自治县民族文化遗产保护条例》起草的指导思想 …… 260
一、民族文化遗产统一保护 …… 260
二、突出地方特色 …… 261
第三节　《连南瑶族自治县民族文化遗产保护条例》立法体例的选择 …… 262
一、文化遗产保护的立法体例 …… 262
二、《连南瑶族自治县民族文化遗产保护条例》选择统一立法体例的缘由 …… 264
第四节　《连南瑶族自治县民族文化遗产保护条例》制定的过程 …… 265
一、《连南瑶族自治县民族文化遗产保护条例》起草中的多元参加者 …… 265
二、《连南瑶族自治县民族文化遗产保护条例》的启动 …… 268
三、《连南瑶族自治县民族文化遗产保护条例》的内容与特色 …… 275
四、立法中连南瑶族自治县人大常委会与立法专家组的深度合作 …… 278
第五节　《连南瑶族自治县村镇规划建设管理条例》对传统瑶族村寨和民族文化的保护 …… 279
一、《连南瑶族自治县村镇规划建设管理条例》中保护传统瑶族村寨和民族文化的概况 …… 280

二、《连南瑶族自治县村镇规划建设管理条例》保护传统瑶族村寨和民族文化的内容 …… 280
三、《连南瑶族自治县村镇规划建设管理条例》突出了保护传统瑶族村寨和民族文化的特色 …… 285
第六节 结语 …… 285
参考文献 …… 287

绪　　论

一、选题意义

党的十八届四中全会通过的《中共中央关于全面推进依法治国若干重大问题的决定》第一次明确提出了建设“中国特色”社会主义法治，将法治的中国问题与中国属性提升到了新的高度，强调本土文化与法治理念的承接与转型。发掘法治的民族性、地域性资源，对传承传统法律文化，推进多层次多领域依法治理有重要的借鉴价值。广东地处岭南，自古形成了多种文化群体和谐共存的社会形态。不同群体在迁居与生养中，孕育了自身独特的习惯法。但由于地理的阻隔，历代中央政权在广东的社会治理中都高度依赖民间的各类习惯法，使得广东民间习惯法具有强大的生命力。民间社会的习惯法是基层社会稳定的内在力量，是社会治理体系的文化根基，是中国特色社会主义法治体系的重要组成部分。

明清时期，广东的广府民系、潮汕民系和客家民系三大汉族分支基本成型。广府民系是中原文化的延伸；客家民系以迁徙为特征，没有独立的文化体系；而潮汕民系则发展为儒家文化与海洋文化的综合体，兼收并蓄的文化孕育了发达的习惯法，与中原法律文化产生了差异，具有独特的研究价值。在少数民族群体中，宋以后迁入广东连南的瑶族部落逐渐成为广东少数民族的主体。由于地处汉民生活区，连南瑶族在维持自身文化的同时，也受到汉族法制的影响，形成了广东地方特色的瑶族习惯法。

对广东地方习惯法的研究，我们将以潮汕和连南瑶族为中心进行研究。

（一）潮汕法律文化研究

潮汕文化对中古中原文明的完整保存，以及怒海而生所形成的特殊海洋性格，使潮汕法律文化颇具特色。这种混合多元的特色也是中心与边缘文化相互作用而成的。在历史上身处南国边陲之地的潮汕,中心文化一般将其归属为蛮荒之区,被中心文化边缘化的蛮荒之区往往是贬官流放之地。民风野蛮,尚未开化,而"文化"之意正是以"文"化之。潮汕在隋唐之后,因中原为躲避战乱的移民迁入和谪贬官吏的精心治理,潮汕的民风逐渐淳朴,这就是中原文化强大的同化作用。潮汕原有的盗匪横行的社会治安状况经历任贬谪官员的勤于治理,攘外安内,靖边惩盗而大为改变,且多有经世济民之才,发展精耕农业,鼓励商业经济发展,使潮汕地区成为鱼米富足之乡,潮商也走向海外,经由海上丝绸之路,得海洋经济发展先机,使潮汕文化具有了国际化的视野和格局,这些都深刻地影响了潮汕法律文化。如潮汕地区对官吏尤其是清官能吏的多神崇拜,是对原有潮汕神灵祭祀文化的改良,在以中华儒家文明为代表的清官信仰中独树一帜。到明清之际,因潮汕乡宦对乡约族规的重视强化,使中央国家权力和治理体系向基层延伸,并且与其他地域相比也是整齐划一,俨然成为中央文明完全覆盖之区。将潮汕特殊的宗教信仰和宗族观念完全同化为中国传统儒家法律文明的有利因子,如引礼入法、行政兼理司法、皇权司法、清官崇拜、婚姻家庭程式礼俗、社会治安治理,甚至情理法兼容的断案技巧,从立法、执法和司法等方面,均通过日常生活载体(如潮语、潮剧、潮绣、潮瓷等)完全表现出来,自语言、行为、心态到文艺装饰等,儒家法律文化无孔不入地浸润着潮汕儿女。更重要的是,潮汕法律文化所体现的以儒家礼义秩序为核心的文化要义,在当前法治建设中具有样本意义。[①] 如何更好地使中国传统法律文化中的精华同当代法治社会相结合,而不再完全依赖近代以来法律移植的法治变革之路,对潮汕法律文化的研究或可为此问题的深入分析提供一个颇具代表意义的地方性答案。这便是研究潮汕法律文化最为重要的建构性意义。

在法律史研究中,潮汕习惯法是地方法制史理论研究的重要内容。在中国特色社会主义法治体系建设中,广东一直是社会变迁和制度构建的前沿,潮汕习惯法的自治规范,对全面推进依法治国,实现法治社会的综合治理具有重要

---

① 参见沈玮玮、刘盈辛:《潮汕日常媒介中的儒家法律文化》,载《人民法院报》2017 年 4 月 7 日,第 5 版。

的理论与实践价值。目前还尚未见到纯粹从法律史的角度对潮汕法律文化进行系统的阐释。潮汕法律文化的研究对于丰富中国地方法治文化内涵的意义不言而喻。从法律文化的视角探讨潮汕地区与中原文化等之间的异同是突出潮汕文化特色的又一路径,具有重构地方法治文化体系、揭示中原与偏远地区法制交流过程、丰富中华法治文明内涵、挖掘地方特色法治资源等一系列重大的理论和现实意义。

(二)连南瑶族民族文化遗产立法保护研究

广东虽不是民族自治区,但其境内有瑶族、畲族、壮族等少数民族,不同群体在迁居与生养中,孕育了自身独特的文化。少数民族群体中,明清时期广州府辖下的连南瑶族部落逐渐成为广东少数民族的主体,由于地处汉民生活区,连南瑶族在维持自身文化的同时,也受到汉族的影响,存留下了具有广东地方特色的瑶族习惯法。连南瑶族习惯法存在于瑶族的风俗习惯、礼仪节庆、传统村寨等载体之中,对维系连南的地方秩序和地方治理有着重要的意义。但是,随着时代的发展,尤其是在经济全球化和城镇一体化建设的冲击下,这些风俗习惯、礼仪节庆、传统村寨等作为瑶族的文化遗产面临着保护的困境,大量具有历史文化价值的珍贵资料和文物遭到破坏和遗弃,民族文化遗产的传承人也面临后继乏人的危机,民族文化遗产面临着“自然消亡”的威胁。现行的文化遗产保护法制难以对地方的民族文化遗产提供有针对性的保护,瑶族文化遗产法律保护具有紧迫性。通过民族自治地方立法,将连南瑶族的风俗习惯、礼仪节庆、传统瑶族村寨等保护内化为法条,使瑶族习惯具有国家强制力的保护,是传承瑶族习惯法的重要途径,也是研究地方习惯法的又一路径。

借助民族自治地方立法,将民族的和地域的文化内容纳入法律保护,构建一套完善的民族自治地方文化遗产保护的法律体系,使文化遗产保护走向规范化、法制化的道路,也是探索地方法对习惯认可的经验,是加强民主立法、科学立法的必然要求,“法律的生命力来自与社会的契合,法律的权威性来自深厚的实践基础,法律的科学性来源对客观规律的尊重”①。因此,通过民族自治地方

① 高其才:《法律应当重视对习惯的认可》,载《学习时报》2017 年 1 月 25 日,第 7 版。

立法来保护民族习惯,对于完善地方立法,保护和传承民族文化,维护基层的稳定,增进民族团结,保护和传承习惯法有重要意义。

二、研究综述

(一)潮汕历史文化的研究

从法律史文化研究的视角研究潮汕文化的还很少见。但作为区域文化史研究,从清末民初开始,就有学者致力于民俗文化的研究,温廷敬撰有《明季潮州忠逸传》《潮州唐宋元人吉光集》《潮州艺文志》等;温辉东等编著有潮汕乡土历史、乡土地理教科书,著有《潮州方言》《潮风》等;林培庐编《揭阳风土记》《潮州七贤故事集》等。还有阐述潮汕风俗文化的专著,如杨睿聪的《潮州的习俗》;沈敏的《潮安年节风俗谈》等。

在研究潮汕历史文化中,国学大师饶宗颐先生是一个绕不开的人物,他从20世纪30年代以来,历数十年对潮汕文化进行研究,成果丰硕。1996年出版的《饶宗颐潮汕地方史论集》,除了他主纂的《(民国)潮州志稿》、手稿《潮州志汇编》等,共计60种。著述的内容包括潮汕历史地理研究、潮汕民系研究、潮汕历史人物研究、潮汕思想文化研究以及潮州学的倡导,对潮汕文化从各个领域进行了深入研究。

1990年,国学大师饶宗颐提出建立潮学的建议,阐述了潮学在中国文化史上的重要性,为潮汕文化的深入研究奠定了理论基础。此后,在汕头大学、韩山师专(师院)成立潮汕文化研究中心,汕头成立了潮汕历史文化研究中心,这些专门研究机构的成立,为潮汕文化研究提供了重要的条件。还创办了《汕头史志》《潮州》《潮学》《岭南文库》《潮汕文库》等,为发表和出版潮汕文化研究成果提供了平台。此后,出现了较为丰硕的研究成果,在内地、香港刊物发表的研究潮汕文化的论文有1200余篇。① 20世纪90年代以来出版了专著30余种。主要的有黄挺的《潮汕文化源流》②,对潮汕文化的形成和演变以及俗文化作了

① 参见陈占山:《1990年以来潮汕历史研究》,载《潮学研究》(7),花城出版社1998年版,第228页。

② 参见黄挺:《潮汕文化源流》,广东高等教育出版社1997年版。

较为系统的探讨。黄挺、陈占山的《潮汕史》(上册)[①],采用文化的发展和转型的研究视角,用历史研究的方法,将潮汕文化的历史由史前史,一直至明清的潮汕文化的源流、发展及转型进行了全面探讨,在研究材料上还运用了考古材料、县志、族谱等,资料翔实而又具有特色;在探讨中除阐明地理环境对文化形成的影响外,还阐述了在潮汕文化的形成中宋明以后潮汕教育的发展、士大夫阶层的形成和宗族的构建对潮汕文化的影响。陈泽泓的《潮汕文化概说》[②],比较全面、系统地对潮汕文化进行了研究。既对潮汕文化的基本概念和潮汕文化形成的地理环境进行了探讨,也对潮汕民系的起源、形成和发展进行了深入分析;还分专题通过潮汕方言文化、潮人民性、潮人经济、潮汕风俗、饮食文化、潮汕建筑等方面,对潮汕文化作了较为全面深入地探析;其中对潮汕民系的形成发展部分的论述,对研究潮汕法律文化的儒家化也有较大的借鉴作用。郭伟川的《岭南古史与潮汕历史文化》[③],将潮汕历史文化放到岭南历史中进行分析,深入剖析了潮汕从史前到明清的历史,其中着重分析了对潮汕产生过影响的人物及思想,如韩愈、朱熹及潮州的礼学、“阳明学”等。这些潮汕文化研究成果,为我们研究潮汕法律文化提供了基础。

(二)社会治理与习惯法关系研究

以研究范围为标准,现有研究可以分为两类。第一类是对习惯法与社会治理关系的宏观研究。高其才的《当代中国法律对习惯的认可研究》[④],以成文法与习惯法之间的关系为切入点,对习惯法的理论、价值、渊源和习惯法与法律规范之间的关系、习惯法在基层社会秩序形成中的作用进行了详细研究。龙大轩的《乡土秩序与民间法律:羌族习惯法探析》[⑤],从乡土社会秩序出发,对习惯法在乡土社会秩序构建中的意义、功能与实然状态进行研究。谢晖的《大、小传统的沟通理性》[⑥],从法理意义上,对民间习惯法在当代法治中的正当性进行梳理。

---

① 参见黄挺、陈占山:《潮汕史》(上册),广东人民出版社 2001 年版。

② 参见陈泽泓:《潮汕文化概说》,广东人民出版社 2001 年版。

③ 参见郭伟川:《岭南古史与潮汕历史文化》,广东人民出版社 2012 年版。

④ 参见高其才:《当代中国法律对习惯的认可研究》,法律出版社 2013 年版。

⑤ 参见龙大轩:《乡土秩序与民间法律:羌族习惯法探析》,中国政法大学出版社 2010 年版。

⑥ 参见谢晖:《大、小传统的沟通理性》,中国政法大学出版社 2011 年版。

梁治平教授对习惯法的研究更为宏观，梁治平的《清代习惯法：社会与国家》[①]《法律的文化解释》[②]都着重强调了习惯法在民间社会秩序与治理中的重要性。朱勇的《清代宗族法研究》[③]是较早对清代宗族法进行系统研究的专著。海外学者中，黄宗智教授一直关注中国社会的民间习惯，其成果最具代表性，而分别于2007年和2000年出版的《法典、习俗与司法实践：清代与民国的比较》《长江三角洲小农家庭与乡村发展》均是基于历史档案，通过地域与个案的微观分析，研究了清代习惯法在社会纠纷解决、基层法制建设中的作用。梅利莎·麦柯丽于2012年出版的《社会权力与法律文化》也基于清代江浙地区的社会文化，对法律与社会权力之间的关系进行了研究。第二类是对广东社会治理中的习惯法进行专门研究。这一大类中不同成果又具有不同的研究方向。一是对清末广东地方自治团体的习惯法进行研究，如邱捷于1982年发表的《辛亥革命时期的粤商自治会》和贺跃夫于1987年发表的《清末广东地方自治研究社初探》。二是对习惯法形成的地域性因素进行研究，在这一领域乔素玲教授已经取得一定成果，发表了多篇论文，如《基层政区设置中的地方权力因素——基于广东花县建县过程的考察》[④]《建国初期婚姻制度变革的地域性》[⑤]《商业团体对于建构和谐秩序的作用与意义——近代广东商业团体化解纷争的个案分析》[⑥]。此外还有邱捷的《民国初年广东乡村的基层权力机构》[⑦]等。

(三)瑶族习惯法研究

其一，从整体上对瑶族习惯法进行的研究。在学术界已经有了较为丰硕的成果。专著主要有高其才的《瑶族习惯法》[⑧]，以20世纪50年代的瑶族社会历

① 参见梁治平：《清代习惯法：社会与国家》，中国政法大学出版社1996年版。

② 参见梁治平编：《法律的文化解释》，生活·读书·新知三联书店1994年版。

③ 参见朱勇：《清代宗族法研究》，法律出版社2017年版。

④ 参见乔素玲：《基层政区设置中的地方权力因素——基于广东花县建县过程的考察》，载《中国历史地理论丛》2010年1月。

⑤ 参见乔素玲：《建国初期婚姻制度变革的地域性》，载《比较法研究》2010年第3期。

⑥ 参见乔素玲：《商业团体对于建构和谐秩序的作用与意义——近代广东商业团体化解纷争的个案分析》，载《江苏商论》2006年第2期。

⑦ 参见邱捷：《民国初年广东乡村的基层权力机构》，载《史学月刊》2003年第5期。

⑧ 参见高其才：《瑶族习惯法》，清华大学出版社2008年版。

史调查为基础,辅以作者的实地调查,系统研究了瑶族习惯法的产生和发展、议定和修改、实体内容、实施过程、瑶民的习惯法观念、习惯法中的宗教因素,以及瑶族习惯法的当代传承。周世忠的《广西瑶族习惯法和瑶族聚居地和谐社会的建设》[1],系统研究了广西瑶族习惯法的形成基础、形成特征及表现形式,对南丹里湖白裤瑶、都安下坳乡布努瑶、龙胜红瑶、恭城瑶族、富川平地瑶、金秀大瑶山的瑶族习惯法进行了单独分析,并对广西瑶族习惯法在广西民族地区法治建设作用于和谐社会的建设进行了探讨。朱继胜的《瑶族习惯法研究》[2],也对瑶族习惯法的内容进行了较为全面的探析。

其二,对广东瑶族习惯法的研究,也有了一定的成果。例如,广东省编辑组《中国少数民族社会历史调查资料丛刊》修订编辑委员会编的《连南瑶族自治县瑶族社会历史调查》[3],赵家旺的《试论连南八排瑶习惯法》[4],李筱文的《浅析"瑶老制"》[5]、《浅析连南排瑶的"瑶老制"》[6],杨鹤书的《八排瑶"瑶老制"新议——八排瑶政治制度变迁研究之一》[7]等。

其三,从少数民族文化遗产法律保护来研究习惯法保护。目前研究少数民族文化遗产法律保护的成果主要集中在以下几个方面:(1)少数民族文化遗产法律保护的基本问题研究。如韩小兵的《中国少数民族非物质文化遗产法律保护基本问题研究》[8];吴大华、王平主编的《中国民族法治发展报告(2011)》[9]。(2)少数民族非物质文化遗产法律保护的研究。其研究的热点主

---

① 参见周世忠等:《广西瑶族习惯法和瑶族聚居地和谐社会的建设》,广西师范大学出版社2013年版。

② 参见朱继胜:《瑶族习惯法研究》,中国法制出版社2014年版。

③ 参见广东省编辑组《中国少数民族社会历史调查资料丛刊》修订编辑委员会编:《连南瑶族自治县瑶族社会历史调查》,民族出版社2009年版。

④ 参见赵家旺:《试论连南八排瑶习惯法》,载《瑶族研究论文集》,广西人民出版社1992年版。

⑤ 参见李筱文:《浅析"瑶老制"》,载《广东民族研究论丛》第1辑,广东人民出版社1986年版。

⑥ 参见李筱文:《浅析连南排瑶的"瑶老制"》,载《瑶族研究论文集》,广西人民出版社1987年版。

⑦ 参见杨鹤书:《八排瑶"瑶老制"新议——八排瑶政治制度变迁研究之一》,载《广东民族研究论丛》第5辑,广东人民出版社1991年版。

⑧ 参见韩小兵:《中国少数民族非物质文化遗产法律保护基本问题研究》,中央民族大学出版社2011年版。

⑨ 参见吴大华、王平主编:《中国民族法治发展报告(2011)》,中央民族大学出版社2012年版。

要分为三类:一是对少数民族非文化遗产法律保护的整体性研究。例如,徐起中主编的《中国少数民族文化权益保障研究》[①];田艳的《中国少数民族文化权利法律保障研究》[②];李依霖的《少数民族非物质文化遗产的法律保护研究》[③]。二是对少数民族非物质文化遗产法律保护中的某一个方面进行研究。主要涉及非遗知识产权、传承人、非遗博物馆图书馆、历史建筑物等法律保护的研究。如严永和的《论我国少数民族非物质文化遗产知识产权保护之制度构建》[④];尹凌、余风的《从传承人到继承人:非物质文化遗产保护的创新思维》;叶建芳的《民族博物馆与民族非物质文化遗产保护——以广西民族博物馆为例》等。三是对少数民族非物质文化遗产法律保护的区域性研究。主要有对贵州、广西、新疆等区域性少数民族的研究,如何秋的《民族自治地方少数民族非物质文化遗产的法律保护——以广西壮族自治区非遗保护为例》[⑤];《城市化进程中新疆少数民族文化遗产的法律保护研究》等。涉及广东的有几篇,如盘小梅的《对少数民族非物质文化遗产保护的思考——以广东为例》[⑥]。

(四)研究现状评述

从上述研究综述可以看出:(1)从潮汕文化的研究来看,已有了较为丰富的成果,为潮汕法律文化的研究奠定了基础。(2)从习惯法研究来看,现有成果整体上关注国家法律与地方习惯法的关系,对地方习惯法的研究多以长三角地区和华北地区为中心,对民族习惯法的研究多以古代中国偏远地区的少数民族为中心。对广东历史上丰富的习惯法资源和深厚的基层治理传统,现有研究关注较少,尚属于起步阶段,广东瑶族习惯法还尚未得到深入系统的研究。(3)从文化遗产法律保护来研究习惯法的保护也是一个较新的研究视角,但目前针对连

---

① 参见徐起中主编:《中国少数民族文化权益保障研究》,中央民族大学出版社2009年版。

② 参见田艳:《中国少数民族文化权利法律保障研究》,中央民族大学2007年博士学位论文。

③ 参见李依霖:《少数民族非物质文化遗产的法律保护研究》,中央民族大学2013年博士学位论文。

④ 参见严永和:《论我国少数民族非物质文化遗产知识产权保护之制度构建》,载《文化遗产》2013年第4期。

⑤ 参见何秋:《民族自治地方少数民族非物质文化遗产的法律保护——以广西壮族自治区非遗保护为例》,载《文化遗产》2014年第1期。

⑥ 参见盘小梅:《对少数民族非物质文化遗产保护的思考——以广东为例》,载《广东技术师范学院学报》2009年第5期。

南文化遗产保护立法的成果还不多见。

因此,以潮汕法律文化和连南瑶族民族文化遗产立法保护的视角来系统研究广东地方习惯法是具有研究价值的。

三、研究材料

(一)潮汕法律文化的研究材料

本成果对潮汕法律文化的研究,从地方习惯法的研究视角,以载体为媒介、以人物的法思想和实践为标本,围绕“融合多元”且凸显“儒家化”为特色的潮汕法律文化进行探讨,因此,其分析中既有纵向对法律文化形成变迁的挖掘,也有横向以“主题”为中心的探讨。例如,在探讨“潮汕乡约宗法中的法律文化”中,就以明朝时期的潮汕为探讨重点,以突出潮汕乡约宗法中儒家文化的主流地位与潮汕乡约宗法对宋元以后的移民中闽籍移民的影响;还有因是以区域史为范围,以广东地方习惯法研究为视角研究潮汕法律文化的,所以在使用材料方面除使用传世材料、前人已有的研究成果外,更多选择如下材料:

其一,地方志。潮汕文化,据考证已有上万年的历史,但对它进行研究的时间并不长,从宋朝咸平三年陈尧佐写《宋史 · 潮阳编》开始,之后有淳熙年间王中行的《潮州记》,此后,历代皆修志,至 1949 年以前潮汕公开修志 56 次,现存的府志尚有 17 种,各县志版本 50 种。志书记述了许多潮汕的风土人情,是研究潮汕习惯法的重要材料。明朝至清末,还有对志书进行考释和研究的成果,如明万历郭子章写的《郡县释名》和《潮中杂记》,对郭春震的《潮州府志》中的名词和所记之事进行了阐释;还有林大钦的《潮州八贤》,冯奉初的《潮州耆旧集》和蓝元鼎的《鹿洲公案》等,也为研究潮汕法律文化提供了材料。

其二,潮汕方言民俗。语言是文化非常重要的载体,也是潮汕文化的重要表征。民俗语言是语言与民俗文化在长期相互联系、相互影响、相互作用过程中所形成的凝结体,是语言与民俗的结合体,在人类的生产、生活过程中,礼仪、信仰、娱乐、交际往来等民俗与语言相交叉、融合,形成了民俗语言。民俗语言具有较显著的民族性、地方性、传承性、口头性等特征。潮汕的方言民俗是潮汕人千百年来口头传承下来的,具有独特性,源于民间风俗、人文历史、戏曲小说、民间传说等。以潮汕日常生活媒介入手，诸如方言、功夫茶等潮汕文化娱乐载体，可以解析潮汕法律文化受儒家礼义规范潜移默化影响的效用。民俗中也蕴藏着潮汕独特的婚俗习惯。

其三，潮汕侨批。侨批是海外侨民与家人联系时使用的特殊家信。在潮汕方言中，“信”也称为“批”。在“华侨”概念出现前，潮汕地区已经习惯把海外侨民寄回的家信称为“批”、“家批”或“番批”，随着“华侨”概念逐渐普及，侨民与家人互通往来的“批”被统称为“侨批”。由于土地贫瘠，潮汕居民不得不到海外谋生，将赚到的钱附于信中一并寄回家乡，逐渐形成侨批这种信款合一的特殊信件。随着潮汕侨民数量增加，传递侨批成为一种重要的民间活动，潮汕侨批的发展植根于民间，带有浓郁的地域文化属性。① 近年来，随着潮汕侨批的不断发掘出版，《馆藏晚清侨批选读》等资料的出版，为侨批法律文化的研究提供了较为翔实的材料。

其四，族谱。族(宗)谱宗秉是用来设定立族宗旨，展延宗族脉系，记录宗族大事的纲领性文件。宗族是以血缘关系为其内部构成的联结纽带，族谱是联结宗族共同体的根基，社会个体只有获得族谱，才能进入共同体，成为宗族的一员，而宗族也须凭借族谱才能组织个体而成为宗族共同体，从而实现对宗族的网格化管理。族谱的内容一般包括发凡起例、户口、婚姻、世系(宗族成员及血缘关系)、族田、族产、宗庙、坟墓、宗规家训等材料。在潮汕法律文化中凸显了儒家化的特色，与潮汕的士大夫阶层有密切的关系，而潮汕的士大夫阶层从宋代以后都十分重视宗族的构建，在宗族构建中修族谱是必做的事情，因此，潮汕的世族大家留下了丰富的族谱材料。这些族谱材料为我们研究潮汕的乡约宗法提供了丰富的素材。

(二)连南瑶族民族文化的研究材料

收集整理连南瑶族自治县瑶族博物馆中馆藏的瑶族习惯法资料；实地到连南瑶族自治县走访瑶族非物质文化遗产代表性项目传承人，与文化遗产保护相

---

① 参见张洪林、薛锐：《从习惯调整到国家规制：潮汕侨批中的法律文化透析》，载《华南师范大学学报(社会科学版)》2018 年第 1 期。

关部门召开座谈会等收集连南瑶族的风俗习惯、礼仪节庆、传统瑶族村寨保护等材料，并将文化遗产保护的内容内化在《连南瑶族自治县民族文化遗产保护条例》和《连南瑶族自治县村镇规划管理条例》中，并以条例为范本，分析连南瑶族传统的风俗习惯、礼仪节庆、传统瑶族村寨等民族文化的立法保护内容和特色。

四、研究的架构与创新

广东地方习惯法研究，以潮汕法律文化和连南民族自治地方文化遗产立法保护为中心展开。

（一）潮汕法律文化研究

对潮汕法律文化的研究，从地方习惯法的研究视角，以潮汕方言俗语、婚俗、侨批等媒介为载体，以官吏的法思想和实践为标本，且围绕“融合多元”凸显“儒家化”为特色的潮汕法律文化进行探讨，从潮汕方言民俗中的法律文化、潮汕婚俗中的法律文化、潮汕乡约宗法中的法律文化、潮汕侨批中的法律文化和潮汕官吏的法思想与实践五大内容具体展开。例如，日常媒介中的法文化观念将从潮汕方言俗语、潮歌潮剧、潮瓷潮绣、潮汕木雕、功夫茶道等方面展开；乡约宗法的研究以地方民间治理为主旨，在地方治理中强化族权，沟通中央与地方，以实现对基层的有效治理；潮汕官吏的法思想与实践则重点以明朝官吏及清朝蓝鼎元等人的法思想及依法治潮为主要研究内容。因此，本课题重点在于探讨各种文化冲突与多方权力互动过程中所形成的潮汕地方法文化的基本样态，其目的在于通过潮汕民俗文化，包括方言俗语、日常生活器具装饰（嵌瓷、木雕、潮绣）及潮剧潮歌、信仰崇拜等媒介来深入阐述潮汕法律观念同儒家礼制秩序的契合与分歧；同时，通过对潮汕乡规民约和潮商的侨批来探讨潮汕人的规则自治意识；并以唐以后部分官吏的法思想与实践来动态阐析潮汕地方依法治理的实态。

其特色及价值在于率先从法文化的视角探讨区域史，试图构建区域法律文化体系，是对地方法制史研究的重要拓展。体现在：(1)通过潮汕民俗文化，包括方言俗语、日常生活器具装饰（嵌瓷、木雕、潮绣）及潮剧潮歌、信仰崇拜等媒介来深入阐述潮汕法律观念同儒家礼制秩序的契合与分歧,从文化史的角度探讨乡民的法律观念。(2)借鉴已有的宗族法的研究成果,对潮汕的乡约宗法进行研究,突出了对潮汕乡约宗法推行中士大夫阶层作为中坚力量的分析,展现了中央权力对潮汕边远地方的渗透,以及乡绅在基层治理中的作用。(3)以潮汕侨批为中心,分析了在潮汕侨批的规制中形成的民间法与国家法的互动,孕育了内容丰富的法律文化,潮汕侨批档案的发掘,拓展了我们认识中国传统法律文化近代转型新的视角。家族文化沁润催生的潮汕侨批,也形成了独特的纠纷调处机制,商业诚信构筑了潮汕侨批纠纷预防的内在屏障和外化的经营制度,仍值得当下借鉴。(4)分析潮汕官吏的法思想与实践,不仅可以发现唐以后,尤其是明清时期潮汕的官吏受儒家正统思想的影响,他们既在理论上对儒家的"仁""为政在民""良知"等进行理论阐释,更是在他们的职业中践行着"依法治军""情理法"相结合等原则;而且通过这些官吏的法思想与实践,我们还可以动态地了解封建国家的法在中央和地方的运行状况。

从法律文化的角度对潮汕文化进行系统阐释是研究地方法制史的一个新的视角,对于丰富中国地方法律文化的研究具有重要的意义。探讨潮汕地区与中原文化等之间的异同,揭示中原与偏远地区法制交流的过程,对丰富中华法制文明内涵、挖掘地方特色法制资源,具有重大的理论和现实价值。

(二)连南瑶族民族文化遗产立法保护研究

通过民族自治地方立法将连南瑶族传统的风俗习惯、礼仪节庆、传统瑶族村寨进行保护,是保护和传承瑶族习惯法的有效途径。高其才教授在《法律应当重视对习惯的认可》一文中指出:"习惯在当代国家立法中具有重要意义,在中国立法和法治建设中,应当重视当代习惯法的积极功能,在国家法律发展中合理吸纳习惯法,实现习惯法与制定法的融合、互补,探索具有中国历史渊源、固有文化特点和适应现代基层社会治理的立法理论和实践,寻求固有法资源在当代立法中。"[①]在研究连南瑶族习惯法时,我们借助主持项目,深度参与制定《连南瑶族自治县民族文化遗产保护条例》和《连南瑶族自治县村镇规划建设管

① 高其才:《法律应当重视对习惯的认可》,载《学习时报》2017 年 1 月 25 日,第 7 版。

理条例》的机缘，将连南瑶族的风俗习惯、礼仪节庆、传统瑶族村寨等文化遗产内化为法条，使瑶族习惯具有了国家强制力的保护，也突出了连南地方的民族特色。并以此为范本进行宏观和微观的探析。

从宏观视角对加强民族自治地方非物质文化遗产法律保护的必要性和迫切性进行论证，分析了民族自治地方非物质文化遗产在真实性、传承性和整体性保护方面的困境，并提出了通过民族自治地方的立法加强区域内非物质文化遗产的保护与传承，将文化惠民工程建设与非物质文化遗产的保护与传承有机融合，以文化的多样性厚植和丰富中华文化的底蕴和内涵，寓教于乐，充分调动各方参与非物质文化传承的积极性，并将非物质文化遗产保护纳入民族自治地方社会经济发展规划实行整体性保护，在研究中结合了《连南瑶族自治县民族文化遗产保护条例》进行分析。从微观视角聚焦连南瑶族。连南瑶族自治县是岭南地区历史悠久的瑶乡，瑶族传统的风俗习惯、礼仪节庆、传统瑶族村寨等至今仍焕发着活力，是中华文化的重要组成部分。但随着时代的发展，民族文化存续的环境受到城镇化浪潮的冲击，由于发展不平衡保护不充分的问题，致使民族文化遗产保护也陷入了困境，因此制定民族文化遗产保护条例，给民族文化遗产以法律保护意义重大。① 连南瑶族自治县制定了《连南瑶族自治县民族文化遗产保护条例》和《连南瑶族自治县村镇规划建设管理条例》来保护瑶族的风俗习惯、礼仪节庆和传统村寨，而这些也正是连南瑶族习惯法的重要内容。我们在条例的制定中把保护连南瑶族习惯法的理念贯彻到了法条之中，使习惯法在新时代焕发出新的生命力。例如，在《连南瑶族自治县民族文化遗产保护条例》第 2 条规定："本条例所称民族文化遗产包括：(一) 具有代表性的瑶族建筑物、设施、标识和传统瑶族村寨；(二) 瑶族经文、过山榜、民间传说、谚语、礼词、诗歌等传统文学以及作为其载体的瑶语；(三) 瑶族长鼓舞、民歌、口技等传统舞蹈、音乐；(四) 瑶族银饰、扎染、刺绣、食品、传统服饰、生产生活器具等传统制作技艺；(五) 瑶族耍歌堂、香歌堂、众人堂、婚俗、传统体育等传统节庆、礼仪

① 参见曾天然、张洪林：《少数民族非物质文化遗产的保护与传承——以民族地方文化遗产保护立法为考察对象》，载《学术研究》2018 年第 6 期。

民俗;(六)瑶族医药;(七)其他非物质文化遗产、文物、场所等民族文化遗产。”在《连南瑶族自治县村镇规划建设管理条例》的第四章专门就“民族特色村寨规划与建设”进行了规制。

从民族文化遗产保护的视角对连南瑶族习惯法进行宏观和微观的分析,在宏观分析中,又以连南瑶族的民族文化遗产保护为具体的分析点,这种分析论证不仅很好地体现了理论与实践的统一,还为微观分析提供了理论支撑与链接。从立法保护的视角来研究瑶族的风俗习惯、礼仪节庆和传统村寨等习惯法的保护与传承,也是一种较为创新的视角。通过地方立法来保护民族习惯,对于完善地方立法,维护基层社会的稳定,增进民族团结,保护和传承瑶族习惯法具有理论价值和实践意义。

(三)研究成果的不足之处

对广东地方习惯法的研究,本研究成果以潮汕法律文化和连南民族文化遗产立法保护为中心进行了较为深入系统的研究,其创新和价值前已述及。但是本研究成果也存在一些不足,如对连南瑶族习惯法还可以做更系统的研究,将连南瑶族习惯法的治理经验进行全面总结,为当下民族自治地方的治理提供更多的借鉴。这一不足,也是课题组今后继续努力的目标。

第一编

以潮汕法律文化为中心

第一章　潮汕法律文化的意涵

潮汕最早的行政建制可追溯到东晋咸和六年(331 年)的东官郡,旋即改为义安郡。“义安”这一古地理名称共使用了 260 年,至今潮州市仍有义安路一名。隋开皇十一年(591 年)义安郡改称潮州,“潮之州,大海在其南”①。潮州之名即取“潮水往复”之意。唐代潮州一度改名为潮阳郡,元代时置潮州路。洪武元年(1368 年)二月,潮州路归附明朝,次年改为潮州府,隶属岭东道,下辖海阳、潮阳、揭阳及程乡(海县地区)四县。洪武十年(1377 年)潮州府共 60,097 户,214,400 人;永乐元年(1403 年)人口增至 80,691 户,284,400 余人,增长率高达 40%。成化十四年(1478 年)置饶平县;嘉靖三年(1524 年)设惠来县;次年设大埔县;嘉靖四十二年(1563 年)置澄海和普安县(1582 年改普宁县);次年又置平远县;崇祯六年(1633 年)置镇平县。如此,潮州府下辖共计 11 个县,属于潮汕地区的共计 7 县。此后四百多年的潮汕地区建制基本照此遵循。而明代所选用的地名,如“平、惠、澄、安、宁、镇”等有着美好秩序期许的字眼也正如潮汕地区的稳定和谐一般,不负所望。清承明制。时常所称的潮汕,可等同于广义的历史的“潮州”概念,也即包含潮阳(含现潮南区)、普宁、揭阳、潮安、饶平、惠来、揭西、澄海、南澳九县的新“九邑”以及丰顺以南、陆丰以东区域的狭义“潮汕”。当下人们习惯将汕头、潮州、揭阳、汕尾四市及其所辖县域,还有梅州的丰顺县、大埔县部分区域作为广义的“潮汕”称之。② 因此,潮汕是一个地域性的概念,包含着以土著潮汕话的潮汕人和部分客家人,同时也囊括了与这片

---

① 韩愈:《祭鳄鱼文》。

② 潮州、汕头、揭阳三市地缘相近、人缘相近。潮汕揭合并的建议也在 2013 年广东省人民代表大会上得到了一定的认可,参见《潮汕揭合并,三市代表怎么看?》,载《广州日报》2013 年 1 月 28 日,第 A3 版。

土地有着历史血缘关系的民众。通常我们称在这片土地上生活而说潮汕话的人为潮汕人(其中也包括部分客家人),同时也包括与这片土地有着籍贯、血缘关系的人,常简称为“潮人”,①历史上将生活在这片水土上的人民统称为潮州人。因此,论述潮汕法律文化,实则以潮州法律文化为中心而展开。②

第一节 潮汕法律文化的基本特征及内涵

一、潮汕法律文化的基本特征

(一)封闭性与开放性相结合

特殊的地理环境使潮汕地区长期以来同广大内陆地区基本处于半隔绝状态。即使与同省的其他地区的交往,也往往因为交通不便而联系匮乏。因此,潮汕地区既非少数民族聚集区,更非不同人种混杂地,同为汉人,同操汉语,但与其他汉地在方言和习俗甚至观念思维上均有所差别,几乎构成了一个独特的民族。有语言学和民俗学家曾认为潮汕地区是唐宋中原汉文化最完整的保存地,潮汕话至今还保留着唐宋中原古音,在现代汉语中早已消失的古汉语依然在潮汕话中广为通用。③ 而潮汕独特的潮歌潮剧、潮瓷潮绣等无不体现出深厚的传统文化底蕴。甚至连一杯看似简单的功夫茶也都蕴含着中国传统中最核心的和与敬。地理上隔绝的不利生存环境,滋养了怒海讨生的潮汕人冒险、机智、独立、务实、好利的性格品质,其中所蕴藏的创造性和变革性动力成为促进潮汕经济发展的重要文化力量。潮商亦是中国传统三大商帮之一,与晋商和徽商相比,潮商历久不衰。由于潮商的“过番”史,潮商的影响也遍及世界,据《潮州府志》载:“潮民力耕多为上农夫,余逐海洋之利,往来乍浦苏松如履平地。……

---

① 参见《潮之州,大海在其南——潮汕、潮州之思辨》,载《南方日报》2009年11月18日,第A14版。

② 参见沈玮玮、刘盈辛:《潮汕日常媒介中的儒家法律文化》,载《人民法院报》2017年4月7日,第5版。

③ 参见徐常:《中国有这样一座城市——从地域文化解读汕头》,载《南风窗》2001年第16期。

其舶艚船则远达各省,虽盗贼风波不惧也。”[①]所以,潮汕封闭的环境并非代表其落后野蛮的个性,封闭恰恰在保存中原文化的古典与质朴基础上不断发扬务实闯荡的潮汕品性。

潮汕地域的建构与移民密不可分,俗语“澄海无客,大埔无福”“潮州福建宜”等都反映了这一点。因此,潮汕文化在一定程度上也代表了一种移民文化。作为移民的大多潮汕人在进入陌生的沿海环境后只能选择团结一致,患难与共,勇往直前。因此,潮汕人虽同属闽南民系,但潮汕人相对于其他闽南系而言,除了敢为天下先的拼搏、执著、务实精神外,其营商禀赋似乎与生俱来。以海洋文化为主的潮汕族群性格,更具有海洋文化的特质:冒险、开拓和创新。[②]同甘共苦的潮汕人也因此具有很强的凝聚力,在面对生存压力时,依托于宗族的紧密人际关系塑造了潮汕人极强的社群意识。因此,历经时代的变迁,潮汕文化也无时无刻不体现出一种记忆文化的特点。基于移民社群所形成的潮汕人与生俱来的家乡文化的认同和对共同祖先的信仰,使潮汕文化具有了地方性甚至封闭性。在这样一种不断携带中原文明进入的潮汕地区,虽然被中原文明所同化,但潮汕文化依然着力保持自身的原生态特色,这在潮汕地区独有的功夫茶、潮剧潮菜、方言俗语等大众媒介载体上都体现出来。[③] 正是由于这种对传统原生态的追求,才使潮汕文化更接近于中古中国文化,历经沧桑而不灭。从潮汕人对农业的精耕细作、手工业的精雕细琢、商业经济的精心经营、潮派饮食的精工制作,到潮汕艺术的精益求精,无不体现着潮汕人精细的文化性格以及对精彩文化的精神追求。

(二)多元性与融合性相协调[④]

在潮汕文化最重要的载体潮州歌册中有一名篇“潮州文化赞”,该篇对潮汕

---

① 清人徐珂在其名著《清稗类钞·农商类》专设“潮人经商篇”载:“潮人善经商,窭空之子,只身出洋,皮枕毡衾以外无长物。受雇数年,稍稍谋独立之业,再越数年,几无不作海外巨商矣。尤不可及者,为商业之冒险进行之精神。其赢而入,一遇眼光所达之点,辄悉投其资于其中,万一失败,尤足自立;一旦胜利,倍蓰其赢,而商业之挥斥乃益。”

② 参见杨锦麟:《潮汕人的精神魂魄》,载《华人世界》2010 年第 4 期。

③ 参见张颐武:《潮汕文化的独特性》,载《南方日报》2009 年 11 月 18 日,第 A14 版。

④ 参见沈玮玮、刘盈辛:《潮汕日常媒介中的儒家法律文化》,载《人民法院报》2017 年 4 月 7 日,第 5 版。

文化极尽赞美之情。“潮剧迄今四百年,南戏声腔仍保持……潮州音乐盛于明,古朴典雅倍动听……潮州剪纸好手工,细线疏密技精湛……潮州刺绣唐始兴,‘密满通实’手艺精……大吴泥塑源流长,历八百年仍传扬,中国瓷都载名声,潮州瓷艺久传承……五省畲胞七十万,同认始祖不简单……潮州花灯手艺精,名闻遐迩《百屏灯》……生动潮州方言歌,通俗口语引用多……潮州歌谣形式奇,地方特色令人迷……潮州弹词已难寻,《二十四孝》仍动心……”这些都是潮汕文化的符号,歌词中所透露的是对潮汕文化源远流长的自豪感,这些文化源头或来自中原文化,或属于本土创造,在体现潮汕文化独特性的同时,也对潮汕文化的原生态和创造性饱含赞美,以此足见潮汕文化的生命力和多元化。

(三)儒家文化是潮汕法律文化的根基

潮汕文化成型于秦汉,发展于唐宋,昌盛于明清,创新于现代,属中华文化的亚文化,集本地土著文化与中原文化精华之大成,使省尾国角之地人文鼎盛,文化昌隆。[①] 因此,潮汕地区有“海滨邹鲁”之称。[②] “海滨邹鲁”一词出自北宋真宗时期曾遭贬至潮州通判的陈尧佐之诗句“休嗟城邑住天荒,已是仙枝耀故乡。从此方舆载人物,海边邹鲁是潮阳”[③]。若将“海滨”意指以潮汕为代表的南方海域文化,“邹鲁”则象征着以孔孟为代表的中原文化之根基。潮汕文化正是在中原文明的基础上进一步发展充实,也即中华文明的传统在潮汕民系的传承和发展中获得了更加丰富的内涵。以中原文化为基石的潮汕人在沐浴儒家秩序文明后逐步向精微深邃之处深入开掘,使潮汕文化表现出精巧细腻、谦虚内敛、清秀儒雅的品质。加上潮汕人凭海临风的胆识和务实执著的外向型气质与民风,又使潮汕文化在创造独特的海洋文化的过程中获得了大气慷爽、豪迈奔放、坚韧冒险的风格。正是内外兼修的文化动态关系,使潮汕文化获得了持

---

① 参见《十相留声,海滨邹鲁——潮汕文化的内容和特点》,载《南方日报》2009年11月18日,第A14版。

② 儒家文化鼻祖孔子和孟子的故乡分别为春秋时期的鲁国和邹国,因此后人用“邹鲁”来指代文化礼仪发达之地。《庄子·天下篇》载:“其在于诗、书、礼、乐者,邹鲁之士,缙绅先生多能明之。”《史记·货殖列传》亦载:“邹鲁滨洙泗,犹有周公遗风,俗好儒,备于礼。”“俗好儒,备于礼”是邹鲁之地的特色。

③ 陈尧佐:《送王生及第归潮阳》。在陈尧佐的另一首诗《送潮阳李孜主簿》称潮州之地如“海滨邹鲁”:“潮阳山水东南奇,鱼盐城郭民熙熙。当时为撰玄圣碑,而今风俗邹鲁为”。

续的生命力,体现出多彩多元的文化概貌,从而成为岭南文化乃至中华文化格局中独特的组成部分。正是由于有了以潮汕文化为代表的亚文化系统,岭南文化才极富有魅力。①

二、潮汕法律文化的内涵

(一)以人群、地理和时间来划分的潮汕法律文化

潮汕法律文化至少经由土著法律文化、中原法律文化、客家法律文化、海洋法律文化、华侨法律文化、革命法律文化六大文化板块交融而成,其主干为以儒家法律文化为代表的中原法律文化、具有潮汕本地土著特色的土著法律文化以及经移民而来的客家法律文化。不过,客家法律文化也是经由中原法律文化发展而来,其主体并未发生根本性改变。因此,若以人群划分而言,潮汕地区的法律文化以移民所赋予的中原法律文化为主体,这一主体也是传统中国农耕社会乡土法律文化的精华所在。乡土中国的传统法律文化之基本内涵和精神体现在融合多元、引礼入法、重农抑商、道德伦理法律化等。这些均在潮汕法律文化的诸多载体中均有体现。而以潮汕本土文化所滋生的土著法律文化,经由潮汕特殊的地理环境所形成的海洋法律文化,以及潮汕人"过番"而带来的华侨法律文化,可以统称为海外法律文化。因此,以地域划分,潮汕法律文化乃乡土中国法律文化和华侨海外法律文化的混合。海外法律文化为务实、冒险、精细、逐利的性格所支撑,其更多地表现在当代法治权利义务的法条中。以时间划分而言,潮汕法律文化除了深受传统中国法律文化的影响外,亦受到革命法制文化的影响,不仅包括辛亥革命以来西方法治观念的影响,同时也涵盖了中国共产党红色革命时期法律文化的影响。这就是以人群、地理和时间来划分综合影响下的潮汕法律文化之内容所在。由于后文将主要围绕潮汕地区传统法律文化展开,对辛亥革命以来尤其是中共红色革命时期的法律文化之影响并不专章论述,以下仅稍加论述,以使对潮汕法律文化的论述更加完整。

以中国共产党第一个苏维埃政权海陆丰革命根据地为例,在法律文化建设

---

① 参见左鹏军:《海滨邹鲁的文化内涵》,载《南方日报》2009 年 11 月 18 日,第 A14 版。

方面主要体现为两大方面：一是实行了工农兵代表会议制度。工农兵代表按照事先分配的名额自基层选举产生，再由代表选举大会主席团，实行主席团负责制。全县代表人数定为300余人，农民、工人与兵士的代表比例为6∶3∶1。农民代表由农会按照各区人数多寡分配，代表数额互选。工人代表则以职业种类及人数多寡分配，代表数额由会员直选。兵士代表是由集中驻防的农军和第四团分配，代表人数直选。县级苏维埃政府下设军事、人民、财政、土地四个委员及各区苏维埃政府。1928年改主席团制为委员会制，称县苏维埃人民委员会，从而使代表会议制度不断完善。工农兵代表会议为最高权力机关，以议案的方式展开工作，会议形成的决议案成为苏维埃政府具体的行政纲领，成为中央苏区政权建设的范本。二是在县、区苏维埃政府设立裁判委员会，须经审判程序方能惩处反革命分子，健全了中共早期审判体制，便于团结尽可能多的革命力量。而红色革命时期的法制体现最直接的还是对分配土地产权的维护和对不平等契约的焚毁两大方面。

海陆丰是中国共产党红色革命最早实行土地革命的地区，工农兵苏维埃代表大会于1927年11月中旬通过的《没收土地案》，是中共第一部载有没收分配土地的具体政策和办法。该决议案中的许多内容都富有见地，且为后来其他根据地所效仿。例如，没收的土地“照人数多少分”；“照土地肥瘠分”；“由苏维埃发给田地使用证”；土地使用证“不得买卖或抵押”；“士兵家里有田地不得回家耕种者，应准其雇工”；“田地分配后每年出息应抽多少供给各乡、区、县做公益费”等原则。这些原则当中最重要的当属土地使用证的确权行为。县苏维埃统一颁发的土地使用证内容如下：一是注明某区某乡某人所佃耕或自耕之土地经由没收，兹特给与该农耕种。二是注明有土地使用证，才能享受土地使用权，此证不得自由买卖及抵押，如该证遗失，即需报明县补发。在颁发土地证的同时还扩大宣传：“土地是天生成的，并不是地主造出来的。地主之占有土地，完全由强夺掠占而来。农民应坚决的以自己的力量无条件地向地主夺回土地，土地一切之使用权、收获权、享受权，均应全部归耕者的完全享受。”类似的宣传还通过歌谣的形式而广为人知，点燃了广大人民的革命热情，启迪了民众的权利意识。在革命民歌中，有不少是揭露和控诉旧社会的黑暗及贫富不均、民不聊生的。如《老爷歌》唱道:“他家三代是老爷,老爷做官尚有名。八抬轿,送上城,穷亲戚,唔探听。无理有钱来求我,官司从输打到赢。”又如《哨站》所写:“五步一‘乌青’,十步一哨棚,横敢里格物(潮语,胡作非为之意),人民怎免惨过虾!”这些都是在科学与民主传入后民众权利意识觉醒的必要手段。为了减轻佃农和自耕农的人身枷锁,苏维埃政权还焚毁一切契约债务关系,彻底勒令地主交出一切田地契约债务文契,并限令于3日内送至县苏维埃汇齐登记当众焚毁。所有当铺也是尽量没收,所有当物,凭票认领,免于赎取。使用、收获、享受等土地所有权以及不平等非自愿的债务关系之自始无效性都在工农革命政治的宣传执行中很好地落实,自海陆丰苏维埃政权成立后,工农得到了分配土地和取消债务的利好,增加了对中国共产党红色革命的热情和拥护。商业方面活力渐涨,除了大商人的财产被没收充公外,中小商人的营业并未受到破坏。工农民主在政权法制建设以及审判程序建设方面取得了巨大成功。仅半年后,即1927年12月中央机关刊物《布尔什维克》便发表了《中国第一个苏维埃》的长篇文章给予中国第一个红色苏维埃政权建设充分肯定:“这次东江农民大暴动后创立的苏维埃,算是中国破天荒第一次的苏维埃,新的革命政权正由东江扩大至全广东、乃至全中国!”到1928年1月3日中央政治局决议就大力表扬了海陆丰苏维埃政权:“各县暴动之中,以海陆丰的胜利为最大”,“第一次组织成工农群众的无限制政权”。此后的东江革命根据地在政权法制建设上也基本上沿袭了海陆丰苏维埃政权的思路。东江根据地结合苏区的扩大和革命形势的变化,进一步健全各级政权组织,并发布《土地政纲》和《土地暂行法》以及《政府工作人员惩办条例》,建立统一累进税制度,严格财经纪律等,紧扣工农武装割据时期两大重要政治任务即政权建设和土地革命,为全国革命法制建设提供了积极的经验,阶级斗争理论成为政法工作的主旨,法律工具化和实用主义以及政法不分是革命法制观的主要特征。而红色革命时期围绕土地和债务为主的法制建设彰显了“为人民服务”的核心价值观。

(二)以文化载体为媒介探讨的潮汕法律文化

“载体”一词,在《现代汉语词典》的解释为:“(1)科学技术上指某些能传递能量或运载其他物质的物质。(2)承载知识或信息的物质形态:语言文字是信息的载体。”[①]随着学科之间的融合发展，“载体”一词在文化领域也被广泛使用。在研究潮汕法律文化时，我们发现聚焦潮汕法律文化“多元融合，又以儒家文化为根基”的基本特征，以“文化载体”为媒介去阐析潮汕法律文化的内涵，是一个非常有意思的视角，因此本成果在研究潮汕法律文化时，就从潮汕的日常媒介（方言俗语、功夫茶道、潮绣潮剧等）、婚俗、乡约宗法、侨批等文化载体中去挖掘法律文化，且结合潮汕官吏的法思想与实践，进一步动态地展现潮汕法律文化的内涵。这一研究视角，也是研究潮汕法律文化的有益尝试和创新。

第二节　潮汕法律文化特征形成的基础

一、封闭与开放的地理环境是形成潮汕法律文化特征的客观基础

俗话说，一方水土养一方人，地理环境与文化特征的形成有密切的关系。黄挺教授认为：“生活在某一个地域的人群，总需要努力调适自己与环境的关系。一方面，他们总是在所处地理环境的制约下，尽量利用环境资源，在这一过程中，掌握最有效的生产技术，选择最优越的生活方式，建构最合理的社会组织，并逐渐形成具有自身特色的文化传统。另一方面，在这一过程中，该地域的地理环境因人为而变迁，在景境上呈示着具有自身特色的文化面貌。”[②]潮汕法律文化特征的形成，与潮汕封闭而又开放的地理环境密切关联。

潮汕地区位于广东东北部，东北与福建接壤，东面隔海与台湾岛相望。潮谚称其为“省尾国角”，指的是它位于国防门户，而又远离省城的东北边陲。清人顾炎武说：“府（指潮州府）介闽粤之间，为门户之地。负山带海，川原饶沃，亦东南之雄郡也。”[③]潮汕地形大势，西北高而东南低。在潮汕地区的西北方，横亘着东北至西南走向的莲花山系，截止了大庾岭。莲花山系是凤凰山、莲花山、大

---

① 中国社会科学院语言研究所词典编辑室编：《现代汉语词典》（修订本），商务印书馆 2001 年版，第 1568 页。

② 黄挺、陈占山：《潮汕史》（上册），广东人民出版社 2001 年版，第 14 页。

③ 顾祖禹：《读史方舆纪要》卷一三〇，“广东四·潮汕府”，上海书店出版社 1998 年版。

北山、小白山、大南山、南阳山、桑浦山连绵延续的七大山脉的总称(这条莲花山系,有认为是古称“揭岭”的),①北东与福建境内的博平岭相连,西南逶迤直至惠来和陆丰沿海,在粤东形成了一个内陆比较封闭,而且有漫长海岸线的地理小区域。在区域内的韩江、榕江、练江、凤江等几条河自西北向东南流入大海,沿江分布着被低丘隔开的河谷平原和河口三角洲平原。潮汕的地形地貌特征对潮汕文化的形成有较大的影响。② 正是这种既封闭又开放的地理特征孕育了潮汕独特的文化。

莲花山脉不仅阻遏了潮汕与中原地区的直接交往,而且构成了它与岭南首府广州乃至珠江三角洲的天然屏障。凤凰山脉成了客家人与潮汕人居住区的一个“分水岭”。维系南北来往交流的主要通道,即韩江水道。西北的莲花山系加北部的凤凰山系,大体勾勒出潮汕地区现时三市的西北和北界界线,处于界限结合部的大埔、丰顺呈现一种过渡性的客家与潮汕混合文化状态。在西南的峨眉嶂,造成与汕尾市之间的阻障,在这一带又呈现另一种过渡文化状态(既有客家、潮汕文化的混合,也受到广府文化的影响)。

在潮汕的东北端,黄冈河下游平原与福建的九江平原接壤,沿海丘陵区为闽粤文化交流提供了良好的条件。顾祖禹《读史方舆纪要》说:“闽之西南境与广东潮汕府相唇齿,水陆二途皆为捷径。”③因此,潮汕文化成为岭南文化中与闽文化关系最为密切的一个分支。明代王士性《广志绎》中提到了潮汕文化受闽文化的影响,说:“潮州为闽越地,自秦始皇属南海郡遂隶广至今,以形胜风俗则隶闽者为是。”而且作为潮汕水上交通动脉的韩江流域也覆盖了闽粤两地的十几个县。韩江既是粤东和闽西南的交通纽带,也是潮汕和赣南的文化纽带,对推动潮汕文化的演变作用重大。福建向潮汕的多次移民,对潮汕士大夫阶层的形成有重要的作用,而士大夫阶层是潮汕地方推行儒家文化和践行乡规宗法的中坚力量。

---

① 温仲和:《求在我斋集》。

② 参见黄挺:《潮汕文化源流》,广东高等教育出版社 1997 年版。

③ 顾祖禹:《读史方舆纪要》卷九五,“福建一”,上海书店出版社 1998 年版。

潮汕的海岸线长278公里。[1] 海岸线曲折蜿蜒，形成众多的天然良港，漫长的海岸线和广阔的海域，既有利于中原移民泛海而来，也有利于潮汕民众漂洋过海向外移民。面海开放的地理环境，又使潮汕法律文化烙上了海洋文化的特色。如移民海外向家人写信夹带汇款的"侨批"，因规制侨批而形成侨批习惯法，以及解决宗族文化构筑的侨批纠约调处方式，[2]都与海洋文化有密切的关联。

潮汕地区位于热带与亚热带之间，北回归线恰好从其中部穿过，气候温暖湿润，自然灾害频繁。气候环境对潮汕文化的形成也有密切的关联。温暖湿润的气候并伴随着暴雨、台风等自然灾害，一方面，养成了潮汕人耕作中的精耕劳作，性格中的精巧、温和，体现在潮汕文化中的"功夫茶道"就是典范；另一方面，由于要与恶劣的自然环境作斗争，也涵养了潮汕人敢于拼搏的强悍坚韧民风和敢于冒险的勇气。

二、土著文化与移民文化多元融合并凸显儒家主流文化根基

（一）多元文化的融合

自古以来，居住潮汕地区的土著民族的文化就不断与中原移民文化碰撞，使潮汕文化呈现多元融合的底蕴，潮汕的民俗、地名、语言中，至今还遗留有原住民族的各种影响。

潮汕的土著民族主要有：闽越族。"闽越"是百越的一支。宋《舆地广记》曰："潮州春秋为七闽地，战国为越人所居。"[3]"七闽"之称，最早见于《周礼·职方氏》，根据郑玄注《国语·郑语》："闽为蛮之别种，而七乃周所服之国数也。"并说："闽芈，蛮矣。"芈是楚国姓，郑玄认为，闽和楚是南方蛮族的两个支派。潮州在风俗习俗上承闽先民遗风，《舆地纪胜》曰："虽境土有闽广之异，而风俗无漳潮之分。"[4]在语言方面，潮州方言属于闽南方字之次方言，而不同于岭南的

① 参见黄挺、陈占山：《潮汕史》（上册），广东人民出版社2001年版，第17页。
② 本书第一编第五章"潮汕侨批中的法律文化"将专章研讨。
③ 欧阳忞：《舆地广记》卷三五，"广南东路·潮州"。
④ 王象之：《舆地纪胜》卷一百，"广南东路·潮州"。

粤语。

俚人。俚人是岭南土著,它是秦汉时的百越、魏晋时的南蛮中的一种。俚人较早接受汉文化的影响,不少部族的首领原来就是汉人,汉晋以来,为中央政府所“霸縻”。当国家无事时,俚人则臣服为齐民。而在国家动荡之时,俚峒酋豪则聚众蜂起,各据一方。高凉冯氏是俚人中最著名的一族。冯盎隋文帝时平僚有功授封,隋亡,聚众数万,占据百粤西部二十余州。① 杨世略也是一位有名的俚人渠帅,隋唐之交占据粤东循、潮二州,到唐高祖武德五年(622 年)才归顺朝廷。② 可知当时岭南都处在俚人渠帅的统治下。“俚”与“黎”有一定关系。唐代《岭表录异》一书已出现“黎”族称,至宋代已普遍使用“黎”的族称,《宋史 · 蛮夷列传》列有“黎洞”专目。潮汕各县如今尚有以黎命名的村落山岭,如揭阳乌犁、普宁鸟黎村、饶平黎坑、揭西黎潭、大埔黎家平等,据考证皆为古时俚人住处,也留有黎族的一些风习。

僚人。僚人亦称蛮僚或僚蛮,是自古居住在闽粤赣边界的土著。南宋以后,被称为畲、疍的民族,就是僚人的后裔。汉人势力进入岭南以来,僚蛮与汉人的关系较为隔绝,经常处于对立的状态。福建《白石丁氏古谱 · 懿迹记》有一段关于本地僚蛮土著与中原移民对应的记录:

> 泉潮之间,故绥安地也,负山阻海,林泽荒僻,为僚蛮之薮,互相引援,出没无常。岁为闽广患。且凶颓杂处,势最猖獗,守戍难之。自六朝以来,戍闽者屯兵于泉郡之西,九龙江之首,阻江为险,插柳为营。江当溪海之交,两山夹峙,波涛激涌,与贼势相持者久之。③

自晋设立义安郡,隋改为潮州,绥安一直是其辖地,由此可知此地建置以来,僚蛮土著无不受汉族政权管辖。

畲族。畲族族源,有东夷(又分为徐夷、河南夷二说)、南蛮(武陵蛮)、越

---

① 参见《新唐书》卷一百一十《冯盎传》,中华书局标点本 1975 年版,第 4112 页。

② 参见《新唐书》卷一《高祖本伦》,中华书局标点本 1975 年版,第 313 页。

③ 《白石丁氏古谱 · 懿迹记》,传丁世勋修,有漳州地方志编纂委员会 1986 年整理本,未见。此处转引自谢重光:《陈元光与漳州早期开发史研究》,文史哲出版社 1994 年版,第 183 ~ 185 页。

(又有山越之说)、闽族以及畲瑶同源诸说。现时全国各地畲族,都公认潮州凤凰山区是畲族始祖居住地、民族发祥地。[①] 据地方史籍记载,潮汕一带古时为畲族所居,唐初,陈元光开漳就曾向居住漳潮的畲人用兵。“潮州土著的畲族,从唐代以来,即著称于史册。”[②]畲族流传的长篇叙事歌《高皇歌》,记载了畲族祖先创世传代的历史,其中的“广东路上一穴坟,进出盘蓝雷子孙;京城人多难觅食,迁入广东潮州村。徙入潮州凤凰山,住了潮州已多年……高山作田无好食,赶落别处去作田”之句,描述了畲族迁徙的端倪。陈训先认为:“在无数潮州土著民族中,对今天的潮汕文化影响最深、最广的,应推畲族了”,“历来潮人也习惯把‘潮州民歌’称作‘畲歌’,潮人的语言音乐、戏剧、民俗乃至生活习惯等,均遗留着很多畲人的文化残迹”。[③]

疍人。疍,古作蜑。韩愈《清河郡公房公墓碣铭》记述墓主房启任容州经略使事,有“林蛮洞蜑”句。范成大《桂海虞衡志》谓宋代广西之“蜑,海上水居蛮也”。这些蜑人,都习惯水上生活,以后东南沿海居于水上的汉、俚、越人,也被称为蜑人。宋代陈师道《后山谈丛》谓:“二广居山谷间,不隶州县谓之瑶人,舟居谓之蜑人,岛上谓之黎人。”唐宋时期,粤东疍民尤多。明嘉靖《潮阳县志》载,潮阳疍户,“或有弃舟楫入民间为佣保者矣”。可见明朝时潮阳的疍户已有上岸从事其他职业了。如今在潮州各地,尚有不少乡村以疍家命名:潮阳有疍家宫和疍家岐,揭阳有疍家山,汕头有疍家园,丰顺有疍家湾等。说明疍家作为土著,也留下了对潮汕影响的痕迹。

(二)土著文化与中原文化的碰撞融合

潮汕法律文化是一个复杂的综合文化体系,是由本地土著文化与外地移民文化的互相碰撞、交汇、融合而形成的,其途径有以下几种:

---

① 黄赞发认为,“畲族并非潮汕土著”,是唐宋之际迁入潮汕的少数民族。参见黄赞发:《潮汕先民与先贤》(第4版),汕头大学出版社2005年版,第42~44页。

② 饶宗颐:《何以要建立潮州学——潮州学在中国文化史上的重要性》,载《潮学研究》(1),汕头大学出版社1993年版,第2页。

③ 陈训先:《就潮汕族群研究问题给〈汕头史志〉编辑室的信》,载《汕头史志》1994年第3期。

1. 将土著民纳入国家的统一管辖

汉高帝三年(公元前 204 年),南越国自立于五岭之南,都城设在番禺。南越的君主赵佗,原来是南征的秦人,居住南土日久,在习俗上已经越化。但是南越国的各项制度,都仿效秦汉,郡县制就是其中最主要的一项。南越在南海郡增设揭阳,此区的行政建置,就是从这时开始的。汉武帝时期(公元前 111 年),汉武帝平南越,设揭阳县,包括今天的潮汕、兴梅以及闽南、赣南的一些地方。岭南地区开始划入国家版图,本地开始有隶属于国家的郡县建制,汉文化开始进入潮汕地区。

到三国时期,潮汕地区土著编籍为民的趋势似乎不可逆转了。《三国志》上有一条材料很能说明问题。《吴书・锺离牧传》注引《会稽典录》说,锺离牧任南海太守时,"揭阳县贼率曾夏等众数千人,历十余年,以侯爵杂缯千匹,下书购募,绝不可得。牧遣使慰譬,登皆首服,自改为良民"①。按照当时的实际情况,汉人数量不可能多到数千人,曾夏等应该是本地土著的首领,因汉末世乱,聚众自保,到赤乌五年(242 年)才被锺离牧招为有户籍的居民。

两晋以后,中原主流文化在潮汕地区的影响逐渐扩大,主流文化与土著文化交流融合的进程加快了。据《宋书・州郡志》记载,东晋义熙九年(413 年),东晋在潮州设置义安郡,开始了本地郡一级建制。义安郡下设 5 个县:海阳、绥安、海宁、潮阳和义招。它的地域包括粤东和闽南,已有一定数量的汉人来到潮汕,《舆地纪胜》引用《南越志》说:"义招,昔流人营,义熙九年立为县。"所谓流人营,就是中原移民的营地,大概移民已经有一定数量,就将他们收编入籍,并设县管理。郡县的设置,推动了土著文化与中原文化的融合。

2. 通过战争促使土著文化与汉文化的融合

潮汕地区的土著民族,自汉人进入岭南以来,与汉人的关系较为隔绝,常常还处于对立的状态,并发生战争。土著与移民之间的战争,促进了土著文化与汉文化的融合。

隋文帝时,潮州僚人叛乱,朝廷假借俚人的力量平定了他们。《唐书・冯盎

① 《三国志》卷六十,中华书局标点本 1959 年版,第 1393 页。

传》记载说,隋仁寿初(601 年),潮、成等五州僚人叛乱,冯盎赶到京师报告,并请求朝廷征伐。乱平,有功,授紫金光禄大夫,汉阳太守。①

高宗武后时,泉潮间蛮僚屡次啸乱。朝廷倚借本地豪强陈政、陈元光父子镇压。陈氏是中原移民,陈政的父亲陈洪于隋末出任义安郡丞,他这一族,从此就在此地定居。这次啸乱是中原移民与本地土著之间的大规模的较量。

总章二年(669 年),泉潮间蛮僚啸乱,陈政以广州扬威府将领奉调为镇将,出守泉潮之间的九龙江首。《丁氏古谱》记载陈政平叛经过:

> 将军政阴谋遣人沿溪而北,就上流结筏连渡,从间道袭击之,遂建寨柳营江之西,以为进取。恩威并著,土黎附焉,辖其地为唐化里。而龙江以东之民,陆续渡江田之。且战且招,追桀寇于盘陀梁山之下,尽歼之。愿附者抚而籍之。②

陈政、陈元光平定啸乱,先是采取招抚和镇压结合的手段,步步为营,将蛮僚压到丛林邃谷中,继而在泉、潮结合地带建立了漳州汉政权统治机构。其后,两度入潮平乱,巩固了潮州汉政权的统治。从总章二年(669 年)至元和十四年(819 年)150 年间,陈政祖孙五代先后主漳州事,使政权得以巩固下来。陈元光于武则天垂拱二年(686 年)奏请于泉州、潮州之间设置漳州,陈元光被任命为首任漳州刺史。他采取了一系列措施,即使入潮移民得以安居,又通过屯兵开垦,通商惠工、兴教办学等措施,输入中原文化,促进土著文化融合,影响深远。例如,在军队中实行且耕且守制度,巩固地方秩序,兴办文化教育事业;对“诸蛮”民众采取招抚办法,并在九龙江畔建立“唐化里”,让“诸蛮”自治,不向其征收田赋,不要其服兵役等。陈元光平漳入潮的直接影响是,他的部下及被保护的移民在漳、潮落籍,与其当地居民融为一体,加速了潮地居民的汉化过程。随陈元光平蛮的 58 姓移民,构成了潮州民系的主干之一。潮汕地区的陈姓人,大多认陈政父子为开基祖。如《饶平县志》谓:“入饶陈姓居民多为唐代开漳始祖陈元光派下。”

---

① 参见《新唐书》卷一百一十《冯盎传》,中华书局标点本 1975 年版,第 4112 页。

② 《白石丁氏古谱·懿迹记》,传丁世勋修,有漳州地方志编纂委员会 1986 年整理本,未见。此处转引自谢重光:《陈元光与漳州早期开发史研究》,文史哲出版社 1994 年版,第 183 ~ 185 页。

3. 宋元以后的入潮移民不仅促进了潮汕地区的文化融合,还奠定了以儒家文化为主流的根基

宋元以后,大量移民入潮,对潮汕地区的文化融合和形成以儒家主流文化为特征产生了重大影响。其一,宋元以后移民入潮的原因及移入的主体。唐朝安史之乱后,与潮汕接邻的福建、江西两地封建经济文化迅速发展起来,到北宋已成为全国的先进之地。但此时期的潮汕地区,由于其远离中原政治经济文化发展的地位,人口密度小,据《元和郡县图志》、《通典》和《永乐大典》等文献所载潮汕地区户口数据,并兼顾粤东政区之分合,潮江三角洲之成陆等因素,经专门研究推算,实有人口开元年间(713~741年)为37,000人;贞元十七年(801年)为40,800人;直到唐末天复元年(901年),人口方接近80,000人,每平方公里约5.5人。而据《通典》所载此区户、口数据1∶5的比例,则天复元年每平方公里约1.1万。[①] 说明此区在唐代仍为岭南人口较为稀少的州郡。但从上述数据也可看出,在公元800~900年,潮汕地区人口显著增多,应该是境外移民迁入的结果。到两宋时期人口更是大量增加,南宋末(1274年)人口密度已达到每平方公里50.6人。[②] 移民的大规模移入,扭转了潮汕地区地广人稀的局面,为潮汕的经济开发提供了劳动力资源基础。在人口增长的态势下,潮汕的社会经济开始全面发展,韩江沿岸堤防的修建加速了三角洲的开发,瓷、盐业及与之相关的商业贸易等行业的发展,使经济结构发生了变化,也为读书求任,出家为僧的文化发展提供了条件。

北方移民带来了发达的中原文化,使潮汕成为以中原移民文化为主体的地方。在中原移民入潮汕的移民中,又以福建移民为主体。[③] 福建入潮的移民,对潮汕的法律文化有重要的影响。

> 初入五岭,首称一潮,土俗熙熙,有广南福建之语。虽境土有闽、广之异,而风俗无漳、潮之分。[④]

---

① 参见黄挺、杜经国:《潮汕地区人口的发展(唐—元)》,载《韩山师范学报》1995年1期。
② 参见黄挺、杜经国:《潮汕地区人口的发展(唐—元)》,载《韩山师范学报》1995年1期。
③ 参见黄挺、陈占山:《潮汕史》(上册),广东人民出版社2001年版,第106~107页。
④ 《舆地纪胜》卷一〇〇,引余崇龟的《贺潮州黄守》。

闽人移居潮汕，将闽地风俗，从方言、日常生活习惯、民间宗教信仰等带入该地，使潮汕文化烙下了闽文化的深深印记。比如，潮汕方言。语言是文化的重要载体，也是一种特殊的社会现象，潮汕方言是容纳了历史、民俗、民风的特殊构成，人们常常把潮汕语称“福老”语。“福老”一词原是指由闽迁潮的中原汉族后裔，以别于潮汕原来的土著民族，后来，潮汕一带的少数民族逐渐被汉化，“福老”就逐渐被用作潮人的泛称。可见，将操此方言作为潮人群体的基本特征，反映了方言在内的闽文化对潮人的至深且广的影响。

其二，移民入潮的官吏大力倡导儒家文化，促使儒家文化成为该地的主流文化，植根潮汕。在宋代，潮州职官大多是具有闽籍的。以知州为例，北宋时期潮州知州籍贯可以考知的共 31 人，其中闽人 17 人，占 55%；南宋时期潮州知州籍贯可以考知的有 90 人，其中闽人 57 人，占 63%。州县属官之中，闽人更多。[①] 这些闽籍任潮的官员，尊崇韩愈，以兴学明道为己任。他们采取的具体措施有：

(1)兴建州县学宫学舍，创办书院。学宫和书院是兴学育人的基本设施，南宋时期兴建、修治过学宫学舍的知州方咯、谢明之、游义肃、孙叔谨、章元振、朱江、林螵、曾噩、牟深等，都是闽籍人。[②] 除了办官学，潮州在宋代兴办了韩山书院和元公书院两座书院。这两座书院的创建者虽然不是闽人，但复兴韩山书院的知州郑良臣，以及扩建元公书院的知州陈玮，却都是闽人。方志说：“潮二书院，他郡所无。”书院的复兴，对振兴和传播儒家思想作用巨大。

(2)教习礼乐。礼乐自古以来就是儒家教育的重要内容，也得到了入潮官员的重视。据史籍记载，南宋初，潮州学富先在黎盛的寇乱中被焚，几年后又遭遇大火灾，乐器不是散失，就是被烧毁。绍兴十二年(1142 年)，莆田人林霆来任潮州州学教官，配齐乐器，按音律考定乐章，并在假日亲自带领学生练习奏乐歌唱。以后，知州长乐曾按照朱熹所定的制度配备祭祀孔子的礼器，兴化陈圭捐资改做礼服。林霆的嫡裔林光世出任知州，又亲自教学生着服行礼，操器奏乐。这几个人，也是闽人。

---

① 参见黄挺：《潮汕文化的源流》，广东高等教育出版社 1997 年版，第 58 页。

② 参见黄挺：《潮汕文化的源流》，广东高等教育出版社 1997 年版，第 58 页。

（3）办置、扩充学田，保证了办学经费的来源。北宋潮州州学学生名额120人，南宋增加到180人，每逢举行科举考试那年，又临时增加20个名额。这些学生，由本州拨给膳食津贴。津贴经费的来源，就靠学田租税的收入。因此，官员们对增拨学田这件事，都很在意。《三阳图志》记录了南宋时期拨田增加学廪的知州16人，其中曾汪、黄定、黄杞、林嫖、黄自求、陈惰、孙叔谨、叶观、陈圭、游义肃10个人，都是闽籍。郑良臣复兴韩山书院亦拨学田，而林寿公、陈圭又再增拨，这3人，也都是闽人。

在入潮闽籍官吏的大力推动下，潮州地区民众的教育程度有很大的提高。《三阳志》记述了南宋后期参加贡举考试人数日益增多的情况，就是一个例证：淳熙元年（1174年），参加考试韵士子只有3000人，到嘉泰四年（1204年），有4000多人。以后读书人越来越多，参加考试的人也比之前有所增加。到绍定元年（1228年）已增加到6600人，而咸淳三年（1267年）竟然超过1万人。在不到100年的时间里，参加贡举考试的人数从3000人增加到1万人以上。这一年（1267年）本地区人口数在70万人左右，也就是说，在本地，每70个人就有一个人参加考试！在民众的教育程度普遍提高的状况下，出现了一批精英。太平兴国四年（979年），海阳人谢言以"草泽应诏"，成为宋代本地第一个及第进士（嘉靖《潮州府志》）。于是，《方舆胜览》说，潮人"联名桂籍，自太平兴国始"。此时，距北宋建国还不到20年。自此后到宋末止，本地区共有139人登进士第。其中正奏进士95人，特奏进士44人。宋代潮州教育状况，与唐代相比，有显著的发展。①

明代随着王阳明心学的发展，他的潮籍弟子（他们的祖籍也于宋朝由闽移入潮州）薛侃等人在潮州传播心学，推动潮州王门学派的形成。随着教育的发展和教化的深入，儒家主流文化在潮州迅速传播，潮州社会文化的发展水平已经不低于发达地区，所以《方舆胜览》称誉潮州说，"封疆虽隶于炎方，文物不殊于上国"。同时，"海滨邹鲁"也成为人们对潮州的美称，儒家文化成为潮汕法律文化的根基。

---

① 参见黄挺：《潮汕文化源流》，广东高等教育出版社1997年版，第59～60页。

三、向海外移民铸就了潮汕法律文化开放冒险而又诚实守信的品格

移民问题,向来就是影响人类社会的大问题。潮汕民众向海外移民,使域外的文化得以流入域内,对域内的固有文化产生影响。潮人的海外移民,又可以称之为“过番”。宋元时期,海外贸易十分活跃,朝廷为了增加财政收入,鼓励加强海外贸易,潮汕地区濒临大海,在这种大环境下,潮人参加对外贸易,甚至外迁居住也是当然之事。明朝初期,厉行“海禁”,洪武四年(1371 年)首颁禁海令,洪武十四年(1381 年)再次下令“禁滨海民私通海外诸国”,并在沿海一带设置城寨卫所。派兵防守,对敢于出海“通番”贸易者实行严厉打击。清朝建立后,不仅继承了明朝的海禁政策,而且推行更为系统的闭关锁国政策,特别是对广东沿海地区:“凡系飘洋私船,照旧严禁。”为了应对郑成功的反清力量,顺治十七年(1660 年)九月,实施“迁界”令,强迫沿海地区内徙 30 ~ 50 里,并将沿海村镇夷为平地。康熙元年,潮汕的澄海、饶平一带被勒令内迁 50 里,“既迁之后,不许出界耕种,不许复出界外盖屋居住,如有故犯,俱以逆贼处斩”。至康熙二十三年(1684 年),海禁政策有所放松,在潮汕的澄海境内的梓林港已初步形成,出入其间的红头船为潮人漂洋过海提供了便利。红头船是明清时期出入中国南海一带的许许多多的木制帆船中的一种,按规定,广东船舶涂的是红色的油漆,称为红头船。

到清明嘉庆、道光以后,国力逐渐衰退,潮汕在清朝时,随着人口的增长,已经从唐宋时的地广人稀,逐渐变为人多地少,谋生艰难,加之战乱,潮汕人出海谋生和移民海外的风气日见炽盛。那些到南洋一带谋生的人,来到梓林港,带上一些不易变质的干粮,乘上红头船,漂洋过海。潮汕俗语说:“无可奈阿春甜粿”就是描写这种过洋的状况。“大船驶过七洲洋,回头不见我家乡,是好是劫全凭命,未知何日团寒窑?”这些民谣充分反映了向海外移民者的心态,也反映了海外移民的艰辛。还有一种作为“猪仔”被掠卖到海外的华人,更是充满辛酸。潮汕俗语说:“日里窟,会得入,不得出。”反映的就是华人的悲惨生活。出洋谋生的人,他们远涉重洋,踏上一片完全陌生的土地,他们的目的就是能够赚到一些钱银,寄回家里养家活口,潮汕俗语归纳为“番畔银钱唐山福”。这些早

期移民背井离乡,积攒到一点血汗钱,省吃俭用寄回侨批,抚养留在家乡的亲人,刺激了侨乡商业经济的发展。清末民初,仅华侨在潮汕创办的钱庄、批局、银行就有 178 家,其业务主要是侨汇。而且,当一个潮汕移民赤手空拳来到异国他乡,他首先是要投靠自己的宗亲,再谋求发展,而后者也会义不容辞地接纳他。因此在海外发展的潮汕移民,也体现出重视家族团结和诚信的品格。潮汕民众不断向海外各地移居,除了向移居地输入潮汕地区的文化外,还将海外的法律文化带回了潮汕地区。众所周知,潮汕民众有着浓烈的家族意识,即便移居海外,过着富足的生活,也时刻警醒着自己的根在潮汕,无时无刻不惦念着自己的家乡,所以,这些移居海外的潮民通过祭祀祖先等活动保持着与家乡的联系。而在这些日常来往中,他们将海外开放的法律文化带回了潮汕,促进了潮汕法律文化的发展,给潮汕法律文化注入了开放性、多元性、兼容性等新鲜血液。

第二章 潮汕日常媒介中的法律文化

从潮汕语言、生活习惯以及行为制约，乃至宗教信仰和日常耳濡目染所见的各种文化媒介来看，潮汕法律文化的底色便是以儒家礼义秩序文明所构建的规范体系。通过对潮汕文化日常载体法律文化意义上的分析，我们发现潮汕人无处不在的禁忌避讳和礼数规矩，以及多神崇拜和无数节庆，使潮汕之地的文化呈现出典型的“乡土中国”①特色。这正是研究潮汕法律文化载体之于中国传统法律文化改良的重要意义。正在这种乡风民俗的长期浸润下，潮汕人在待人接物、为人处世上显示出一种圆润的温情来。然而，一旦潮汕文化失去了自我更新和外部约束机制，便能催生出最浓厚的非理性，这种非理性的冒险体现在潮汕俗语“识字者摸不到虾”中，此句同“撑死胆大的，饿死胆小的”意思相同。以乡土温情蕴含的关系社会，在潮汕封闭地域环境中散发开来，成为潮汕法律文化非理性的一面，曾轰动全国的潮汕世纪税案便是最为典型的一例。②因此在探讨潮汕法律文化时，依然不能忽视潮汕特有的非理性观念对法律秩序的冲击。③

---

① 费孝通在代表作《乡土中国》中撰写了乡土中国的以下内容：差序格局；维系着私人的道德；家族；男女有别；礼治秩序；无讼；无为政治；长老统治血缘和地缘；名实的分离。这些传统的乡土中国特性在潮汕地区依然存在。参见费孝通：《乡土中国》，上海人民出版社2007年版。

② 粤东骗税大案是新中国成立以来金额最大、作案最为疯狂、涉案人员最多的世纪税案。潮阳、普宁等地共虚开增值税发票8.8万本，虚开税额323亿元，涉嫌骗取出口退税42亿元。2001年10月30日汕头市中级人民法院、揭阳市中级人民法院分别对16起虚开增值税专用发票案件的20名被告人和7个单位被告作出判决。有关此案的纪实小说参见张京民、李政、邵世：《国家使命——共和国第一税案调查》，作家出版社2006年版。

③ 参见沈玮玮、刘盈辛：《潮汕日常媒介中的儒家法律文化》，载《人民法院报》2017年4月7日，第5版。

第一节 方言俗语中的法律文化

一、齐家治国的语言规训

英国著名民俗学家查・索・博尔尼在其代表作《民俗学手册》中指出:"有韵的俗语俚语等,平时常挂在口头的人虽然不会去理会它的原来的含义,但就采风者而言却是颇具科学的意义。"①的确,如果我们刻意地去留意在潮汕地区富有神韵的潮汕话,以通俗易懂而又饱含深意的俗语歌谣所反映出的爱憎情感,会更加深刻地体会到潮汕人的法文化魅力以及理想秩序的追求。②

在潮汕俗语中,以家庭秩序为主题思想的居多。在家靠父母,"父母阿兄,咀话着听",因此父母之命不可违。即便父母有时也不讲道理,"父母亘日,拗横择直"。"无父兄为长,无母嫂为娘。"长兄如父,亲嫂如娘。这种具有民间拟制法律关系的俗语也体现在"天下十八重父母"一句上。此句即认可"义父母和契父契母"的民间习惯。对女子三从四德的强调在潮汕歌谣中也不少见,如"小鸡仔,跳上椅,伶俐新妇早走起(起床)。入客厅,收床椅;入灶间,洗衣碗碟;入房内,做针线。父母贤教示,翁姑有福气"。

在婚姻关系上,反映农村旧时交换婚俗的俗语如"粜米换豆"。此语表明,因无法支付高昂的聘财而在农村产生了一种变相的买卖婚,是指两方家的儿女互为夫妻的婚姻形式。五四运动前后潮汕地区开始出现一首倡导女性新婚姻自由的歌谣:"文明世界,烟仔食派(赶上时髦);女子解放,自由择婿。""劝人圆孬劝人离",与时下"劝和不劝离"的离婚法则如出一辙,在旧时看来劝人离婚是有损阴德之事。劝和是积德行善之事。"生爱同裘,死着同坟",是指夫妻合葬的潮汕丧葬习俗。

---

① [英]查・索・博尔尼:《民俗学手册》,程德祺等译,上海文艺出版社1995年版,第2页。

② 有关潮汕方言歌谣的汇集研究参见林朝虹、林伦伦编著:《全本潮汕方言歌谣评注》,花城出版社2012年版。

夫妻之间应该同甘共苦,正如歌谣所唱:"灶前燃火灶后薰,不是姻缘不对君。日来无食相思去,夜来无被盖腰裙。"潮汕歌谣很少直接以男欢女爱为主题,即便是情歌也十分含蓄,如"欹山歌,欹山发草闹萋萋。君今十八娘十七,有如好米打糖枝。东山东,东山发草闹呛呛。君今十八娘十七,有如好米打糖方"。在《摇鼓叮咚声》一首歌谣中,讲述了一位少女同货郎的秘密爱情,在她们偷偷约会后少女应对母亲诘问的故事:"天拉朗(黎明),母亲叫仔来开门。'奴哙,你个房门怎会开?花纱罗帐怎会垂?鬓边头毛怎会散?胸前纽仔怎会开?''娘哙,昨夜房门狗仔来撞开,花纱罗帐风吹垂,鬓边头毛枕边散,胸前纽仔热解开'。"在子女的教育方式上,潮汕人亦信奉"严父出孝子,慈母家败儿"的格言。潮汕俗语中也有代表中国传统法律文化"分家析产"的"树大分椏,仔大分家"。即便分家容易导致"家伙无三分"(家产分拆多分得便少了)。还有重视嫡长子之地位的"大孙当尾仔""家用长子,国用大臣"等。俗语中还有宣扬家庭团结的"家和万事兴,嫩(忍)气添财丁",强调忍让和睦,和气生财。至于赡养老人,"有男靠男,无男靠女"。若遇到不孝子女,潮汕人用于教育子女孝顺的一句俗语"粪箕好扛阿公,住好扛阿父",很能体现潮汕俗语将故事情节穿插其中的特色。相传古时有一不肖子嫌父亲老迈不能干活,令其子用粪箕扛父上山后扔下山涧,其子称粪箕不可扔掉,好留个自己将来扛其父。此语一出,不肖子幡然醒悟而不致犯下重错。此语亦比喻害人者终归要殃及自己。

由家庭延伸到国家社会,潮汕人强调"先得先,后得后"的准则,以秩序为先,不可乱了先后的观念十分清晰。"生理(生意)细细会发家"一句反映了潮汕人的商业理念。"跷(穷)爱跷得清,富着富哙明"一句要求无论贫富之人,之间往来账目清晰明了,表明潮汕人有着十分精确的契约意识。这一理论也反映在"冤家有头,债有主""刣人偿命,欠数还钱"两句上。

"老北(识)字掠无爬蜞(蟛蜞)"这句俗语反映了潮汕人敢于闯荡的生活习性,此语或许也反映了潮汕人性格中不固守成规的魄力。清康熙年间,为应对郑成功反清复明,实行全面海禁。饶平、澄海、潮州等地沿海居民全部被内迁50里,凡边民擅自越界出海捕捞者杀。告示贴出后,识字者反倒不敢越界而无法谋生,不识字之人则我行我素,捕捞鱼虾蟛蜞换些钱财勉强过活。如此,识字者竟然吃亏。于是,这句话便意指凡循规蹈矩者有时也难以做好事情,这与潮汕人的经商意识以及敢为人先的精细性格是十分相符的。

语言是特定地方在特定历史文化背景下的产物,是一个地方特色文化的无形载体。潮汕文化最具特征的内容就是潮汕方言。① 通过极具特色的潮汕方言,我们也能感受到深藏在潮汕地区的刑事司法文化。在对潮汕方言的学习中,会发现许多有趣的谚语,如"家无三分""兄弟一条心,田塗变成金;兄弟唔同心,无钱买灯芯""一人主张,唔如翁姐参详""一字入公门,九牛拖唔出"等。这些谚语反映了潮汕民众以和为贵、息讼止争的心理。

"和谐与无讼",是中国传统司法文化最根本的价值取向和最高的价值追求。在潮汕人的意识中,"潮州古比邻州富,富人只怕官府"。也就是说,潮汕民众普遍上是不愿意通过诉讼的途径解决纠纷的,宁愿忍气吞声也不愿意寻求官府帮助。

由追求和谐状态而反映在刑事司法中的"无讼",最早出现在《论语·颜渊》中:"听讼,吾犹人也,必也使无讼乎!"在孔子看来,只有做到无讼,才能构建和谐的理想社会。而儒家的这一"无讼是求"的理念,在极其注重家常伦理的潮汕地区是极其推崇的。潮汕地区有着浓厚的家乡观念与家族情怀,不愿意因为纠纷而打官司,这种能忍则忍的保守心态,让他们无论是在家庭内部还是在邻里之间都追求一种和谐的状态,一般不轻易通过诉讼的途径解决问题。②

二、俗语中体现的官民关系的治理基础

由潮汕清官所演变而来的俗语实际上代表了潮汕人对传统官民关系和谐共处的情感认知,无不反映了潮汕地区司法政治文化的典型特征。例如,潮汕俗语"有千年池厝渡,无百年郑大进"中所提到的官员郑大进③便深受乡民高度

---

① 参见冯祥武:《潮汕方言淡化论》,载《汕头大学学报(人文社会科学版)》2011年第3期。

② 参见沈玮玮、刘盈辛:《潮汕日常媒介中的儒家法律文化》,载《人民法院报》2017年4月7日,第5版。

③ 郑大进(1709~1782年),字誉捷,号谦基,又号退谷。揭阳县梅岗都山美村(今属揭东县玉滘镇山美村)人。雍正十三年(1735年)中举,翌年(乾隆元年)登进士。初授直隶肥乡县令,累官至直隶总督,授太子少傅衔。郑大进是清雍乾盛世间一位有才华、有经济头脑、很有改革精神的实干家。

褒奖。康乾年间揭阳县的山美村和池厝渡村因为村界纠纷而发生宗族械斗,积怨颇深。山美村请身为清廷高官的本村官员郑大进出面做主,而身为高官的郑大进并未仗势欺人。反而借此机会请来了池厝渡的父老乡亲,诚恳而谦虚地劝说道:"远亲不如近邻,若是冤冤相报,何时才算尽头,须知道,有千年池厝渡,无百年郑大进。"报得了一时之仇,保不了终世之安。众人听此,颇为感动,遂积怨顿消,自此和睦团结如家人。这一俗语充分反映了中国传统法律文化"和谐之美"的精神主旨。

潮汕家喻户晓的歇后语"韩文公教示——知小理(羞)"则反映了另一个对潮汕地区文化改良具有深刻影响的历史人物韩愈的魅力。唐元和十四年(819年),因谏迎佛骨而激怒唐宪宗的韩愈被贬至潮州府任刺史。自此,韩愈开启了潮汕地方儒学传统和文明教化之先河。韩愈莅潮之后,重文倡教,兴学育才,民风为之一改,虽治潮仅有 8 个月,但潮州的山水均以"韩"命名,足见潮汕百姓对韩愈的认可度。这一歇后语正是代表潮汕地区以儒家礼义为精神归宿的文化特点。

潮汕虽代代有好官,[①]但官府也为百姓所惧怕,有如俗语"潮州古比邻州富,富人只怕官府"。与官府打交道,经常是吃了官司。小民百姓普遍怕"打"官司,也反映在俗语"为报人情,吊项相谢"上。此句意思为害人吃官司,而借口说报答。无不隐喻着打官司为常人所惧的潮汕人心态。

"理出公论",讲究社会舆论道德伦理对行为的规制作用,这一俗语同"无情无义,对唔住街市"有相似之意。"护理无护亲",在天理和亲情面前,潮汕人依然选择天理,因为"你知我知,还有天知",天理难容。虽然讲究人情的潮汕人也主张"人情官伴"。不过,在潮汕人的公平正义理念中,"合理合法合人情"也是其追求和谐自然秩序的终极标准。[②]

---

① 潮籍清官也有很多,较为著名的有宋代刘允、张夔、王大宝,明代肖端蒙、陈一松、王天性、薛侃、薛宗铠,清代郑大进,等等。

② 参见沈玮玮、刘盈辛:《潮汕日常媒介中的儒家法律文化》,载《人民法院报》2017 年 4 月 7 日,第 5 版。

三、商业系统的俗语法则

“猪中拗”是有关商业纠纷调解的俗语，“拗”（潮语读“亚”二声）原意是弯曲使之折断之意。“猪中”系潮汕民间中介人士的称谓，泛指“中人”，海陆丰等地也叫“牙公”，类似于“牙人”，因此类人凭一口尖嘴利齿说和他人为生而得名。海陆丰等地有句俗语：“卖者唔切，买者唔切，牙公最切。”“切”乃迫切之意。中介为了撮合生意当然甚是急切。传统农村集市称为“墟”，因缺乏官方管理，每个墟场上便开始出现一些中介，即“猪中”称谓斡旋买卖之人。“猪中”一般熟悉市场行情，善于把握买卖双方心理。也即“猪中”充当了市场信息媒介的作用。为何叫“猪中”？大概得名于起初的市场中介专门从事买卖猪仔的交易。当猪仔卖家带着猪仔进入墟市时，猪中都要及时替卖家找个地方歇担，趁机问清底价。当每个猪仔买家进场时，他也会逐一询问买家的意向，包括猪仔大小、数量和价格，然后穿插于买家和卖家之间。买卖双方进行讨价还价的过程中，猪中往往根据事先打探好的交易底价而左右劝说，极力促成。“猪中拗”即猪中给定的成交价格，但并不等于买卖双方的平均值。而猪中往往不欺行霸市，给定价格公道，多为买卖双方所信任，成为当时潮汕农村集市市场管理和繁荣发展的必备参与主体。

有关矛盾纠纷处理的潮汕俗语比较典型的是“交割”一词。当下，“交割”作为合同履行的俗语至今依然在不限于潮汕地区使用。《吕氏春秋 · 注》曰：“交，谓上下相交接也。”《广雅 · 释诂》云：“割，断也。”所以“交割”有切断划分后互相交接之意。“交割”即表示交易双方通过共同商定划分权义关系后，互相交接并履行手续。潮汕俗语“交割”一般指在有关地界、报酬、借贷以及兄弟财产和邻里产权纠纷问题上，通过双方共同协议而划分好权义关系后，互相交接并履行有关手续的过程。因此，“交割”在潮语中展示的是和平处理矛盾的过程，矛盾纠纷经“交割”处理平息的称之“交割清楚”。当前在法律意义上使用“交割”一词仅指在期货或证券交易领域。当期货到期后（或证券成交后），买卖双方依约相互交付货物（凭证）及货款即称为“交割”，交割分为“现货交割”与“现金交割”，其主体只能是法人。

从以上的简单归纳中可以看到,潮汕人生活的法律空间和秩序氛围与传统中国大多数地域所遵循的原则理念基本一致。虽然潮汕地处南方一隅,但伴随着海上丝绸之路的兴起,潮汕文明,以及潮汕法律文明都深受中国传统价值的影响,这些都体现在潮汕特有的语言文化之中。①

第二节　功夫茶道中的法律文化

一、功夫茶道的准则意义

"功夫茶"和"功夫茶"往往易使人混淆,彼此不分。然而"功与工"在潮汕和闽南语中的音与义均有区别。按潮州声韵分部,"工"在潮汕话中音"刚","功"音"攻"。二者含义也大不一样。"工夫"在潮语中既有本领时间之意,更有讲究用心,圆满周到之意,潮谚曰:"合得主人意,才是好功夫。"此之谓也。因此,为了传达潮汕茶道之精义,本文使用"功夫茶"的称谓。

广东省质量技术监督局于2011年8月15日正式实施国内首部以茶叶冲泡规范为标准的《潮汕功夫茶地方标准》,该标准对功夫茶的定义及精神做了权威的界定。功夫茶即"流传于潮汕地区一带的以乌龙茶为主要用茶,以精致配套的泡茶器具,遵照独特讲究程式的一种茶叶冲泡和品饮方式。具有'和、敬、精、洁、思'的文化精神"。最早关于功夫茶的文字记载始见于嘉庆六年(1801年)俞蛟所著《梦厂杂著·卷十·潮嘉风月·功夫茶》,功夫茶距今至少220年的历史。潮汕人对茶的酷爱到了无以复加的地步,他们将茶叶称为"茶米",嗜茶成性,将"柴米油盐酱醋茶"的传统排序完全倒置,功夫茶成为潮人每天的第一件功课。"功夫茶香浓得怪"也被誉为潮汕十八怪之一。潮汕人对茶的钟爱并不代表潮汕茶的粗放,相反,潮汕功夫茶正如其名,颇为讲究。"曲院春风啜茗天,

① 参见沈玮玮、刘盈辛:《潮汕日常媒介中的儒家法律文化》,载《人民法院报》2017年4月7日,第5版。

竹炉榄炭手亲煎。小砂壶瀹新鷓鸪,来试湖山处女泉。"[①]此诗记叙了春日烹煮潮汕功夫茶的一系列器材道具。包括烹茶的用具竹垆和小砂壶,煮水用的榄核炭,茶叶用鷓鸪茶,水用西湖山处女泉。正如清人袁枚在《随园食单·茶酒单》中就生动地说道:"杯小如胡桃,壶小如香橼。每斟无一两,上口不忍遽咽。先嗅其香,再试其味,徐徐咀嚼而体贴之,果然清香扑鼻,舌有余甘。一杯以后,再试一二杯,令人释燥平矜,怡情悦性。"诚可谓饮功夫茶,小可怡情,大可托志。

潮汕一向有"茶三酒四"之说,不分客人多寡,均只有三只杯,茶冲好后,冲茶人自己不取,其他人互相谦让,君子之德尽显。酒茶既毕,必让客人中老者、尊者先端茶,以示尊敬。端茶之人往往就近取茶,以示礼貌修养。若遇主人亲自奉茶,长者常以中指轻叩茶几茶台,以表谢意,同辈之人则以食中二指轻叩之。"先客后主,司炉最末。"司炉俗称"柜长"(煮茶冲茶者)最后饮喝,否则就被视为"蛮主欺客"。凡饮完一杯即要用滚烫的茶水再次冲洗,然后再把带有热度的杯子传给下一位用茶人,正所谓"送人玫瑰,手有余香",茶温在手,气氛浓烈。此种品茗传统与功夫茶的特点十分相关。潮汕人酷爱喝茶,尤讲究"浓苦",其科学道理在于潮汕气候炎热,需要喝水解渴。为了不因大量饮水而加重肾脏负担,特别讲究饮茶以"水少而甘"为主,以少胜多,寓在其中。正因为如此,在功夫茶杯的要求上以"小、浅、薄、白"而著称。"小"能一啜而尽,"浅"则水不留底,"薄"能使茶香四溢,"白"则茶色跃然,并且功夫茶的摆放宜呈"品"字型,取团结和谐之意。此外,潮汕功夫茶以"精行俭德"的心智教化为其道德观念之依归。"茶性俭"[②],因此"最宜精行俭德之人"[③]。这一精神体现在功夫茶"小而美"的茶具当中。茶具当秉承潮汕人节俭实用的美德,如若茶具用银为之,"至洁,但涉于侈丽"。[④] 这种独特的礼仪器具讲究,外加上潮汕独特的冲泡程序,使功夫茶内外兼修,名副其实。如"关公巡城",即循环斟茶,茶壶似巡城的关羽,目的是使杯中的茶浓度一致,且低斟为不使香气过多散失;"韩信点

① 丘逢甲:《潮州春思·其六》。
② 陆羽:《茶经·五之煮》。
③ 陆羽:《茶经·一之源》。
④ 陆羽:《茶经·四之器》。

兵”，即巡城至茶汤将尽时，将壶中所余茶水之精华一点一滴均匀分注于每一杯茶中，此种将传统古典人物和历史故事融入具体程式中的形式，颇具历史厚重感和文化美感。注重精细的功夫茶，与潮汕农业精耕细作的生活习性大有关系。潮汕地区地少人多，农业生产必须采取精耕细作的方式才能养活一方儿女。精巧的生产方式以及深受儒家文明熏陶的潮汕人久而久之养成了细腻的心灵，这一细腻精巧的心态在功夫茶中极尽表现。功夫茶的文化之美在冲饮程式精致细腻、有条不紊、从容不迫的和谐气氛中展现开来，体现了中华文明“和为贵”的精神主旨。如此“小而美”的潮汕功夫茶所具有的功能在《潮汕功夫茶地方标准》中被归纳为五个层次：生理需要层次、社交需要层次、休闲需要层次、审美需要层次、修养需要层次。生理需要在于生津解渴；社交需要在于谈商论道、人情往来；休闲需要在于亲朋聚会、同享欢乐；审美需要在于茶道茶具精湛；修养需要在于怡情托志。这五个层次的需要并非完全区分，往往在多人饮茶的情调中都有体现，每位参与者的体验感知或许完全不同，但无出这五大需要。

潮汕人的待客之道全部蕴藏在冲泡功夫茶之中，正所谓“寒夜客来茶当酒，竹炉汤沸火初红”①。结婚之日新娘向长辈下跪捧茶的仪式至今沿用。即便是海外归来的亲属，家中新妇及晚辈如是初见，定要行“跪茶”之礼。喜事如此，丧事亦然，如祭祀拜神要“清茶三杯”等。在饮功夫茶中的礼仪讲究也极能代表潮汕人的儒家礼义秩序观念。如常言道“酒满敬人，茶满欺人”，斟茶讲究“满遭损”的格言寓意。“强宾压主，响杯擦盘”则告诫作为客人喝茶提杯时，不能任意把杯脚在茶盘沿上擦拭。饮完应轻放茶杯，不可发出响声，否则会被视为挑衅心态。并且饮茶时不可皱眉，皆因“喝茶皱眉，表示嫌弃”。品茶时如中途有新客到来，当要立刻换茶，否则被视为“待之不恭”。“头冲脚惜，二冲茶叶”，讲究冲茶时第一遍必须洗茶倒掉，而第二次冲茶即为头冲茶，应该让新客先饮，如新客一再推卸便叫“却之不恭”。茶水经数次冲泡后，应当及时更换茶叶，不能出现“无茶色”。“无茶色”其意有二：一是怠慢客人，待人不恭；二是引申为办事

① 杜耒：《寒夜》。

敷衍,效果不尽如人意。但也有例外,如因饮茶时间过长而耽误工作休息,或者话不投机,可以故意不换茶叶,以示"暗下逐客令"[①]。

二、功夫茶道的传统教化

潮汕人让茶诚恳,毫无虚情假意,形式与实质兼容,这与潮汕生意人的诚心实意之质十分相近。饮茶亦称品茗,不会比较饮的多少,毫无竞争意识,但求人际和气,心平静气,在和风细雨的幽静环境中饮茶交谈,便能和气生财。茶又代表着一种文人的素雅与精致,是中华文明的独特价值载体。恶人多酗酒,少喝茶,缺少工夫与耐心,南方的潮汕人便无法成就商业经济。功夫茶中所包含的诚心实意,和气有爱造就了潮汕的人缘,人缘滋润着商道,成为潮汕人代代相传的生意经。

功夫茶道讲究传递孝悌和善德的意旨。"夫孝,德之本也,教之所由生也。……夫孝,始于事亲,中于事君,终于立身。"[②]孝道为儒家德之本性,以茶体现潮汕文化的孝道之教在潮剧细微之处均有展现。万历版潮剧《荔枝记》第三十四出载:"每月十五供养茶汤,伏事上祖乞人传。"《苏六娘・苏妈思女责桃花》也载:"我有爹妈无人映,早晚茶汤买(勿)失时。"以茶祭祖,以茶尽孝,功夫茶上的精致心细彰显着孝顺之意。孝悌乃仁之本,[③]《孟子・万章上》对"悌"如何体现"仁"的精神有着明确的回答:"仁人之于弟也,亲爱之而已矣。"因此,不仅孝父母在潮剧中时而出现,悌兄弟也在潮剧中时有开展。《重补摘锦潮调金花女大全・借银往京》一剧中便有兄长用茶招待小妹以表亲爱的情节:"小妹请坐……讨茶来食。"精敬功夫茶传达出的不只是孝顺友爱,还有一种美好的儒家人伦秩序。这种秩序是千百年来中国法律文化滋生的深层次基础。将此孝悌之意推己及人,便是在潮汕地区较为普遍的"施茶"文化。明代弘治年间潮州庵埠官路设有"赐茶庵",[④]清代康熙年间潮州南厢五里处"海云庵"也"建亭施茶"。[⑤] 施茶作为善

---

① 沈玮玮:《茶法与礼法:潮汕功夫茶的礼仪规训》,载《人民法院报》2017年3月31日,第7版。

② 《孝经・开宗明义章第一》。

③ 参见《论语・学而》:"孝悌也者,其为仁之本与。"

④ 《庵埠志・赐茶庵》。

⑤ 《海阳县志》卷二十八。

义之举，将仁德自家庭扩展至社会，经由功夫茶所承载的“修齐治平”之儒家义理秩序不断被推广扩大。

功夫茶道的终极哲理还在中国传统文化的圆通之道上。《周易·泰》云：“无平不陂，无往不复。”天地运动从泰到否，从否到泰，乾来坤往，运动不绝，循环往复。天地人事的圆转不息，缩微为功夫茶杯的反复滚动，“关公巡城”“韩信点兵”等功夫程式将这种圆通观完整体现了出来。① 倘若在环茶壶身上镌刻“可以清心也”这五个可以随意组合的文字，②即将中国传统文化中的圆通观体现无遗。

饮茶以求心平自在的心态，茶杯、茶水在主客之间礼尚往来，以精湛的冲泡技艺和考究的饮茶程序，参悟人生，这就是潮汕功夫茶所具有的“和、敬、精、洁、思”的文化精神。潮汕功夫茶既可登大雅之堂，又可入寻常之家，从不拘泥于精致的饮茶环境，也不深受饮茶器具的精美束缚，老少皆宜，贫富皆可，代表了潮汕文化贯通全面的思想境界。潮汕功夫茶雅俗共赏，具有持久的魅力与生命。而功夫茶内里所传达的“和”与“敬”之精神则是潮汕茶文化的最高境界。茶艺的考究，显示出潮汕人业力“精”进的追求，而在吃讲茶的文化习俗中，其“乐”无穷。在潮汕功夫茶的品赏换盏中所蕴含的潮汕人“和、敬、精、乐”的文化智慧，③更是决定潮汕礼义秩序不可或缺的内在因子。以潮汕功夫茶为代表的中国茶道就是通过茶的过程，引导个体在美的享受过程中走向完成品格修养以实现全人类和谐安乐之道。以潮汕功夫茶为代表的中国茶道精神的核心就是“和”，④

---

① 圆道之体现首先在“滚”杯。淋杯之后将一杯侧置于另一杯上，中指肚勾住杯脚，拇指抵住杯口并频频向上推拨，使侧置之杯作环状滚动，并不时发出清脆的铿锵撞击声。食指则始终轻按杯身，若即若离，以使滚动着的小杯得到适当调控而保持杯身平衡。这种运动方式正是典型的“圆道”运动。洒茶时，把壶口对准杯口，循环往复地将茶汁均匀地洒入各杯，称“关公巡城”。“巡城”同属“圆道”运动。洒茶后期，须余沥尽出，于是有“韩信点兵”之说。“点兵”也是循回不息之“圆道”运动。

② 环壶身刻上“可以清心也”五字，每字间等距离分布，不管茶客坐在什么位置，只要将看到的字用作句首都可以读通，且各有意境：“以清心也可”“清新也可以”“心也可以清”“也可以清心”，等等。

③ 有学者认为功夫茶道的核心在于“和、敬、精、乐”。参见曾楚楠、叶汉钟：《潮州功夫茶话》，暨南大学出版社 2011 年版，第 1 页。

④ 参见陈香白：《中国茶文化(修订版)》，山西人民出版社 2002 年版，第 4 页。陈香白认为，中国茶道、中国工夫茶、潮州工夫茶实质是三位一体。当今潮州工夫茶是中国茶道集中体现，现代茶道也源于潮州工夫茶。有关工夫茶的论述参见该书中篇“中国茶道——中国茶文化之核心”以及下篇“潮州工夫茶——中国茶文化之现代化阐析”。

“和”便是包括潮汕人在内的华夏子民毕生“功夫”努力的方向。[①]

三、功夫茶道中暗含的司法文化

功夫茶作为潮汕饮食民俗最具有特色中的一种，受到很多文人墨客的喜爱，张华云先生就曾作文，表达了对潮汕功夫茶道的深刻理解：

> 闽粤地相接，姻亚不断绝。五娘适陈三，荔枝为作伐。闽茶显粤东，溪茗铁观音，嫩芽化奁粉，条索窈窕褐。一斤四十泡，三杯无余缺。潮人无贵贱，嗜茶辄成癖。和、爱、精、洁、思，茶道无与敌。水、火、器、烹、饮，茶气极精辟。薄锅沸清泉，泥炉炽榄核。罐推孟臣小，杯取若深洁。西湖处女泉，桑浦龙泉液。四指动飞轮，涤器净且热。柔条围细末，首冲去浮沫。关羽巡城流，韩信点兵滴。罐干茶云熟，饮尽不见屑。一冲号为皮，流香四座溢。二三冲为肉，芬芳留齿颊。四冲已云极，清风生两腋。脑海骋奇思，胃肠清宿食。匪独疗干渴，夏兴冬不息。不可一日无，百邪俱辟易。潮人多远游，四海留踪迹。偶逢故乡人，同作他乡客。共品三两杯，互通乡消息。乡思起芒鲈，乡情如胶漆。因知功夫茶，最具凝聚力。昔人开其端，历代有增益。乃成茶文化，世世沐膏泽。[②]

文人墨客对潮汕功夫茶的赞美无疑是对它的一种发自内心的欣赏与喜爱，也道出了功夫茶中的文化内涵。如果我们将功夫茶冲泡的流程与潮汕的司法相结合去解读的话，我们也许能体悟到一些暗含在功夫茶冲泡流程中的司法文化。

其一，繁复的功夫茶冲泡流程。

(1)鉴赏香茗：用茶则从茶藏中取出一壶量的茶叶，置于赏茶盘中，鉴赏。

(2)孟臣淋霖：沸水浇壶身，目的在于为壶体加温，即所谓“温壶”。

(3)乌龙入宫：将茶叶用茶匙拨入茶壶，装茶的顺序是先细再粗后梗。

---

① 参见沈玮玮：《茶法与礼法：潮汕功夫茶的礼仪规训》，载《人民法院报》2017年3月31日，第7版。

② 参见张华云：《潮汕功夫茶道》，载汕头大学潮汕文化研究中心、汕头市潮汕历史文化研究中心编：《潮汕文化论丛·初集》，广东高等教育出版社1992年版，第233页。

(4)悬壶高冲:向孟臣罐中注水,水满壶口为止。

(5)春风拂面:用壶盖刮去壶口的泡沫。

(6)熏洗仙颜:迅速沥出壶中之水,是为洗茶,目的是洗去茶叶表面的浮尘。

(7)若琛出浴:用第一遍泡茶水烫杯,又谓温杯,转动杯身,如同飞轮旋转,又似飞花观舞。

(8)玉液回壶:用高冲法再次向壶里注满沸水。

(9)游山玩水:执壶沿茶船运转一圈,滴净壶底水滴,以免水滴落入杯中。

(10)关公巡城:循环斟茶,茶壶似巡城的关羽,目的是使杯中的茶浓度一致,且低斟为不使香气过多散失。

(11)韩信点兵:巡城至茶汤将尽时,将壶中所余茶水斟于每一杯中,这些是全壶茶汤中的精华,应一点一滴平均分注,因此称韩信点兵。

(12)敬奉香茗:先敬主宾,或以老幼为序。

(13)品茗审韵:先闻香、后品茗;品茗时,以拇指与食指扶住杯沿,以中指抵住杯底,俗称“三龙护鼎”。品饮分三口进行,“三口方知味,三番方动心”,茶汤香醇甘爽,回味无穷。

(14)高冲低筛:冲泡第二遍,重复九、十、十一步。

(15)若琛复浴:同若琛出浴。

(16)重斟妙香:重复九、十、十一步。

(17)再识醇韵:重复十三步。

(18)三斟流霞:冲泡第三遍。

其二,功夫茶冲泡流程中暗含的司法文化。一般的喝茶冲泡较为简单,不过就两三个步骤,但潮汕功夫茶品茗却精细到十八个步骤之多,潮汕的法官在日常品饮功夫茶的生活习性中,将功夫茶冲泡的繁复程序内化为一种对待司法的职业要求。例如,从“乌龙入宫”装茶要“先细再粗后梗”引申到法官办案实践中,“细”是指法官在办理案件的时候,虽然可能要面对的是堆砌如山的案卷材料,可能是错综复杂的案情,但是要从细枝末节处入手,不放过任何一个小的线索,要从小处入手了解案情;在了解基本情况之后,再对案件有一个总体上的概括,即“粗”;而“梗”又有着“正直”之意,引导着法官在循序渐进审理案件的时候,应摒弃先入为主的影响,做到不偏不倚,最终做出公正的裁判。又如,从“春风拂面”“熏洗仙颜”这两个程序中,法官体悟到在刑事司法中,在审理案件的过程中将那些似乎跟案件有关但其实是干扰项的证据材料剔除掉,才能找出跟案件真正相关的资料,根据这些资料认定案件事实、据以定罪量刑。总之,功夫茶整个冲泡流程讲究的是“和缓有度”,掌握好一张一弛的“度”,掌握好水的质量跟温度、茶的品性,以特有程序冲泡,方能享受到芳香润口的好茶;而作为司法职业者的法官,平常品饮功夫茶受其熏陶,领悟了“张弛有度”的意涵,在司法中除了严格遵循法定程序做到程序公正之外,还做到法理结合、罪责刑相适应,这样作出的裁判才能抚慰被害人、惩罚被告人,实现惩罚犯罪、保障人权的目标,这也许就是功夫茶冲泡秩序对法官职业者司法文化沁润的结果。

第三节 潮绣潮剧嵌瓷木雕中的法律文化

一、潮绣的礼义承载

潮汕文化中又一颇具有代表性的文化载体为潮绣。潮绣乃中国四大名绣之一,与广绣合称为粤绣。在潮绣中也能反映出深刻的法律文化,当然这种文化是以维护礼制为核心的儒家传统秩序为主要表征的。这与潮绣始于唐代的历史通俗解释有关。因潮汕地区特殊的地理位置,使潮汕文化并未受到战乱的干扰,唐代文明的传播越发使潮汕地区受到来自唐代“一准乎礼”的法律文化浸润,遂代代相传,完善和巩固了潮汕地区的法律文化基础。比较具有代表性的潮绣作品以讴歌爱国卫国、家庭和谐等“修齐治平”的礼义为主旋律。1910 年在清政府第一次以官方名义于南京举办的国际博览会“南洋劝业会”上,曾获得大奖的潮绣精品即有《苏武牧羊》《丹凤朝阳》《郭子仪拜寿》等。实际上自清代以来,潮汕女性多勤纺织,凡女子年满十一二岁,其母即为其预制嫁衣,家家户户都会织缍刺绣,并且男子亦精于绣功。由老至少,从男到女,刺绣所传达出来的中国传统礼制及其秩序文明被随时反映在日常生活实用的装饰品上，提醒着日常百姓谨记传统和谐礼制的教诲，使中原法律文明超越地域，普及潮汕全境。

潮汕的民谣对潮绣所代表的潮汕法律文化有着更为生动的解释："八岁学针线，十岁进绣房。进入绣房绣花样，百样故事都绣上。"潮汕人自小时便开始勤学的绣绘故事到底包含哪些"百样"呢？对于旧时女孩来说，出嫁乃生命中最重要的事情，出嫁等于再生，因此，新娘要从头至脚都是新的，所以，潮绣为潮汕女子所准备的物件十分丰富。在这些物件上所绣的故事情节，都有着儒家礼义的文化秩序韵味。如女子启肩上的霞披系百余件小绣片而组成，绣有百子图及孝敬父母的传统故事。出嫁所用潮绣越多越好，如以绣花枕头、门帘、信插、钱夹、针插、烟包、香包、鞋裙等绣物作为陪嫁之物，反映的是女子的聪颖贤惠、心灵手巧，正如民谣所唱："脸上蒙的红头盖，足上蹬的上马鞋，不沾娘家土，不图婆家财，自身带着财帛进门来。"

在这些出嫁潮绣用品中，最能反映儒家礼义秩序的物件是女子的披肩，原称霞披，多以绣花的纹样来命名。有"双双如意披肩""莲生贵子披肩""吉祥如意披肩""一定发财披肩"，还有"三从四德披肩"，无不隐含着丰富的传统法律文化。比如"三从四德披肩"不仅要绣上"四德莫忘""里客贤德""幽定贞静"等文字，还绣有民间传统故事"苦守寒窑""丁山射雁"等，"苦守寒窑"所描绘的故事是王宝钏苦等薛平贵的忠贞爱情故事。唐懿宗时期朝中宰相王允的女儿王宝钏，不顾父母之言下嫁贫困的薛平贵为妻，遂被父母赶出家门。在薛平贵入伍后，王宝钏独自一人在寒窑中苦度十八年。后来薛平贵成为朝廷高官，将王宝钏接入府中，夫妻团聚。然而，王宝钏仅过了十八天的幸福生活便去世了。"丁山射雁"说的是历史演义故事薛仁贵之子薛丁山（其历史原型为薛仁贵之子薛讷）和樊梨花的爱情。樊梨花是中国古代四大巾帼英雄之一。樊梨花智勇双全，美貌绝伦，其自嫁薛丁山为妻，协助薛丁山登坛挂帅、南征北战、所向披靡。在民间传说中，樊梨花是一个敢爱敢恨、胸怀宽广的大唐奇女，武艺高强、神通广大、文武全才。一见薛丁山即倾心的樊梨花，论武功法术，都胜薛丁山一筹，在交手的过程中为应天命还三擒三纵薛丁山，不但在捉放之间没让薛丁山难堪,还处处显露出真情意,而终于感动了薛丁山,让命中缘分今世结。在薛丁山与樊梨花的戏剧性故事中,“三擒三纵”“三弃三请”等情节表现了樊梨花弑父杀兄以及阵前招亲投向爱人等违背伦常、离经叛道的作为。这两个故事前后连贯,父子相承。“苦守寒窑”代表着遵从传统的坚持,而“丁山射雁”表达的是对传统的革新,但背后所蕴藏的是对传统女子忠贞爱情的讴歌。图文并茂,故事意蕴深刻,既有理论说教,正如其披肩之名称;又有故事穿插,且故事情节连续,代表两种不同的女子对婚姻的忠贞不渝。内涵深刻,通俗易懂。虽然刺绣时间达一年多之久,但深刻体现了儒家礼义精神在潮汕平民百姓心中的位置,亦被潮汕出嫁女性所重视。

此外,传统的尊老爱幼之儒家礼义也在潮绣中得到了很好的体现。潮绣对老人的衣服和鞋袜十分讲究。老人服装一般要素雅大方,庄重得体,从颜色和图案的选择上都有体现。尤其在老人过寿的穿着上更是丝毫不能随意。披肩亦是这种礼义精神的载体。此披肩称“祝寿披肩”,多以牡丹和祥云为图案,寓意“福寿绵长”“福在眼前”“福分无涯”等,衣裙也有说法,图案和文字均以福寿孝敬为主要含义。这些都体现了传统尊卑秩序礼义文明所代表的法律秩序文化在潮汕地区迄今为止的深刻影响。[①]

二、潮剧的司法意义

在大量的潮剧中也有很能体现潮汕法律文化,尤其是潮汕司法文化意义的剧目。颇具代表性的公案剧本如《王金真告御状》《王妃告夫》《四告状》《包公赔情》《水牢案》《哑女告状》《告亲夫》七部,内容包含宫闱纠纷,如《王妃告夫》,满足了普罗大众对宫廷政治司法的好奇,以示宫廷之榜样。也有下至贫苦大众的家庭亲属纠纷,如《告亲夫》,形成自上而下的剧情对比。同时还有大众所喜爱的清官断案之传统公案剧,如《包公赔情》;完全体现传统中国官员断案智慧的曲目也颇受百姓欢迎,如《水牢案》《哑女告状》等。出于对皇帝的终极

① 参见沈玮玮、刘盈辛:《潮汕日常媒介中的儒家法律文化》,载《人民法院报》2017年4月7日,第5版。

信仰,皇权对司法的干预主要体现为传统的直诉制度,即俗语讲的“告御状”,这在潮汕戏剧中也有反映,如《王金真告御状》等。传统司法的繁复程序设计也在潮剧中有所体现,如《四告状》等。因此,以潮剧为代表的潮汕民间司法景象体系完整,即保留了传统的经典曲目,保证了华夏司法文明传播的连续性,又涵盖了情理法等中国法传统的和谐精神,精确地体现在案件自侦查到审判的全过程。虽然潮剧中的传统司法曲目在数量上并不占优,但其成系统性以及覆盖面的广泛性使得潮汕戏剧中的司法韵味弥久而广博,真切而全面。①

三、嵌瓷的秩序期盼与木雕的日常提醒

潮汕秩序文化在陶瓷及木雕中也表现不凡。在潮汕地区极富有特色的民间陶瓷工艺是建筑嵌瓷。清代嘉庆年间《澄海县志》载:“望族喜营屋宇,雕梁画栋,池台竹树,必极工巧。大宗小宗,竞建祠堂,争夸壮丽,不惜资费。”潮汕人极为重视,祠堂的建设和民居的装饰,往往体现出浓郁的华夏文化特色。在这些建筑嵌瓷中体现了对美好生活的向往和秩序文明的期盼。嵌瓷艺术一般表现在祠堂或宫庙的屋脊檐角,民居中的墙壁及栏杆上。如潮安县龙湖古寨黄氏宗祠屋脊上的精美嵌瓷“金鸡和鸣”就是中华农耕文明的极佳表现。宗族建筑装饰表达了慎终追远的忧思,也寄托了对家族繁荣的意念,“和鸣”重在“和”,不仅是对宗族和谐秩序的追求,更是对家族声教昌明团结向上的期盼。

对宗族祠堂浓墨重彩的艺术表现与潮汕地区宗族观念的强大联系紧密。潮汕地区人多地少,村庄遍布。以宗族的形式聚居是潮汕庄寨的特色。一庄寨一姓的情形特别多见,即便是有两姓或多姓,也均是由多姓的共同祖先绵延后代聚居一起成为自然村而分片居住的。迄今为止,潮汕的很多村寨依然直接以姓氏命名。例如,潮安县的薛陇村(姓薛)、郭陇村(姓郭)、大吴村(姓吴)、华美沈村(姓沈)、文路张村(姓张)、菁洪村(姓菁和姓洪)、洪砂寮(姓洪);澄海县的余厝村(姓余)、王厝村(姓王)、北李村(姓李);潮阳县的沙陇郑(姓郑)、华里欧

① 参见沈玮玮、刘盈辛:《潮汕日常媒介中的儒家法律文化》,载《人民法院报》2017年4月7日,第5版。

(姓欧);普宁县的郑厝寮(姓郑)、汕头市郊的陈厝合(姓陈)、砂尾李(姓李);等等。传统潮汕的宗族观念在姓氏中表现无疑。据称在村内姓氏分明,凡村内小姓者,因怕遭欺凌或行事不便主动改姓的情形并不少见,即便已辈不改姓,儿孙插代者也不令其人。因宗族观念强劲,清代潮汕各县各村因维护本宗族利益而发生庄寨械斗的案件颇为常见,甚至大规模的庄寨宗族械斗——"会乡"械斗[①]亦不少见。由此可见,宗族虽为维护族群内部的和谐稳定奠定了基础,但也容易因集团利益的争斗发生大规模的秩序失控。

潮汕人的勤劳与智慧在儒家秩序文化中的体现,也在极具有艺术价值的潮州木雕作品中表现无遗。潮州木雕完全融于日常百姓生活,根植于民间文化艺术,与正统官方格局迥异。在木雕题材的选择上,都以百姓日常生活劳动而耳熟能详的场景和人物为主。渔樵耕读、货郎小贩以及花鼓歌技等都能进入潮州木雕的创造范围。杨家将、岳家军、三国水浒等中原文化长盛不衰的民间传统题材也在木雕中有着精细的刻画。题材的文化传承功能反映了潮汕人对中华秩序文明精华的热爱,在潮州木雕中我们可以直观看到精忠报国、敬祖重德、敦亲睦友、天人合一等儒家思想以及家国理论在艺人工匠手中的细腻表现。潮州木雕所刻画出的文化符号精确地反映了潮汕文化作为中华传统文化支系的重要特征,其精致的雕刻工艺和高度凝炼的艺术风格,无不展现了潮汕文化中缜密、细腻、精巧的地域特色。

---

① 所谓"会乡",系指由两个敌对的庄寨各自联合其他庄寨,形成了两个敌对的庄寨联盟。因此,会乡械斗的规模更大,时间更长,导致庄寨田园各业荒废,较为严重的后果如散乡也亦有发生。相互敌对的村庄也因而成为世仇,在族规中禁止互相通婚。械斗常是因水利灌溉或商业贸易利益的冲突未能和平解决而导致。各宗族的族规也常有村内成年青壮男人必须参加村族的械斗行动,带头械斗的往往是宗族的领导者族绅等人。

第三章　潮汕婚俗中的法律文化

中国的传统社会中，婚姻家庭法律制度一直是国法与家法交融之处。潮汕作为岭南文化区中的汉族文化群落，在婚姻风俗上与中华传统婚姻法律文化一脉相承，同时作为闽粤交汇之地的海洋文化群体，又发展出自己独特的民间婚俗。中国古代法中的婚姻家庭法律制度，包含着国家法与民间法两个层次。自先民迁居潮汕地区之时，中华法系中的礼与法已经成为汉族法律文化核心，儒家伦理和宗法制度是国家制定的婚姻法律制度的基础。乡规民约、地方风俗、家族习惯等生发于民间的行为规范构成了民间法的主要内容，在国家法的大框架下调节着地方婚姻缔结与维持。潮汕地区的婚俗同时反映出国家法和儒家文化的浸润。

第一节　潮汕婚俗的文化基础

一、潮汕地方文化群落

风俗文化是文化系统中最具有传统性的一个层面，千百年来“相沿成风，相习成俗”是我国传统文化的一个重要内容，包括民间的节令、婚姻、丧葬、祭祀、饮食、产育、医药、乡规民约、礼节、风尚、习惯等社会现象或行为，内涵非常广泛。风俗与社会生产方式、生产水平、地理环境和人们心态意识有很密切关系。

《礼记》有云“礼从宜、事从俗”，东汉应劭则更明确指出“为政之要，辩风正俗最为其上也”①,风俗是婚姻文化的土壤,对婚姻法律文化的形成有着重要意义。风俗植根于民间,变化很缓慢,在时间上是传承的,在空间上是扩布的,因而有历史和地理的差异,也最直观地反映着当地的文化风貌。

潮汕文化属于福佬文化群落,主要分布在广东沿海地区,东起潮汕和海陆丰,西南越过中山市五桂山区后,即越过珠江三角洲,散处于粤西地区及最后经雷州半岛跨海进入海南岛东北部、东部和南部沿海,乃闽南方言分布区域。② 潮汕地区内有韩江、榕江和练江,都自西北向东南流入大海,沿江分布着的合股平原和河口三角洲平原,加上横亘其间的低矮丘陵,构成潮汕地区地理和自然环境的基本面貌。

潮汕人属于福佬民系,是古闽越(东越)后裔融合于汉族的一支,其文化特质既有别于作为南越遗裔的广府民系,更与中原汉族的客家民系迥异,具有丰富的风俗文化内涵,且对东南亚诸岛土著文化产生过显著影响,乃广东风俗文化一个重要群落。“潮州为闽越地……以形胜风俗所宜,则隶闽者为是”③,所以本群落又是闽语民系风俗文化大群落一部分。

潮汕地区与闽南地区接壤,地势连为一体,中间没有山河阻拦。因此从宏观上潮汕与闽南地区可以视为一个大的自然地理区域,进一步延伸为同一个人文地理区域。潮汕先民原居闽浙,宋之后由于闽南地区人口迅速增长,人地矛盾激增。地理没有隔阂的潮汕地区成为闽南人迁居首选,宋元明三朝都曾形成移民潮汕地区的高潮,因此潮汕文化是在闽南文化与岭南文化相互影响下形成的,在潮汕地区长期存在“亲闽疏粤”的文化现象。④ 但在潮汕地区的长期生活和与广府文化的相互融通下,使潮汕文化日益融入岭南文化圈,产生出许多独有的文化特点。

在地理对文化的影响中,潮汕人所在地区地狭人稠,人口资源和环境矛盾很大,不堪负重。人口压力一方面迫使大批人外出谋生,成为一种强烈社会风

---

① 应劭:《风俗通义校释》,吴树平校译释,天津人民出版 1980 年版。

② 参见司徒尚纪:《广东风俗文化景观与群落》,载《中国历史地理论丛》1992 年第 4 期。

③ 参见王士性:《广志释》卷四。

④ 参见蔡鸿生:《关于“海滨邹鲁”的反思》,载《潮学研究》,汕头大学出版社 1993 年版,第 239 页。

气，培养了他们较强的商品意识和闯荡精神；另一方面也使在劳动上居于从属地位的女性在社会中地位不高。在潮汕婚俗文化中，女性不仅表现出依附于男性宗族的传统儒家文化特征，更有一些如“指腹婚”“冲喜亲”之类女性地位十分低微的婚姻形态。

由于地理贫瘠，迁入潮汕初时先民对自然力充满了恐惧和崇拜，因此祭神活动遍及千家万户。祭神对象除岭南共同神祇以外，还包谓天地、日月、星辰及各路神仙，约三十余种。如正月初九拜天烬公，三月十九拜太阳公，每月初二和十六拜地主爷。奉祀神明吏复杂，来历不同，名目繁多。还有一类虽无神名、也无庙宇，但无处不在，只要人们能感到厄运，就会被启示临时设祭，向这些凶神恶煞之“神”赔情，把他们送走，人们才安心。对鬼神的敬畏深刻地影响了潮汕人的婚俗，如问名、纳吉中的占卜、婚俗中认为妇女身缠恶鬼的思想，都源自潮汕鬼神文化。

二、儒家汉族文化背景

潮汕人主体是闽南地区迁居过去的汉人，在文化主体上是汉文化，因此不可避免地受到了官方意识形态中的儒家文化的影响。潮汕婚姻缔结的六礼、男尊女卑的身份都是伦理纲常的内容。为了推行教化，潮汕地区经历过多位来自中国文化中心的官员的治理。在本就属于岭南汉族文化圈的潮汕文化中，民间婚姻风俗的核心依然是汉族“礼”的精神。

在中国传统婚姻法律文化背后，“礼”是一以贯之的文化主旨。婚姻包含嫁娶、夫妻和姻亲三重关系。一是婚姻是一种仪式，即嫁娶之“礼”。《诗·郑风·丰》中，郑玄注曰“婚姻之道，谓嫁姿之礼”。唐孔颖达疏谓“男以昏时迎女，女因男而来，嫁谓女适夫家，娶谓男往娶女，论其男女之身，谓之嫁娶，指其好合之际，谓之婚姻嫁娶婚姻其事是一，故云婚姻之道，谓嫁姿之礼也”①。婚姻本作“昏姻”，或“昏因”②，即指婿于昏时迎妻，妻因之而入夫家的嫁娶仪式。孔颖达

---

① 《仪礼注疏》，载李学勤主编：《十三经注疏（标点本）》，北京大学出版社 1999 年版。

② 参见陈顾远：《中国婚姻史》，上海书店 1984 年版，第 33 页。

所谓“嫁谓女适夫家,娶谓男往娶女”,婚姻缔结所要经过的程序和仪式是“礼”在仪式中的表达,因而古代中国所承认的婚姻,必须要经过一定形式的嫁娶之礼。二是作为婚姻缔结的结果,男女获得了夫妻的身份和称谓。《礼记·经解》郑玄注曰“婿曰昏,妻曰姻”;孔颖达疏谓“……婿则昏时而迎,妇则因而随之,故云婿曰昏,妻曰姻”。因此从夫妻身份关系角度出发,婿称为昏,妻称为姻,合成昏姻。[①] 三是在家族关系中,婚姻指的是姻亲关系。《尔雅·释亲》有云:“婿之父为姻,妇之父为婚……妇之父母,婿之父母相谓为婚姻……妇之党为婚兄弟,婿之党为姻兄弟。”《礼记·昏义》郑注及《诗·郑风》孔颖达疏中所谓的“妇党称婚,婿党称姻”[②]。

从婚姻的意义可知,婚姻主要是指聘娶婚,即男在昏时娶妇,妇因男而嫁,并随后确定夫妻与各自亲属的关系与称谓。而潮汕民间婚俗中的法律文化,也是围绕嫁娶的仪式和身份关系而确定。在嫁娶仪式中,潮汕婚俗一方面表现出传统文化中的“礼”文化,在婚姻缔结中整体遵从“纳采,问名,纳吉,纳征,请期,亲迎”的“六礼”之仪;另一方面也因循着地方习惯做出了调整,并创设了一些新的惯例。如六礼的称谓在潮汕地区有所变化,“问名”称为“提亲”,“纳吉”也作“合婚”。在行“六礼”的过程中还有所谓“过腋礼”“做四句”的风俗。此外,在潮汕民间文学艺术形式“歌册”中,也有大量婚姻观念的表达。儒家伦理背景下的潮汕地方婚姻风俗,是潮汕民间法律文化的主要形态。

第二节 潮汕婚俗的内容

潮汕的法律文化基础是大一统中国的儒家文化,因此潮汕婚俗作为一种地方风俗,在整体上受到传统文化的影响。在儒家文化的大背景下,潮汕婚姻的缔结形成了一套独有的民间规范,是潮汕地区民间法的重要组成。在国家层

---

① 参见《仪礼注疏》,载李学勤主编:《十三经注疏(标点本)》,北京大学出版社 1999 年版。

② 《仪礼注疏》,载李学勤主编:《十三经注疏(标点本)》,北京大学出版社 1999 年版。

面，由于历代婚姻规范主要规定婚姻的条件和禁忌，婚姻缔结的仪式是由“礼”来确定，所谓出礼则入刑，因此潮汕婚俗并非由成文的规范调整，而是蕴含于“礼”的约束和潮汕乡民的实践中。

一、“六礼”的婚姻缔结程序

潮汕地区的先民大多是中原移民，其中很多都是南朝贵族世家，自然将中原的传统特别是贵族规范的“礼”带到了潮汕地区。潮汕的文化传统，唐宋以来深受中原文化的影响。自韩愈被贬来潮州后，就开始兴办教育，教化乡民，潮汕地区出现了文风兴盛的景象，儒家学说也随之深入民心，造就了潮汕文化对儒家所推崇的“礼”的遵从。中国古代“礼法结合”的特征，使得礼在规范人们行为时和法律有着一致的内涵。

中国传统文化中，婚姻是人生中的重大事项，故有“大登科金榜题名，小登科洞房花烛”之说，其礼俗旧时也是很有讲究的，较为注重“明媒正聘”。潮汕的婚姻礼俗虽然各地繁简有异，但仍与“礼”文化保持一致。儒家文化中“六礼”包括“纳采、问名、纳吉、送聘、择日、亲迎”，而潮汕地区经过地方实践和吸收后对六礼比较一致的提法是：提亲、合婚、定亲、行聘、请期、迎亲。由于古代中国承认婚约，结婚必须依礼进行，因此按功能划分六礼，前四礼是婚姻的订立程序，后两礼是婚姻的缔结程序。

“提亲”即“六礼”中的“纳采”，是婚姻订立的启动程序。纳采是六礼之首，据《仪礼·士昏礼》载：“昏礼下达，纳采用雁”①，即“谓纳采择之礼也”②。提亲有两种形式，一种是经由媒人到男、女方家提亲；另一种是男女双方自己将婚恋对象介绍给自己家人。提亲的顺序一般由男方先开始，男方择日到女方家拜访。在潮汕地区，通常采用男方派出媒人到女方家提亲的形式。

“合婚”与“定亲”即为“六礼”中的“问名”与“纳吉”，在六礼之中，这两个步骤是紧密相连的。“问名”是男方托请媒人请女方父母提供女子本人姓名、排

---

① 《仪礼·士昏礼》。
② 《礼记·昏义》。

行、出生年月日等状况，所谓“问名者，将归卜其吉凶”①。可知问名的实质是问明女方信息以便占卜，是准备“纳吉”合婚的仪式。男方在获悉女子的生辰八字后，占卜吉凶，在现代的潮汕地区称为“合八字”，也就是六礼之“纳吉”。纳吉的主要内容是把占卜的结果通知女方的仪式，如果占卜结果不好，婚姻在订立阶段就自然终止。纳吉中的最重要的环节是占卜，即占卜男女双方生辰八字命相阴阳夕实行合婚，以决定吉凶如何、成婚与否。

六礼中的第四个步骤是“纳征”。《礼记》郑玄注曰：“征，成也。使使者纳币以成。”②纳征，是经历前几个阶段，确定婚姻缔结没有障碍后，男方将聘礼送往女家，确认婚姻订立的重要仪礼。在潮汕地区的实践里，纳征被具体分为定亲和送聘两个部分，定亲中的占卜被称为“合八字”。如果男女双方对“合八字”，即纳吉卜算的结果无异议的话，男女双方会进行定亲的仪式，根据中国古代法律，定亲需要写立婚书。《大清律例 · 户律 · 婚姻之一》就规定：“凡男女定婚之初，或有残疾、老幼、庶出、过房、乞养者，务要两家明白通知，各从所愿，写立婚书，依礼聘嫁。若许嫁女，已报婚书及有私约，而扎悔者，笞五十。”③婚约由双方长辈协商一致订立，具有法律效力，双方都必须严格遵守。“愿者同媒妁写立婚书，依礼聘嫁。”订立婚书后，双方都禁止悔婚、禁止再许他人，例外情况是：“其未成婚男女，有犯奸盗者，男子有犯，听女别嫁。女子有犯，听男别娶。不用此律。”

由于户律规定“虽无婚书，但曾受聘财者亦是”，因此潮汕地区的送聘本身也带有婚约的性质，是婚约的另一种实现途径。潮汕地区“纳征”的一般习惯是婚约与送聘兼用，分为文定（定亲）、送聘两部分。文定一般即指男方到女方家确定婚事，一般只带少量礼物，是一种象征性仪式。礼物如小的金饰、戒指等，也有面条、白糖，作为订婚的信物，定亲后便行聘礼。④ 在婚约之后，送聘是订婚环节的最后一个步骤。送聘的内容是男方向女方送彩礼，这是中国传统社会中普遍存在的风俗。在潮汕地区，送聘更多体现了仪式与实质相结合的情况，将

---

① 胡培翚：《仪礼正义》引郑注。

② 胡培翚：《仪礼正义》引郑注。

③ 《大清律例 · 户律 · 婚姻之一》。

④ 参见陈岑博：《潮汕地区婚姻习惯法探析》，载《法制与经济》2011 年第 3 期。

婚约与送聘相结合,确保婚姻订立仪式的权威。经过六礼的前四礼,婚姻正式宣告订立,之后进入婚姻的缔结程序。

六礼的第五个步骤是“请期”。请期是送完聘礼后,男方选定结婚吉日后,带礼物到女方家里征得女方家长同意的仪式。“请期者,谓男家使人请女家以昏期,由男家告于女家;必请者,男家不敢自专。”[①]古俗用雁,如《仪礼·士昏礼》所述:“请期,用雁。主人辞,宾许告期。”[②]按照潮汕地区的习惯,请期与送聘之间不能相隔太久,一般送聘后十二日内就要选定吉日举办婚礼。潮汕婚俗中,请期的内容十分复杂,不仅包括婚礼举行的日期,还包括裁剪结婚礼服和“挽面”的时间,以及沐浴、迎娶的具体时辰。请期阶段,男、女双方的亲戚朋友都要送贺礼,潮汕方言中送女方的贺礼称为“送花粉”。请期是重要的结婚环节,吉日一旦确定后原则上不能改动,如有意外必须改动,则只能改在原定的吉日之前。

六礼的最后一步是“亲迎”,是新婿亲往女家迎娶新娘的仪式。亲迎在潮汕地区也成为“迎亲”。《通典》曰:“亲迎于户,六礼之仪始备。”[③]所以亲迎首先是新郎迎娶新娘的仪式。同时,根据东汉·许慎《说文·亲》的记载“亲,至也”和段注说“情意诚恳到其地即至”可知,“亲迎”与至迎或挚迎同义。迎请之礼履行,婚姻缔结程序才算完成,婚姻正式成立。

潮汕地区亲迎的形式有两种:一是新郎上门迎接新娘;二是派媒人、亲友上门代接新娘,新郎在自家门口等亲。潮汕地区的民间婚礼依然保持着传统的习俗,亲迎程序繁多,从新娘出门到仪式举行都有一套烦琐的程序,但这些具体的仪式在宏观上没有超越“六礼”的内涵,通常带有地域性和非强制性,每家每地的差异虽体现得比较明显,但并没有形成普遍性的民间规范。如新娘出门前要给兄弟姐妹“分钱米”,吃“姐妹桌”,“认大小”“斟酒”“献茶”等都是“礼”文化的乡土解读和实践。

潮汕婚姻风俗对六礼的主要修改是“亲迎”之礼。在潮汕某些地方结婚并

---

① 孙希旦:《礼记集解》。

② 《仪礼·士昏礼》。

③ 《仪礼注疏》,载李学勤主编:《十三经注疏(标点本)》,北京大学出版社1999年版。

不亲迎,或黑夜亲迎。嘉庆《澄海县志》写道:“至期婚亲迎……时俗多废,而故家右族多行焉。近因有恶习,街巷间少年往往以彩绳拦住行囊,演戏娱众,许乃放行,或至争斗,而亲迎之礼渐废。”①这是记载乡痞流氓拦住迎亲队伍,扣住嫁妆,强行勒索的事件。由于当地社会治安的混乱,普通家不敢轻易行亲迎礼,使得六礼中的亲迎逐渐消失。清人陈理的《岭南杂事诗》中《看新娘》一首的原注是:“潮俗,娶妇经由地方,好事之徒辄拦路需索不已,故不敢行亲迎礼,每以探亲为名,草草送女过门,甚至窃负而归。迨来年元夕,诞子则已若未育,乃艳装华饰,洞启重门,张灯结彩,坐妇于房,无论何等人皆许往观,祝以吉祥之语,主人欣然,名曰看新娘。”

二、潮汕旧俗中的婚姻形态

潮汕婚俗是儒家汉文化圈的一部分,保持着六礼的定亲与嫁娶规范。但与此同时,由于潮汕地区特殊的人文地理环境,特别是相对贫瘠的乡村,潮汕婚俗中也有一些特有的婚姻形态。有些婚姻形态与贫瘠的经济相关,如童养媳在中国乡村并不少见;有些则是潮汕地区独有的婚姻形态,如“冲喜亲”。

(一)腹婚与幼婚

熟识的潮汕乡民双方,只要家庭门当户对便可以指腹为婚,约定日后双方子女若各为男、女,长大成人后便定为夫妻。腹婚一旦设立,即使男孩早年夭折,女孩也要为此守节;若某一方孩子有残疾或其他先天缺陷,也只能接受现实,不得反悔。幼婚与腹婚相似,是男女双方还处在幼年时期,父母给他们定下终身,子女成长期间无论发生什么情况都不得更改。

(二)童养媳

潮汕贫苦的人家如果为生活所困,无力承当养育之责,就会将家中的女孩卖给有钱人家做童养媳。童养媳虽然称以“媳”,但实际上是女奴,要做繁重的家庭工作。在潮汕普宁县、揭阳县,还曾有过特殊的童养媳风俗“等郎妹”。父母渴望生一个男孩,就给尚未出世的男孩买一个女孩做“等郎妹”,“等郎妹”要

---

① 嘉庆《澄海县志》卷六。

一直等到家里生下男孩。古代社会中潮汕乡间女孩的地位十分卑微,“等郎妹”处境十分凄凉。潮汕乡间有“等郎妹”的民谣描述她们的悲惨生活:“十八娇娇三岁郎,抱郎喂饭又喂汤。好比慈母喂小子,只好笑来又悲伤。十八娇娇三岁郎,抱郎撒屎去尿缸。小郎一哭我挨骂,愈思愈想愈凄凉。十八娇娇三岁郎,夜夜抱郎上眠床。不是看你爹娘面,一脚撩你落眠床。等郎妹仔苦凄凄,目汁流来好洗衣。黄连树上挂猪胆,苦死一生无人知。”①

(三)买卖婚

卖婚与买婚是一个事情的两面,一般也可称为“买卖婚”。卖婚一般发生在穷人家庭。穷人家为养家糊口,不得不把女儿卖给富户,不论对方是老翁还青年。被卖的年幼女子到夫家后,与童养媳的境遇类似,往往要承担繁重的家务。潮州歌中就有卖婚女子生活情况的记载:“臼头舂米心头青,怨父怨母怨大家。怨我爹娘收人聘,叫我细细怎呢理家?臼头舂米目圈红,怨父怨母怨媒人。怨我爹娘收人聘,叫人细细怎呢做人?”②

(四)冲喜亲

潮汕婚俗中有一种特有的婚嫁形式——冲喜亲。如果家中父母或祖父母过世,风俗要求出丧三年内不得婚嫁。所以家中有男子订婚而未迎娶的情况,必须赶在葬礼前把新娘娶回,否则婚期就要延误达三年之久。“冲喜亲”由新郎独自到女家接新娘,新娘不穿婚礼盛装,一般在午时出发,在黄昏时刻到达新郎家。由于穿着特殊,“冲喜亲”的新娘在路上很好辨认,路人遇到都会退避三舍。新娘到达新郎家报过平安后,就被引上灵堂,让新娘在灵位前叩首泣拜,婚姻就算缔结,新娘已经嫁到夫家。既然已经成为一家人,新娘随后马上要披麻戴孝加守灵。

三、潮汕歌册故事中的婚姻观念

潮州歌册是流传于潮汕地区的用方言吟唱的一种古老的民间文学,是具有

① 陈汉初:《潮汕婚姻旧俗面面观》,载《广东史志》2001年第4期。
② 陈汉初:《潮汕婚姻旧俗面面观》,载《广东史志》2001年第4期。

浓厚地方色彩的民间说唱艺术。歌册以叙述历史故事、民间传说为主要内容,由于歌册中记录大量潮汕女性文化,通过树立“相夫教子”的典型形象来教育女性,经常被称为潮汕“女书”。由于女书是潮汕女性的读本,内含许多潮汕婚姻家庭观念,是潮汕婚俗文化的重要组成部分。

(一)反抗封建包办婚姻

尽管在传统文化中父母之命、家族之约有着神圣的效力,婚姻大事需要遵从家长的意思,但潮州歌册中的婚姻文化在形式上保持着家长包办婚姻的传统之外,在观念上却表现出婚姻自主的观念。在古代中国强调男女尊卑有别,家庭长幼有序的环境下,一种流通于民间、以树立女性家庭观念为宗旨的文学形式表现出反传统的婚姻观念,不得不说是潮汕婚俗中的闪光点。

潮州歌册以反对封建包办婚姻为主题而较为典型的有《陈三五娘》《苏六娘》《海门案》等。以《海门案》为例,其内容主要描写了潮州富户黄九郎之女五娘,元宵节偕婢女益春、邻妇李姐上街观赏花灯,遇泉州人陈伯卿,互生爱慕。武举林玳也于赏灯时见五娘,慕其美,托李姐为媒,向五娘之父九郎提亲,九郎许婚。五娘不乐成病。一日,五娘在楼窗前见伯卿骑马路过,即将一并蒂荔枝裹于罗帕中掷下。伯卿接住,并为五娘深情所动,遂改名陈三,扮为磨镜匠至黄家磨镜;又故意打破镜子,借卖身为奴偿镜而住进黄家。林玳婚娶日近,伯卿得助于益春周旋,与五娘相见,三人遂离家出走至泉州。林玳告状,官府判九郎退聘受罚,并行文捉三人,伯卿因而获罪。后伯卿得其在广南为官之兄相助,平安回家,夫妻团圆。①

在上述故事中,女方表现出不遵从父母包办婚姻的婚姻观念。在《海门案》的故事中,五娘与陈伯卿的爱慕之情是发自本心的产物,但家长另行安排的提亲使婚恋自由受到威胁。与《海门案》相近的还有《苏六娘》。在《苏六娘》的故事中,女主角苏六娘更是背着家人与郭春继私婚。② 在潮汕社会中,父母的包办婚姻显然是不需要经过子女同意的,尤其是在婚姻关系中处于客体地位的女

① 参见陈友义:《潮州歌册:潮汕历史上独有的女子文化》,载《岭南文史》2013 年第 2 期。
② 参见陈友义:《潮州歌册:潮汕历史上独有的女子文化》,载《岭南文史》2013 年第 2 期。

性。而故事中的相会与私婚显然不合“父母之命,媒妁之言”这种传统的结婚要求,更遑论“嫁娶皆由祖父母、父母主婚,祖父母、父母俱无者,从余亲主婚。其夫亡携女适人者,其女从母主婚”的法律要求,而最终获得幸福美满的结果多是借助外力,如为官的兄弟。民间文化对婚恋自由的宣扬,也反映出深刻影响潮汕文化的宋明理学中对“人欲”压制的境况。

(二)讴歌坚守爱情

潮州歌册鞭挞喜新厌旧,讴歌坚守爱情的作品为数不少,歌册《薛仁贵回寒窑》《卓文君听琴》《龙井渡头》等是其代表作。如歌册《薛仁贵回寒窑》写唐朝薛仁贵投军十八年,战功彪炳,被封为平辽王,回寒窑探望妻子柳迎春,途经汾河湾,望见柳氏,欲探其贞节,乃冒充仁贵之友,故意调戏试情。柳氏大怒,急避入窑内,闭门拒绝,严词指斥。仁贵遂道实情,赔不是,夫妻相会,互倾衷情。

潮汕歌册中忠贞的爱情观念所表达的意境是美好的,但在文化内涵上却需要区分精华与糟粕。在中国传统文学歌颂爱情忠贞时,往往男女标准有别,《薛仁贵回寒窑》所代表的男子回心转意就是典型,而女子则往往不能越雷池一步。歌册中的潮州女性不会因为丈夫的去世或又娶新人而选择再嫁,因此传统文化中的爱情往往是女性付出的代价要远多于男性。

(三)赞美妻妾和睦

潮州歌册男女有别婚姻观的重要表现就是渲染一夫多妻。按照宗法制度的要求,一个男子只能有一个正妻,妻与妾的地位并不相同,所以古语常说“妻妾成群”,最早在《礼记·曲礼》就有妻妾的区别:“天子有后,有夫,有世妇,有嫔,有妻,有妾;公侯有夫人,有世妇,有妻,有妾”①,不过潮州歌册中并没有明确提及这种妻妾的区别,表现出一夫多妻的特点。潮州歌册有很多都是描述这种家庭结构的故事,较为典型的有《五美缘》《五凤朝阳》《圣母破六奇阵》等。

妻妾成群、和睦美满的婚姻观念是中国传统宗法制的结果,中国古代的婚姻虽然注重为了男女之间的爱恋而互相结合,但更强调家族、祭祀、延续香火等社会家庭责任产生和发展,这种传统婚俗文化在今日已没有生存空间。

---

① 《礼记·曲礼》。

第三节 潮汕婚俗的特点

潮汕婚姻俗法律文化是潮汕先民在潮汕这块土地上生产生活所形成的生活习惯、价值取向和行为模式。婚俗蕴含着民间习俗与国家法律之间的调和，潮汕婚俗一方面受到国家法律的规制，另一方面又生成了民间法的独特空间，其背后一脉相承的是儒家文化。

一、国家法与民间法的协调共生

潮汕的婚俗受到国家法律制约，尤其是潮州府作为历朝历代在该地区的行政首府，更不可能避免会受到国家法律的规制。但因潮汕地处南端，远离中央，加之传统社会流动性极低，基本上属于"熟人社会"，通过家族规范建立了权威，民间的婚俗在一些不受国家法控制的领域发挥着作用，并被人们所熟知。国家法与民间法对潮汕的婚姻关系的调整协调共生。以清朝为例，潮汕在清代经历盛世，民间文化较为丰富，法律与潮汕婚俗的协调较有典型性。

（一）婚姻缔结的条件

《大清律例》并没有明确规定结婚的法定年龄，《大清通礼》规定清代的适婚年龄为男十六岁、女十四岁，但民间往往因地方习惯或宗族法规而有所变通，不过无论如何变通，结婚必须达到一定的适婚年龄。在潮汕婚俗的六礼中，问名和纳吉的基本功能就是确定双方婚龄、身份是否符合要求。在媒人做媒或家长沟通时，年龄是最基本的考虑。潮汕婚俗中的"换婚"还是"幼婚"，在未及婚龄之前都只能以婚约的形式存在。

婚姻缔结的合意要遵循"父母之命，媒妁之言"，这种传统的结婚要求在清律中继续保存下来。"嫁娶皆由祖父母、父母主婚，祖父母、父母俱无者，从余亲主婚。其夫亡携女适人者，其女从母主婚。"即使本人出门在外，父母仍然有权决定子女的婚事。"若卑幼或仕宦或买卖在外，其祖父母、父母及伯叔父母、姑、兄姊自卑幼出外之后为定婚……未成婚者，从尊长所定。自定者，从其别嫁。

违者,杖八十。仍改正。”显然私定婚约不能对抗父母之命。而潮汕歌册中,《海门案》《苏六娘》都描写的是男女私定婚约反抗父母之命的艰难境遇。现实中大户人家结婚,媒人也要奉男方父母之命上门提亲,提亲的对象也是女方父母。

但在潮汕婚俗中也有一些与法律相抵触的做法。如清律规定“男女婚姻各有其时,或有指腹、割衫襟为亲者,并行禁止”,从法律上否定了指腹为婚的做法。但潮汕乡间的“腹婚”显然没有依法行事。此外,在问名与纳吉中,占卜吉凶尽管都会参照天干地支的传统经文,但具体标准与方式会因地方不同而产生差异,所谓“千里不同风,百里不同俗”。但由于占卜吉凶的结果是结婚的实质要件,因此在婚姻缔结的标准上又表现出地域性。不过这类特殊的婚俗并非婚姻形态的主流,从整体上潮汕婚俗依然与国家法律相一致。

(二)严格遵守婚约

潮汕婚俗中“提亲”与“请期”都是设立婚约具体内容的行为。婚约由双方长辈协商一致订立,具有法律效力,双方都必须严格遵守。清律规定,“愿者同媒妁写立婚书,依礼聘嫁”。订立婚书后,双方都禁止悔婚、禁止再许他人,“虽无婚书,但曾受聘财者亦是”。潮汕女子忠贞的形象往往也以对婚约的遵守为例证。例外情况时,另一方可不再履行婚约而自行再配他人,即“其未成婚男女,有犯奸盗者,男子有犯,听女别嫁。女子有犯,听男别娶。不用此律”。履行婚约的过程中,嫁娶对象禁止以他人包括兄弟姐妹冒名顶替。“男家妄冒者,加一等。”嫁娶的具体时间也是由婚约规定,双方都不可强行提前或推迟。“其应为婚者,虽已纳聘财,期约未至,而男家强娶,及期约已至,而女家故违期者,男女主婚人,并笞五十。”

对婚约的违反,即使女方违约另许他人,男方也必须通过官府解决,“凡女家悔盟另许,男家不告官司强抢者,照强娶律减二等。其告官断归前夫,而女家与后夫夺回者,照抢夺律杖一百、徒三年”。在歌册的故事中,五娘与陈伯卿的私奔致使男方遭到牢狱之灾,显然于法有据。法律明文规定女方违约后的处理方法,排除了私力解决,表明私约不具有法律的约束力。

婚约在潮汕的极端表现就是部分地方的买卖婚如同一般交易。在买卖婚中婚姻的缔结完全由家长决定,被卖的女子只能根据父母因买卖而形成特殊婚约出嫁,完全没有个人意志。即使在一般的婚姻形态中,由于潮汕特殊的地理环境,其婚姻之守旧,“则竟有甚焉者,婚姻腐败,痼疾莫疗”“父母主婚,媒妁之言”盛行。自由恋爱被视为违背家庭伦理,会遭到家族与社会的一致反对。在男尊女卑思想的影响下,社会及家庭均以男人为中心,女子处于从属地位。

二、儒家伦理是婚俗文化的精神内核

儒家伦理是潮汕婚俗的思想核心。尽管潮汕乡民的文化水平不高,但历经数任中央被贬来潮官吏的治理与教化,儒家文化已经深入潮汕文化中。潮汕婚俗中,无论是嫁娶的仪式还是夫妻的身份、地位,都有儒家伦理的深刻烙印。入宋以后,潮汕人崇尚理学,而对朱学之取资,大部分是对儒经之注解与演绎,《家礼》是宋代潮汕人习礼之要典。

其一,婚姻中的六礼确定了夫妇的主从地位。(1)婚姻的提起实由男方居于主动地位,女方则是承受者。在潮汕婚俗中,无论是问名、纳采还是请期、送聘,都要求由男方主动提出。虽然女家有选择的权利,因为女家不同意,则纳采不必继续进行,但这种选择权的实质并非女性的权利,而是女子家长的家长权。婚姻的主动权在男方与男方家长的手中,女方在婚姻中通常居于被动地位。(2)纳吉也体现了“夫方本位”,因为一旦成婚,女子需加入男方宗族,故婚姻是否合宜,必卜之于男家宗庙,以便“得吉而纳之”。

其二,“夫为妻纲”是封建社会夫妻关系的一贯原则,国家通过法律确认妻子的身份依附于丈夫,没有独立的人格和完全的行为能力,所谓“凡妇人犯罪,除犯奸及死罪收禁外,其余杂犯责付本夫收管。如无夫者,责付有服亲属、邻里保管,随衙听候,不许一概监禁。……妇女有犯奸盗、人命等重情,及别案牵连,身系正犯,仍行提审;其余小事牵连,提子、侄、兄弟代审”。潮汕受地理区位的影响,对男子劳动非常依赖,使女性的社会地位进一步降低,“夫为妻纲”的思想在潮汕婚俗中贯彻得更为彻底。“夫为妻纲”对潮汕女性地位的影响可谓无处不在。在潮汕,特别是农村的婚俗中,结婚的婚宴一般都只宴请男主人,很少有看到男主人带着女性一起出席宴会,即使有女性收到邀请也羞于抛头露面。

不仅在身份关系存在依存,妻子在婚姻存续期间财产上也不存在独立的权利,如果改嫁就不享有财产继承权。“妇人夫亡无子守志者,合承夫分,须凭族长择昭穆相当之人继嗣。其改嫁者,夫家财产及原有妆奁,并听前夫之家为主。”妇女对夫家财产的继承权是以守节不嫁为前提,根本就不能依自己的独立身份取得,否则连自己日常生活梳妆用具都不能带走。

妻子对丈夫的依附还表现在丈夫在世,如果丈夫死亡,守节的女子还会得到鼓励的赞扬。《礼部通志》规定“自三十岁之前守节至五十岁,或年未五十二身故,其守节已及五十年,果系孝义兼全厄穷堪怜者”为节妇。每年各级官府和朝廷都要大肆旌表,建坊立祠,由此将“夫为妻纲”的信条推到极端。在潮汕地区,女性通常不会因为丈夫的去世或又娶新人而选择再嫁。在潮汕侨批的记载中,有些女性侨属明知丈夫已在海外再娶,而她们却一直孤身一人,终其一生都没有改嫁。

其三,潮汕婚姻观念中所塑造的理想妻子符合男耕女织的传统文化,潮汕文化对妻子的要求是在家中隐忍贤惠,能够相夫教子。《潮州府志·民风》中记载:“妇女多勤纺织,凡女子十一二龄即为预治嫁衣故织布刺绣之功虽富家不废也”,又载有“女红针刺纺织,鲜抛头露面于市面”。经过几百年的文化传承,潮汕女性被塑造成温柔贤惠、含蓄内敛的形象。即使在现代广东,民间也一直流传着“要娶老婆就娶个潮汕女人”的说法。潮汕妻子的形象塑造从孩提时代就开始了,家中女孩从小就要学会顺从和宽容,学习做家务;而男孩是未来的父系社会的中流砥柱,在家中被赋予重要的权利,以强化他们的心智。

需要关注的是,这种以身份尊卑为基础的分工在文化的塑造上是为传统社会的伦理道德服务的,在今天看来很多形象不仅不符合当代婚姻家庭观念,即使依照传统伦理也显得矫枉过正。以潮汕歌册《百鸟名》中“令女”的故事为例,歌册记载“弟楮成群宿竹篱,令女割鼻喜家妻,立志守节孝义存养子代夫传宗支”[①]。故事里当丈夫因政治斗争而身处不利境遇时,女子竟选择割去自己的鼻子表示自己会跟随丈夫,不离不弃。这种妻子对丈夫的忠诚显然已经超过了

① 吴奎信:《潮州歌册》,花城出版社 1999 年版,第 71 页。

儒家传统文化对“仁”的要求。民间文人为了满足父系社会的需求而塑造了为丈夫和家庭不惜一切代价的女性形象,这种文化熏陶很容易导致女性认同这类“女性角色”,而对自己的人生不闻不问。显然这种女性从属于男性的身份文化已经不能适应今天强调婚姻自由和男女平等的社会。

第四章　潮汕乡约宗法中的法律文化

刘广安教授指出："以君权为核心的政权系统和以族权为核心的家族系统是贯穿整个中国封建社会的两个组织系统。二千年来，地方上小族依附大族，大族之间互相联姻，又尽力攀附皇族，形成了以皇族为核心，以大族为支柱，以中小家族为基石的家天下的宗法社会结构。明清时期，封建专制主义高度发展，封建宗法统治也更加强化。在朝廷，它加强了皇权；在地方，它加强了族权。它使政权与族权的互相支持和勾结更加紧密。"①在地方治理中，强化家族权，沟通中央与地方，是封建时代基层治理的有效方法。

正是在国家和地方的互动之下，宋明时期乡约宗法盛行，形成了潮汕地区独特的法律文化。潮汕民众具有强烈的家族意识、宗族聚居和宗派意识，宗庙祠堂、家法长老在不少潮汕村镇必不可少，乡约族规成为潮汕地区当然有效的法律秩序规范。② 潮汕俗语"不怕官，只怕管，最怕乡规加竹槌"，十分形象地反映了乡规民约对人们的制约作用。③ 潮汕乡规民约首先通过宗族加以强化其约束功能。乡间宗族通过建宗祠、修族谱、订乡约族规等形式，来凝聚宗族的集体主义意识，进而实现对全族的良好治理。明嘉靖年间饶平县官绅陈天资在《东里志》中强调："乡约以化民为任""要教训子弟，各安生理，毋作非为"，并且应当"立约长以总其教，约副以助其法，约正司训诲，约吏立劝惩。定期会民读约进义，以开其良心，彰其善，纠其恶"。④ 在陈天资的乡约教化体系中，颇具政府

---

① 刘广安：《论明清的家法族规》，载《中国法学》1988 年第 1 期。

② 参见黄万德、王琳乾：《论潮汕过去的宗族社会生活中祠规乡约的作用》，载《潮学研究》（第 6 辑），汕头大学出版社 1997 年版。

③ 参见王伟深：《乡规加竹槌》，载陈泽、吴奎信主编：《潮汕文化选》第三集《逢看湖山便忆家》，潮汕历史文化研究中心 2001 年版。另参见王伟深：《潮汕文化俗语趣谈》，汕头大学出版社 2004 年版。

④ 陈天资：《东里志·风俗志·乡约》，王琳乾辑校，汕头地方志编纂委员会办公室 1990 年版。

形态的乡间管理组织完全可以被视为国家权力末端延伸的精神体现。约长、约副、约正和约吏构成了以乡约为中心的治理体系。这种治理方式的蓝图与明代里甲制度的推行是密切相关的。明代乡约的发展是与当时的社会风尚、治安状况以及里甲、社学健全与否恰成反比,明代在进入嘉万(1522～1620年)以后社会急剧变化,无论重道义还是重事功之辨的儒士们,还是一般的恪守修齐治平之策的士大夫们,纷纷以正风俗人心、保里安民自任,著文倡导,或躬身督办乡约于桑梓和任所,陈天资也不例外。因此,嘉万以降,乡约已在全国范围内广泛地展开,乡约不仅存于乡村,也遍及城坊,有关乡约的记载在此期编修的地方志中俯拾即是。①

乡约族规首先在宗族内适用,因此一般是道德的律法化,是民间效仿国家律法的具体体现。例如,族谱都在族规中规定“族人如有盗卖祠田,一经察出,除勒令备价赎还外,公同家法治处”,以此来严厉惩治侵犯祠产的行为。对宗人财物的保护也在族规的规定范围。例如,在稼穑收成之前,“严禁放鸭下田”,“不准偷盗瓜果等农作物”等,严禁族人为非作歹。对族群壮大之业,族规亦有褒奖措施,如在兴学育才上,不少族规对贫困且好学的学生给予资助。婚丧嫁娶也是族规中必备的内容,如有族规规定“男子定婚,女子许字,必谋于家长,既决而告庙”。诸如此类,是儒家礼义在乡规民约中积极贯彻的一大表现。地方官员亦十分重视族约的规范教化作用。万历年间澄海县令王嘉忠即要求全县境内各宗族必须将乡约以通俗易懂的文字张贴在公共场所,要求乡民谨守。②族人发生纠纷时,必先经过祠堂解决方能告官。通常的处理程式是首先在祖宗牌位前论曲直、剖是非,之后再按照族规处置。但凡族人有违抗者,族长便可在祠堂召开宗支主事人,商定处罚细节。宗族的惩处方式多样,主要包括身体罚和财产罚。体罚如责打、祠前示众、向祖先长跪悔过等。财产处罚主要是针对损坏祖业者,罚钱用以敬祖置业祭祀。最为严厉的处罚方式是削籍除名,禁止入祠、入谱,直至逐出宗族。如果情节更为严重者则以宗族名义送官惩治。当然,私刑的使用在一些宗族中也存在。这些规约的内容和对违约者的处罚方式

① 参见曹国庆:《明代乡约发展的阶段性考察——明代乡约研究之一》,载《江西社会科学》1993年第8期。

② 参见王嘉忠:《地方事宜议》,嘉庆《澄海县志》卷二十五。

在其他地方的族规中也都存在，反映了地方族规的同质化特点。[①] 基于此，明清之际各地在推行乡约族规时的共识性，无不表明明清之际国家对地方控制的日趋强化。乡约族规的同质化也正说明儒家礼义秩序的普适性价值。[②]

第一节 潮汕乡约宗法推行的思想基础及中坚力量

唐朝元和十四年(819 年)韩愈被贬官来潮，在潮州开始向社会民众传播封建的正统思想，被誉为是潮州转化风气的百世之师，在潮汕历史上具有重大的文化意义。宋元时期潮州的地方官师们高举尊韩大旗进一步传播正统思想，修韩公祠，办教兴学，为潮州士大夫基层的形成奠定了基础。明朝时期王阳明的心学影响巨大，他的潮籍弟子薛侃等士大夫们努力在潮汕传播和践行其心学思想，并形成了更加注重实践的潮汕心学学术的特点，他们“知行合一”，在潮汕践行乡约，构建宗法，将国家的保甲制和对基层的礼教制度落实到潮汕，使其地方治理中凸显出儒家化的色彩。

一、儒家正统思想在潮汕的传播为乡约宗法推行奠定了教化基础

(一)唐朝儒家思想在潮州的传播开启了潮州的教化

韩愈是在潮州开始向社会中下层普及儒家文化的代表，是转化潮州社会风气的百世之师。韩愈对潮汕文化的影响主要有两件大事：一是驱鳄。此事在《旧唐书·韩愈传》有记载，韩愈的文集中也保存着《鳄鱼文》。韩愈的“驱鳄”其实是“对那些冥顽不服王者”的声讨。二是兴学。嘉靖《潮州府志·官师志》记载说：韩愈“以谏迎佛骨谪潮州刺史，首置乡校，延赵德为师，捐俸百千为举本，收其赢余给学生厨馔费。自是潮笃于文行”[③]。韩愈在他的《潮州请置乡校牒》中也说：“此州学废日久，进士明经，百十年间，不闻有业成贡于王庭，试于有

---

① 参见朱勇：《清代宗族法研究》，湖南教育出版社 1987 年版，第 98 ~ 99 页。

② 参见沈玮玮：《古代边陲治理：潮汕地区法文化透视》，载《人民法院报》2017 年 2 月 17 日，第 5 版。

③ 《潮州府志》卷五《官师志》。

司者。人吏目不识《乡饮酒》之礼，耳未尝闻《鹿鸣之歌》，忠孝之行不劝，亦县之耻也。夫十室之邑，必有忠信，今此州户有万余，岂无不庶几者耶？刺史、县令躬为之师，里闾后生，无从学耳？"①也就是说，韩愈被贬潮州任职时，知道潮州在元和以前虽有学校，但荒废已久，读书人不多，百姓和官府的下层办事人文化素质都很差，于是韩愈捐俸办学。潮州地区在韩愈的影响下，也开始传播儒家思想，儒家思想的传播，开启了潮州正统思想的教化。

（二）宋元时期儒家思想在潮州的传播强化了教化基础

宋元时期儒家思想在潮州的传播，主要通过在潮州任职的官吏修建祠院，传播儒家思想，强化了潮汕地方教化的基础。

北宋咸平间（998～1003年）陈尧佐贬任潮州通判，在宋代任潮官师中首举尊韩大旗，弘扬儒家思想。陈尧佐为韩愈建祠，并撰《招韩文公文》。在《招韩文公文》中说韩愈在元和间"至郡，专以孔子之道教民，民悦其教，诵公之言，藏公之文，绵绵焉迨今知学者也"。他将韩愈视为在潮州开始推行儒家思想的第一人，说他"南粤之裔兮在天一涯，吾道之行兮自公之为"。

陈尧佐还绘鳄鱼图并撰《赞》文。陈氏认为韩愈当年撰文逐鳄真实可信。他指出"鱼既化焉，人宁不怍！"，即顽如鳄鱼者，都能俯首贴耳于王化之下，而居住在王土上的人类，是当然应当接受封建国家的统治和教化。陈尧佐还撰写了《戮鳄鱼文并序》，他指出"昔昌黎文公投之以文，则引而避，是则鳄鱼之有知也"，并称"方今普天率土，靡不臣妾，山川阴阳之神，奉天之威命，晦明风雨弗敢逾"，"鳄鱼何悖焉"！因而他声称自己戮鳄，是"宣王者之威刑"。其实，陈氏就是要表明戮鳄之举是韩愈"文而化之"的继续：文化不改，然后加诛！② 这也正是封建王朝对一切居住王土而不服从王化者的态度。陈尧佐在潮州以韩愈在潮兴学和驱鳄教化为主题，对后世影响至深，确定了后世潮州尊韩的基本格调。

哲宗元祐五年（1090年）知州王涤下地于州城南七里，建"昌黎伯庙"，并约请著名文学家苏轼撰写碑文。在苏轼的碑文中，对韩愈一生的功业，包括其在

① 《韩昌黎文集校注》文外集上卷。
② 参见《戮鳄鱼文并序》，载《永乐大典》卷五三四五《潮州府三·文章》。

潮州的政绩作了定性的概括和总结：一是肯定了韩愈的历史地位和作用。苏轼说："自东汉以来，道丧文弊，异端并起，历唐贞观，开元之盛，辅以唐、杜、姚、宋而不能救。独韩文公起布衣，谈笑而麾之，天下靡然从公，复归于正，盖三百年于此矣。文起八代之衰，而道济天下之溺，忠犯人主之怒，而勇夺三军之帅。"二是肯定了韩愈在潮教化民众的功绩。认为韩愈在潮能"约束鲛鳄如驱羊"，"能信于南海之民庙食百世"，是由于韩公之"精诚"。三是认定韩愈是潮地王化的肇始者。所谓"始潮人未知学，公命进士赵德为之师，由是潮之士皆笃于文行，延及齐民，至于今号称易治"。苏轼的碑文对后世影响巨大。

淳祐三年(1243年)知州郑良臣于韩庙故址(州城南七里)创建韩山书院。据《永乐大典》卷五三四三《潮州府一·书院》引《三阳志》载：

> (韩山书院)仿四书院之创，地在州城之南，乃昌黎庙旧地也。淳熙已酉，丁侯允元迁其庙于水东之韩山，其地遂墟。淳祐癸卯，郑侯良臣以韩公有造于潮，书院独为阙典，相攸旧地而院之。

宋代，由于出仕潮州的蜀、闽籍官员的推崇，韩愈在潮州获得极高的声誉。"至名其山曰韩山，水曰韩江，登临之处曰韩亭，手植之本曰韩木"，甚至"为韩公建祠缔构，以表景慕"。元明以后，闽学大行，韩愈在潮州的地位，"遂与日月争光"①。

两宋的尊韩活动，有其积极意义，推动了潮州文化教育事业的发展，也推动了儒家正统思想在潮州的传播，强化了潮州的教化基础。

(三)16世纪王阳明心学在潮州的传播推动了乡约宗法的践行

正德初年(1506年)，王阳明在贵州龙场悟道，创立了他的心学体系。无论是在贵阳书院传述"知行合一"之理，还是在南昌讲授"致良知"之学，都使被程朱理学禁锢已久的士大夫振聋发聩。一时间，士大夫都蜂拥而至。阳明先生好讲学，及门弟子极多。② 阳明学说在潮州地区的传播，开始于正德十四年(1519

---

① 饶宗颐：《宋代莅潮官司师与蜀学及闽学——韩公在潮州受高度崇敬的原因》，载《潮汕文化论丛初集》，广东高等教育出版社1992年版，第265~270页。

② 参见《王阳明全集》，上海古籍出版社1992年版，卷三十八《世德纪》程辉《丧纪》所录门人弟子56人，其间潮州门人4人，只占阳明潮籍弟子的1/5强。

年),他的潮州籍弟子们在潮州讲学,传播阳明学说,使古代正统思想在潮州的发展进入高峰期,并形成了自己的特色。其一,注重学术的实用性,有明显的伦理学倾向,讲究由己及人,由格致诚正而修齐治平,强调为学之社会责任感,力图将学术付诸社会实践。其二,内容上以《礼》学为核心,故学人为宦居家,多参与制订与实施乡约、族规、家礼。[①] 这使潮州儒学由士大夫阶层向民间社会渗透,对潮州乡约宗法的践行有巨大的影响。

王阳明的潮籍弟子人数众多,在潮州传播明阳心学有重要影响的人物有薛侃,还有其他士大夫虽然不是王门的弟子,但也在传播和发展王阳明的思想,如唐伯元。

1. 薛侃

薛侃(1486~1545年),字尚谦,号中离先生。"薛侃,字尚谦,揭阳人。性至孝,正德丁丑成进士,即以侍养归。师王守仁于赣州,归语兄助教俊。俊大喜,偕群子侄宗铠等往学焉。自是王氏学盛行于岭南。世宗立,侃授行人。母讣陨绝,五日始食粥。嘉靖七年,起故官。闻守仁殁,为位以哭。时方议文庙祀典,侃请祀陆九渊、陈献章,九渊得报允。已进司正。中离者,侃自号也。归家益力学,从游者百余人。卒年六十。所著有《研几录》《图书质疑》诸书。隆庆初复官,赠御史。祀乡贤。"[②]他是潮州阳明弟子中最著名的一位。[③] 薛侃深得王阳明的倚重,在王阳明众多弟子中,有较高的地位和较强的影响力。自出仕以来,薛侃前后三次在家乡讲学,倡导阳明学说,推动了潮州王门学派的形成。薛侃在研习王阳明学术方面成果卓著,主要有《研几录》《图书质疑》《中离先生文稿》11卷,《薛御史中离集》3卷,《薛中离先生全书》20卷等。薛侃在学术思想方面能恪守师说,他的同门邹守益在《怀惠祠记》中说:"中离之学,师先生而得其宗者也。"薛侃的学术思想主要在两个方面传承并进一步阐明了王阳明的学术思想。

其一,关于"心"与"性"。王阳明认为"心之本体即是性,性即是理。性元

① 参见黄挺、陈占山:《潮汕史》(上册),广东高等教育出版社2001年版,第482~483页。

② 冯奉初辑:《潮州耆旧集》,吴二持点校,暨南大学出版社2016年版,第32页。

③ 关于薛侃生平事迹,可参阅饶宗颐先生所撰《薛中离年谱》。

不动，理元不动，集义是复其心之本体”①。薛侃在《研几录》中将此阐释得更加透彻：

吾心与天一，与圣一，本至善也，动而后有不善，去其不善之动，即至善复矣。此简易之旨，学者舍此，再无门可入，无地可修。此心之发，是是非非，昭然自见，未有不知者。惟溺于欲，乃自蔽耳。下手工夫，全在自决。其几知非必去，知是必行，恳切精专，如好好色，如恶臭，透骨彻底。无一物能碍，无一毫不尽，则此心常虚常明，耳自聪，目自明，事父自会孝，事君自会忠……苟于明知处不肯实体，却凭讲习外求，乃外铄也，更无明处。外面觅个义理依行，乃义袭也，谓泥团遇水辄散，更无是处。②

薛侃在《阳明先生诗集》序中对“良知”与“性情”的关系进行了阐述：

夫性者，良知之体也。情者，良知之用也。是故吾师之掌，致良知而已矣。良知致，则性情正。性情正，若种之艺生矣。诚松也，芽甲花实，无非松矣。诚谷也，芽甲花实，无非谷矣。谓松而花稷，谓谷而实荑，非然也。是故知先师之学，则知先师之心。知先师之心，则知先师之应迹矣。诵其言，察其用。可以观，可以悟，可以神明其德矣。③

薛侃还认为，善是君主治理社会的好方法。他在《明正学以安圣躬疏》指出：

人之所以为人，以其有善也，非以其有生也。故治民者，于钱谷兵刑治生之务，虽非可缺，然不过足食已矣，足兵已矣，富强已矣。非王道之重孔门，不得已而可去者也。故称唐虞之治必曰：百姓昭明，黎民敏德。称三代之治必曰：人人君子，比屋可封。曰：耕者让畔，行者让路，而逸居饱暖不与焉。故惟主一，则能以善养民。而民兴于善，夫然后君民一矣。人皆可能者，善也；有能有不能者，才也。以才用人，人求之外而不足。以善取人，人求诸内而有余。是故鲁欲使乐正子为政，孟子闻之，喜而不寐。公孙丑问

① 《王阳明全集》卷一“传习录上”。

② 黄挺：《薛侃与潮州王门学派》，载《岭南文史》1998年第4期。

③ 冯奉初辑：《潮州耆旧集》，吴二持点校，暨南大学出版社2016年版，第43页。

曰:“乐正子强乎?”曰:“否。”“有智虑乎?”曰:“否。”“多闻识乎?”曰:“否。”“然则奚为喜而不寐?”曰:“其为人也,好善。”“好善足乎?”曰:“好善优于天下。”《秦誓》论大臣之道,亦曰:“若有一个臣,断断兮无他技,其心休休焉,其如有容焉。”盖善者一也,休休者亦一也。主一则上以是求之,下以是应之,而九德成事矣。《书》曰:“谁不敢让,敢不敬。应如此,则君臣一矣。”①

其二,关于“学”与“思”,薛侃更加注重“学”。王阳明一生的事功,表现在政治实践和教育实践两方面。薛侃追随阳明日久,在这两方面受其影响特别大,他对阳明学说的发扬,也突出在事功的强调上。他十分强调“学”在体道过程的意义。《研几录》经常谈到“学”,原来附录七篇短文,更有五篇直接讲到“学”的问题。其中最突出的篇章是《思学解》。薛侃在《思学解》里对学、思与圣人之境、成圣之道,作了详细辨析。他说:

无思本也,思通用也。君子立本致用者也。故曰,所不学而能者,其良能也,所不虑而知者,其良知也。本体也。学问之道,求复其本体而已。②

心之体、圣人之境是本然的存在,“不学而能”“不虑而知”。学与思却是回复到这种本然境界的唯一途径。不学,将昏昧放逸,不思,则憧憧往来,行尸走肉而已,与优人圣城判若天渊。《思学解》进而讨论了思与学的关系:

言思,思即学也;言学,学即思也。思学并言,则习而存之之谓学,无时而离之者也;究而通之之谓思,有时而感者也。

薛侃认为,思即是学,学即是思,学是一个不间断的、反复探究揣摩的过程,思是学者在这个过程中对心体良知的灵感式的悟通。③

薛侃在一生中,用行动去实践自己的思想主张。在朝廷,他有《正祀典以敦化理》《复古制以新士习》《复旧典以光圣德》等奏疏,④并著书立说,着眼礼制。他在《正祀典以敦化理》中就表达了尊崇孔子的思想,他指出:

---

① 冯奉初辑:《潮州耆旧集》,吴二持点校,暨南大学出版社 2016 年版,第 36 页。

② 《薛中离先生全书》卷十。

③ 参见黄挺:《薛侃与潮州王门学派》,载《岭南文史》1998 年第 4 期。

④ 《薛中离先生全书卷七》。

臣惟孔子之道,垂范百王。故文庙极尊崇之典,而曲阜又阙里之地。窃稽史籍,凡历代追尊则书,过鲁祀牢则书,入庙再拜则书,录其后裔赐田免役则书。盖治教之原,不可后焉者也。故汉武帝举措纷纷,海内困耗。惟雅尚儒术,遵用夏时,犹不失乐制之称。理宗中才之主,亦惟始终崇尚濂洛之学,遂得庙号曰理。仰惟皇上,懋学好古,度越百王。凡一政一令,罔弗殚竭,以求至善。况事干文庙,乃化理之要,古今公论之大者。有所宜行,宁勿加意?臣奉使鲁藩,目击其弊。因考祀典,谨陈七事。伏惟俯垂采纳,特敕该部议处。诚足以洗前代之陋,而彰吾皇明之治。天下幸甚,后世幸甚。臣无任恳悃悚息之至。①

在乡村,他主张挖溪、修桥、筑堤,大举善行;订立《乡约》,敦促乡民举行,希望借助礼教维护地方的社会秩序,在构建宗族中,制定宗规,维护家族发展。

2. 唐伯元

唐伯元(1541~1598年),字仁卿,号曙台,澄海人,万历二年(1574年)进士,唐伯元虽然不是王门弟子,但他一生都笃行王阳明的学术,并有所发展。在他的著作中,对“性—心—身”之间的关系进行反复讨论。他认为:

性至善,无不善,然不容说。性具于心,而心不能尽性。故心有善有不善。圣人能合天人。一心性,故心善。中人以下,则其心未能免恶。性无体,以物为体,身则为其本。但离性,身又去禽兽无几。故希圣之道,其要在修身,求其放心而臻于至善之性。

唐伯元强调修身可以达到至善。他推崇朱子,其实最推崇的是朱学的实践性。他指出:

其所为训,如格物、戒慎诸解,虽未必一一尽合圣人,独其心性之辨,则诡于经者甚少。至于从入规矩,尤必详乎其言,使的的乎可循而据,则考亭之功于吾道伟矣。②

① 冯奉初辑:《潮州耆旧集》,吴二持点校,暨南大学出版社2016年版,第33页。

② 参见唐伯元:《重刊困知记序》,载罗钦顺:《困知记》,阎韬点校,中华书局1990年版,第185页附录。

唐伯元认为谈心说性不应该离开国家百姓，个人的心性修养只是一种根基，一个出发点，而最终目的则在于“安人安百姓”。唐伯元的学说表现出鲜明的士大夫品格，他以为“性命之旨，非中人以上则不道”[①]，“学为君子谋，不为众人谋。众人，待君子而尽性者也。君子者，天生之以尽人物之性，参天地而立三才者也”[②]。他批评当时的王学：“自奇自圣，古先圣人之所皇皇切切，若不能当者，今皆一语可了，一蹴而就也。其流不至于弄精神，灭性真，毁覆礼教，沦人夷狄禽兽而不已！”[③]在唐伯元看来，士大夫为学，目的不仅仅使自身获得文化正统，更加重要的是在实践中把这种文化正统制度化，以改造地方社会。因此，他的学说最重修身崇礼。他主张君子“修己以敬，至于安人，安百姓”[④]。如何由修身推及齐治平？他选择“礼”来做中介。他说：“古之学者，学礼而已矣。古之观人者，观礼而已矣。”[⑤]他又说：“夫学至于礼而正矣。”[⑥]可见君子学修道，是以“礼”为最高境界。但“克己未足以尽仁”[⑦]，复礼之后，就须以之齐治平。他说：

> 礼有以多为贵者，祝圣尊贤，敬老恤孤之类是也。礼有以少为贵者，津要逢迎、酒席滥觞、货赂公行之类是也。礼有举之莫敢废者，或因土俗所宜，如入乡问俗是也。礼有不近人情，而实为礼之至者，如举国之人皆若狂，而夫子以为一日之泽是也。[⑧]

凡所举种种，皆事关家国天下，故唐伯元强调“为国必以礼，学道必爱人。未有不爱人而能化人者；未有不以礼而能爱人者”[⑨]。由此，也可见唐氏学说具有强烈的实践性。[⑩]

---

① 参见唐伯元：《重刊困知记序》，载罗钦顺：《困知记》，阎韬点校，中华书局1990年版，第185页附录。

② 《明儒学案》卷四二，第1019页。

③ 参见罗钦顺：《困知记》，第185页。

④ 《明儒学案》卷四二，第1007页。

⑤ 《明儒学案》卷四二，第1015页。

⑥ 《明儒学案》卷四二，第1007页。

⑦ 《明儒学案》卷四二，第1007页。

⑧ 《明儒学案》卷四二，第1023页。

⑨ 《明儒学案》卷四二，第1023页。

⑩ 参见黄挺：《明代潮州儒学概说》，载《汕头大学学报(人文社会科学版)》1994年第2期。

唐伯元虽然强调“礼”在治理国家中的重要性，但对“法”与“道”的关系也有独到的见解。他在《学政二篇赠李维卿出抚三楚》中说道：“政篇曰：常言古之治者，纯任道；后之治者，纯任法，非也。未有离道而法独立，也未有法毁而道独存者。”①由此可以看出，唐伯元的观点其实是在治理国家中“道”（儒家的礼仪教化）和“法”都是不可偏废的，两者是相辅相成的关系，由此也表明了唐伯元对“法”的重视。

由于王阳明的潮籍弟子在潮汕地方大力弘扬和实践他的心学思想，以及其他士大夫在潮州强调重视礼的实践性，推动了乡村乡约宗法的施行，他们都是践行乡约宗法的典范。

二、潮汕的士大夫阶层是推行乡约宗法的中坚力量

在潮汕地方士大夫作为一个社会群体，与农工商阶层最突出的区别在于，他们借助教育和父子传承在思想上和制度上接受了国家正统文化的思想，并身体力行在地方传播正统文化思想。士大夫阶层形成的基础是学校教育的发展和科举考试催生阶层流动的结果。

（一）学校教育在潮汕地方的发展为科举考试奠定了基础

学校教育在地方的发展标示着官师们将以礼为核心的正统文化普及地方社会的努力，而这种努力也在地方社会结构中形成了一个接受了正统文化的士大夫阶层。正统文化在地方的传播过程中，学校教育起到了主要的作用，从学校到科举的一整套制度，保证了国家正统思想文化在地方的传播，这种制度上和思想上臻乎完美的结合，在潮汕被视为是获得正统地位的正途。在中央朝廷要用礼教来改变蛮荒异俗，在很大程度上是通过学校教育来达到；在地方要改变身份获得仕途，也势必借助教育。从最高统治者皇帝到地方官员们都十分清楚：“夫兴学育才，而迪之彝典，斯化民成俗出其中。”②通过制度化的学校网络，朝廷就可以真正在文化上实现对地方社会的控制。

洪武二年（1369 年），明太祖朱元璋即谕旨中书省臣曰：“朕恒谓治国之要

① 冯奉初辑：《潮州耆旧集》，吴二持点校，暨南大学出版社 2016 年版，第 340 页。
② 陈大科等修：《广东通志》卷七，载《稀见中国地方志汇刊》第 42 册，第 156 页下。

教化为先;教化之道,学校为本。今京师虽有太学,而天下之学校未兴,宜令郡县皆立学,礼延师儒,教授生徒以讲论圣道使人日渐月化以复先王之旧,以革污染之习,此最急务,当急行之。"①并发布教民榜文,"命各处乡村设立社学教训子弟,使为良善……后民间子弟,许令有德之人,不拘所在,亦不拘子弟名数,每年十月初开学至腊月终罢。如丁多有暇之家,常读家教者,听。其有司官吏里甲人等,敢有干与搅扰者,治以重罪"。(第三十二条)为确保正统思想的主导地位,防止异端邪说的出现,榜文第三十四条还规定了教育的内容:"(社学)依先贤先圣格言,教诲后进使之成材,以备任用。敢有不依圣贤格言,妄生异议、蛊惑后生、乖其良心者,诛其本身,全家迁发化外。"

在潮汕,地方官对于教育在潮州教化中的作用也有清醒的认识,潮州知府王源(1435~1441 年),曾说:

> 圣人之道,无远不被。潮为广极东,含丛山,迫夷岛,民尚横诈,攻劫仇杀,盖不闻圣人之道故也。至韩子传以诗书,学者始得尧舜孔子之道,然后知圣人之道大以遐。韩子远矣,是其横诈仇杀之风又复如昔。予奉皇帝玺书,令以礼义为教。……余惟言忠信、行笃敬,虽蛮貊之邦行矣。是道为奕世所法。韩子以圣人言行化潮,而民去其横诈仇杀之习。吾以为慕韩子之意以导民,而潮民生其礼义之忱,人人能然。是言行之教盛行矣,又况潮称礼义之邦。尤易化之者乎。②

王源任潮州知府期间为兴办学校花费了不少心血。他修葺潮州府学大殿两庑,扩建了海阳县学。③ 又遵照朝廷诏令,"立社学千余所,诲民间子弟;置乡校数百余处,设约正副,萃诸儒士,月朔讲论理致,旌淑另慝。横诈者销,慕义者众"④。地方官在兴办教育方面的努力对教化起到了很大的作用。

其实从宋代开始,潮汕就已经设立的潮州府和海阳、潮阳、揭阳、程乡四县

---

① 《洪武宝训》卷一,《兴学》。

② 王源:《海阳县学文庙记》,载吴颖:《潮州府志》卷十二。

③ 参见郭春震:《潮州府志》卷二"建置志"、卷四"祠祀志"。

④ 王源:《海阳县学文庙记》,载吴颖:《顺治·潮州府志》卷十二。"约"字本作"乡",据《嘉靖·潮州府志》卷四海阳县"先师庙"条校改。

的儒学学校在洪武年间又重新建了起来。此时，按照朝廷规定，府学设教授1人，训导4人，廪生40名，增广生40名，附学生不计名额；县学设教谕1人，训导2人，廪生20名，增广生20名，附学生不计名额①。大约当时整个潮州，正式入学的学生人数一共有240人，另外有不明数量的附学生。

15世纪后期，与新设县同步，学校网络在潮州很快延伸。成化十四年（1478年），置饶平县，有饶平县学。嘉靖四年（1525年），置惠来县，有惠来县学。嘉靖六车（1527年），置大埔县，有大埔县学。嘉靖四十二年（1563年），置普宁县，有普宁县学，嘉靖四十三年（1564年），置平远县，有平远县学。万历五年（1577年）置澄海县，有澄海县学。②

学校网络的密集化标示着官文化对地方社会控制力度的不断加强，也为士大夫阶层的形成奠定了基础。

（二）科举考试催生了潮汕的士大夫阶层

科举制度造成一定程度的社会垂直流动，使潮州传统社会阶层结构处于一种变动不居的态势之中。在传统社会里，尽管士与农两个阶层并无明确的界限，但他们在社会等级结构中，显然是处在不同的层面上。普通人家的子弟可以通过科举考试，跃升到士绅阶层。

洪武元年（1368年）到永乐十六年（1418年）的50年里，潮州参加乡试人闱者119人，占广东举人总数的10.7%；参加会试中进士者15人，占广东进士总数的12.5%。论比例，还比不上宋代潮州正奏进士95人，占广东进士总数562人的16.9%。可见，明初潮州社会的教育程序比宋代反有所降低。但到16世纪，情况显然有了很大的变化。自正德元年（1506年）至嘉靖三十年（1551年），一共举行15次会试，潮州共出进士45人，占广东进士总数187人的24.1%。其中嘉靖十一年（1532年）海阳林大钦高中状元，嘉靖二十三年（1544年）广东进士10人潮州得其7，都是破天荒的。③ 这一时期，潮州的科举盛况空前。④

---

① 万历《广东通志》，第60页上。

② 万历《广东通志》，第157页上。

③ 上述数学，据阮元道光《广东通志·选举表》统计。

④ 具体数据参见黄挺、陈占山：《潮汕史》（上册），广东人民出版社2001年版，第420~421页。

从当时潮汕科举的情况可以看出,出身名门望族的考生因获得了更良好的教育,比出身一般家庭的人有更多登科的机会,但是,也没有达到20%。就是说,在明代潮州,考取功名的士人,超过80%还是出身于乡村社会下层的农民。也说明在明代潮汕地方的教育已广泛普及,追求功名是一种社会的普遍行为。

1. 凤陇薛氏

科举考试催生阶层流动的实例在潮汕地方文献中也有个案的记载。例如,黄挺教授在《十六世纪以来潮汕的宗族与社会》一书中,梳理了凤陇薛氏的族谱,叙述了一个普通的乡村宗族,经过几代人的经济积累,再通过文化积累,终于在16世纪前后,通过科举仕进,上升为本地望族,是潮汕三角洲的一个典型事例。[①]

据族谱载,薛氏始祖薛兰在宋淳熙年间(1174~1189年)由福建廉村迁居海阳龙溪之凤陇,有两子:洪绩,洪鼎。薛洪鼎登宋宁宗嘉定四年(1211年)赵建大榜进士[②],宝庆三年(1227年),藏修白云岩,号云岩山人,族谱中称进士公。今潮安县庵埠镇薛陇虎尾山,仍存其题刻"白云岩"三字摩崖,有款,署"宋宝庆三年五月日,进士薛洪鼎书"[③]。但薛洪鼎传一世而绝,今族谱所录,全是薛洪绩苗裔。

到四世,分隐士公、凤岗公两支。二公事迹,《薛氏谱传》载:

> 隐士公讳恬,字佳遁。绍创公长子。沉迈有潜德,与弟凤岗共拓先业,子孙蕃衍,都人因其姓名其里曰薛陇。
>
> 凤岗公,讳恂,字佳处。绍创公次子。卓行宏谟,有壁立千仞之概,兄隐士共恢先猷,田产池塘,日以广辟。

薛氏一族的历史,实际上是从第四世开始的,数传之后,到第十三世,在正德、嘉靖年间,凤岗公一支有薛侃昆弟出,进学登科,师王阳明而传道闾里,对潮州社会有很大的影响。薛氏成为诗书望族,从这一代才真正开始。

《薛氏谱传》对凤岗公一支各世代人物,多有记载:

> (五世)承庵公讳缵,字日绪,凤岗公之子。笃学善述,阐扬先德。

---

① 参见黄挺:《十六世纪以来潮汕的宗族与社会》,暨南大学出版社2015年版,第25~28页。

② 参见《海阳县志》卷十三"选举表",今谱缺载。

③ 《庵埠志》编撰办公室:《庵埠志》,新华出版社1990年版,第294页。

(七世)东山公讳谷贞,字干之,仁斋公次子。立身方正,治家严而有法,教诲子弟,必称先后。

(八世)松江公讳恭,字时敬,东山公之子。

(九世)昆岗公讳艮,字仕为,松江公第四子。倜傥有猷,遐迩称服,事有弗平,惟公取真,都邑称为长者。

(十世)梅叟公讳田,字用业,昆岗公第五子,承父资颇裕,好善乐施,因里役京解赔贼殆尽,拮据治生,力贫无悔。

(十一世)清易公讳志安,字本仁,梅叟公第四子。刚直友爱,甘受清苦,惜天不假其年。

(十二世)让斋公讳骥,字孔秉,清易公之子。五岁失怙,哀慕如成人。十七岁失恃,哀葬依古礼。尤笃志于诗书之业。乡有陈琨者,博学善士,公与交欢,遣子从游①,文行使取则焉。天性好贤乐善,与物无忤……先生程督六子,皆有成名,长子俊举弘治洽亚科,仕国子博士,赠刑科给事中。二子杰授七品散官。三子侃登正德丁丑进士。历官行人司司正,赠河南道监察御史。四子僎授将士郎。五子伟,太学生,以《诗》著。六子侨,登嘉靖癸未进士,历官春坊司直,长孙宗铠与六子同举于乡,同联进士,历官左给事中,赠光禄守卿。人谓一门理学,忠孝播闻,皆本公训云。

这些人物都是薛侃昆弟直系的先人。在他们的传记中,这一家族如何通过经济积累到文化积累,为发展成一个在地方上具有影响力的望族做准备,有非常明确的呈现。

《薛氏谱传》中,这一支第六世仁斋公无传记,第八世松江公有传记却似乎乏善可陈。此外,第五世承庵公和第七世东山公的两传也不过是对一个合格家长的辞赞,没有能够引起我们兴趣的地方。

显然,从第九世昆岗公薛艮(1341～1423年)开始,这一支在经济方面有了积累。薛艮当家时,正值洪武初年。其时里甲制度刚刚实行,地方官也知民间

---

① “从”字原抄作“浞”,形讹,据《薛中离年谱》所引《薛氏族谱》改。

疾苦[①],人民尚能安居乐业,且有恒产。第十世梅叟公薛田(1386~1469 年)能“承父资颇裕”,就可以证明这一点。同时,薛艮在地方上也有了一定的影响力,所谓“遐迩称服,事有弗平,惟公取直,都邑称为长者”。薛田继续在地方社会发挥影响,家道却因为繁重的赋役负担而中落,即所谓“因里役京解赔贩殆尽”,以致要“拮据治中”,影响了不止一代人,就连他的儿子清易公薛志安(1420~1457 年)也要“甘受清苦”[②]。

薛氏家族对于财政地位、经济发展和社会地位的保障作用有着刻骨铭心的体验,这激起了他们进学入仕的欲望。

这种思想变易,或者是从薛侃的曾祖父薛田身上开始的。由于薛侃的祖父薛志安早卒,“笃志于诗书之业”的使命便落到薛侃的父亲让斋公薛骥(1452~1505 年)身上。薛骥自己没有获得功名,却“笃志于诗书之业”,开始了这个家族的文化积累。他延请名师,课督诸子,到 16 世纪,终于使子孙成名。举乡荐者 4 人,其中 3 人成进士,入监者 3 人,补郡学生者 3 人,补县庠生者 3 人。[③]

一个家族因为有子孙仕进成为宦族,而出仕的子孙,也仍然需要家族经济作后盾。所以,兄弟叔侄中必须有人致力于营生,以支持出仕者。薛侃兄弟 6 人,《薛氏族谱》都给他们立了传。其中出仕者 3 人,薛俊、薛侃、薛侨;入监者 1 人,薛伟;其余两人,虽亦有恩授官衔,实则未尝进学出仕。其传记载:

> 木轩公讳杰,字尚弼,让斋公次子。履道之垣,恂恂可亲,伯兄诸弟联翩科第,公不修贵介容,于友敦睦,族党推重焉。恩授七品散官。
>
> 笃轩公讳僎,字尚勉,让斋公第四子。善营家,知取知与,虽席兄弟之润,而规恢有方,具以谦官著云。恩授将士郎。

---

① 《潮州府志》卷五“官师志”载:“白叔敏,洪武十八年知潮州……时潮多绝户,荒田税粮令民纳,至瘝子女不能给,敏奏除之,至今人怀其德。”

② 尽管族谱将薛田的家道中落途述为一种“义行”的结果,但我们宁可相信这是过分繁重的徭役负担所致。关于里甲制度下小民不堪繁重徭役而破产的情况,可参阅刘志伟《在国家与社会之间:明清广东里甲赋役制度研究》(中山大学出版社 1997 年版)一书中生动的描述。翁万达在大约作于嘉靖三十年(1551 年)的一篇文章里,也谈到当时潮州的这种情况,“往者,县里甲直官供亿,日辄费十余金,重苦无恤,甚有不旋踵而贫窘死者。徭编则视货轻重”。参见《翁万达集》,上海古籍出版社 1992 年版,《海阳朱令去思碑》第 78 页。

③ 参见《薛氏世系》“风岗公长户派”第十三、十四世有关内容。

自第十三世起，薛氏成为潮汕的望族。翁万达在赠薛侨的一篇贺序里写道：

君之家，其兴也自厥考某公，称封君长者，积累善劳，行业闻于世，盖基始之。君与伯氏若诸仲氏皆褒然。又与质庵、中离，若质庵胤子子修，会蒸变而际风云，簪缨后先。铿锵炳娘，谈道升堂，睹奥入室。以故，一时海内莫不称有薛氏云。

2. 举丁翁氏

韩江西溪从潮州南厢滔滔而下，在出海口，有一条小村，叫举丁，隶属揭阳县鮀江都（今属汕头市金平区）。[①] 举丁村民世代以渔耕为业，未曾出过士人。嘉靖五年(1526 年)，举丁村终于有人高中进士，他就是翁万达，后来官至兵部尚书，成为明代潮州历官最高品级之人。翁万达出仕后，举丁翁氏的社会地位有了很大的变化，据翁万达的堂第翁万化所撰写的《明故资政大夫兵部尚书赠太子少保揭阳东涯翁共圹志》记载，翁玉前后四次受朝廷封赠；后两次，翁可也跟翁玉一样受封为兵部右侍郎，晋兵部尚书。翁万达的弟弟翁万程和儿子翁思佐也依例受荫。[②]

通过科举和受荫，举丁翁氏在很短的时间内，从一个处于社会下层默默无闻的小姓，迅速完成宗族的建构，上升为地方望族。

3. 泗水周氏

泗水周氏是潮汕地方通过科举考试成为名门望族的代表之一。泗水并非地名，潮阳周氏发祥地在峡山泗港。万历间，林熙春为周氏大宗祠作《记》，《记》中说：

南宋淳祐间，周梅溪来知潮州，后迁广东转运判官、提点刑狱，“复忆潮阳泗港为泗水环聚，实钟祥毓秀地，遂奉大父承节，父朝奉，徒春陵而卜筑于此”，以后子孙“自朱而元而明，环泗水以居，郁然而乔木者，指以千数”。[③] 这

① 参见《潮州府志》卷一“地理志”“韩江”条。

② 参见翁继勤：《翁氏举丁族谱》，潮州翁氏联谊会蓬洲第内分会 1995 年版，第 104 页。

③ 林熙春：《周氏大宗世封列祖家庙记》，载《峡山周氏族谱》。该谱为民国四年（1915 年）抄本，潮州历史文化研究中心藏有复印本。

个宗族以此自称“泗水周氏”。周氏第八世有毅然公早逝,其妻、子被族人欺负,乃徙居峡山桃溪村。这徙居桃溪的一支却很快发达起来。毅然公的孙子西山公周孚先在正德十四年(1519 年)考中举人,[①]这个家族科名的兴盛才是刚刚开始。嘉靖四十二年(1563 年),周孚先的儿子光镐也中了举,接着,又在隆庆五年(1571 年)成了进士,后来官至大理寺卿,封赠其祖图溪公周瑃、父西山公周孚先同为四川布政使司右参政。隆庆以后,周孚先的子孙中举者 3 人,拔贡者 2 人,例授国子监生者 6 人。[②] 到万历后期,这个家族已经是潮州最著名的望族之一,时人称“潮阳著姓,莫大于周”[③]。

前面的统计数据和个案都表明,16 世纪的前 40 年,在潮汕地区,有一批乡下人,在家人族人的支持下,取得功名,引起了潮州地区社会结构的变动,形成了一个对潮州乡村基层社会具有影响力的阶层——士大夫阶层。

潮汕士大夫阶层成为礼教和乡约宗法在潮汕地方的推行的中坚力量。林大春说:

> 自赵宋道学大明之时,慨然以正学自任,卓为一郡儒宗者,实自二先生始。今晦庵《家礼》一书,与蒙谷所定《宗法》,潮人遵行之不废,二先生之力也。世儒往往谓道学无裨于实用,岂知流风余韵,犹能使人遵信如此。[④]

潮汕地区与中原地区相比,教化是从韩愈被贬来潮才开启,开始较晚,教育和科举也是宋以后才兴盛,并在明以后形成士大夫阶层的。因此,从民间来看,潮汕地区的民众并不像中原地区早已浸润了儒家传统,他们需要士大夫阶层来沟通国家和乡村,将国家的制度和礼教落实到阶层。因此潮汕地区的士大夫阶层“在这一时期其实扮演着思想性格和行为都很复杂的社会角色。他们居间于国家文化与地区文化的矛盾冲突中。一方面,或者说,在大多数时间里,他们以国家文化正统在地方社会的代表人的身份出现,努力从语言和思想意识方面学习

① 《湖州府志》卷六“选举志”。
② 《峡山周氏族谱》。
③ 林熙春:《周氏大宗世封列祖家庙记》。
④ 林大春:《潮阳县志》卷十二“郑南升传论”。

和接受对于地方乡土社会来说依然是陌生的国家文化话语和观念——以‘礼’为核心的伦理道德标准，并把它付诸实践，把它制度化为乡村社会的思想行为准则。另一方面，或者说，在某些时候他们也会以地方文化的代表人的身份出现，代表地方社会的利益，与官师们对话”①，成为乡村推行乡约宗法的中坚力量。

第二节　潮汕的乡约

乡约是中国古代的一种乡村自我管理制度。最早的成文乡约出现在北宋陕西蓝田吕大钧制定的《吕氏乡约》，其内容有“德业相助，过失相规，礼俗相交，患难相恤”四个条目，希望民众以地缘和血缘关系为纽带，通过道德教化的手段，协商并互助解决基本的社会生活问题，及时化解矛盾和冲突，实现自我管理。但《吕氏乡约》在关中没有推行多久，北宋就被金人所灭，《吕氏乡约》也被人遗忘了。到南宋，朱熹重新发现了这个乡约，并在此基础上编写了《增损吕氏乡约》，使乡约又重新受到重视。到了明代，国家在基层治理中大力提倡和推行乡约。明太祖洪武二十一年（1388 年），解缙建议，“仿蓝田吕氏乡约及浦江郑氏家范，率先于士族以端轨”。明太祖朱元璋也颁布了圣谕六条，“主之以三老，家临而户至，朝命而夕劝，如父母之训子弟”。朝廷的倡导得到了地方官的响应。1518 年，王阳明公布了《南赣乡约》，影响非常大。在潮汕地区，由于王阳明潮籍弟子薛侃、季本等在潮州的推行，也在潮汕施行了乡约。

一、潮汕乡约推行的原因

乡约的创设和施行，始于北宋蓝田吕氏兄弟。吕氏乡约的条款有四项，“一曰德业相劝，二曰过失相规，三曰礼俗相交，四曰患难相恤”。到南宋时，朱熹在吕氏乡约的基础上加以增删，对乡约的组织机构、施行办法、集会礼仪，都作了

① 黄挺、陈占山：《潮汕史》（上册），广东高等教育出版社 2001 年版，第 439 页。

具体的说明。[①] 朱熹的乡约在潮州有较大的影响,但乡约并未在此时期推行。

明朝建立之初,朱元璋把"明刑弼教"作为立政之本,认为"以德化天下,兼张刑制具以齐之"才能恩威并济,成就王业。在礼法合治思想指导下,乡里基层行政管理与宗法宗族组织管理相结合,体现了具有浓厚宗法制色彩的基层行政特色。聚族而居的生活习惯使古代基层乡里社会中存在着并行的两套权力系统,即基于地缘关系的乡里国家政权权力系统和基于血缘关系的乡里宗法伦理权力系统,这一权力结构实际上亦是传统宗法制的延伸。从理论上讲"废封建、置郡县"的直接后果是实现个人血缘身份与其政治地位的分离,其前提就是宗法政治和郡县政治的绝对分离,但事实上,直到清代,有关封建与郡县的论争也未完全息鼓。[②] 这一现实在基层乡里社会尤为明显,自秦至清基层乡里社会中的宗法制色彩非但没有被削弱,反而得到了强化。因为这种强化至少有两个方面的好处:一是符合礼所倡导的孝、孝、仁义思想,并具体体现为宗族权力的确立和宗族法作用的发挥。二是迎合统治者多层次、多渠道、多手段严密控制基层乡里社会的愿望,把宗族组织作为一个整体并以此来加强对乡村民众的管理。[③]

明朝朱氏兴起于社会下层,对乡村社会情况十分了解,建国初年,帝王们就十分注意用儒家的礼仪来教化基层百姓。王樵《金坛县保甲乡约记》说:

> 我太祖高皇帝致治实远降德音以代面命,令布满天下,所谓圣谕六条者是已。主之以三老,家临而户至,朝命而夕劝,如父母之训子弟。至成祖文皇帝,又表章家礼,及取蓝田吕氏,列于《性理》,成书颁降天下,使诵行焉。[④]

在潮汕地方的乡村治理中,为了贯彻明朝国家对基层治理的方略,也企望用保甲限制民众行动,保证社会治安秩序和国家财税收入;同时用乡约教导民众,使他们懂得正统文化的善恶标准,循礼而行。到明朝正德间,随着士大夫阶层的壮

---

① 参见朱熹:《晦庵集》卷七十四"杂著"《增损吕氏乡约》,载《文渊阁四库全书》集部。

② 参见《皇朝经世文编》卷二十三。

③ 参见韩秀桃:《中国古代礼法合治思想在基层乡里社会中的实践》,载《安徽大学学报(哲学社会科学版)》1998 年第 1 期。

④ 《古今图书集成·明伦汇编·交谊典》。

大和阳明学说在潮州的风行，重整乡约，用国家正统礼教文化改造地方社会，便成为潮州士大夫义不容辞的责任。此时潮汕乡约的推行，其缘由有以下两点。

其一，王阳明赣南乡约的影响。正德十三年(1518 年)，王阳明在赣南倡举乡约，其所推行是《南赣乡约》。《南赣乡约》在吕氏乡约四项条款之外，增加了明太祖“圣谕六句”的内容，把两者结合为一体。并且，针对当时南赣情况，增加了有关“破山中贼”、安定地方治安的一些条文。在组织管理体系上，设立约长一人，约副二人，约正四人，约史四人，知约四人，约赞二人，由推举产生；每月望日会于约所，赴约者自备伙食费用。这些规定比朱熹的《增损吕氏乡约》要细密得多。而且，《南赣乡约》还强调向民众渗透儒家的道德教化，王阳明指出：“尔等父老子弟毋念新民之旧恶而不与其善，彼一念而善，即善人矣；毋自恃为良民而不修其身，尔一念而恶，即恶人矣；人之善恶，由于一念之间，尔等慎思吾言，毋忽！”他认为善恶仅在人的“一念之间”，可以通过道德教化来引导民众，从而实现“去其心之不正”。这一年，薛侃正在阳明官署中追随王阳明研习，对王阳明举行乡约的具体措施是知熟的，也对王阳明用乡约来引导民众的道德教化措施是非常认同的。

其二，潮州当时的社会境况需要通过实施乡约来改善。潮州当时由于制度上产生断层，官府无力控制乡村社会，导致豪强墨吏横行，乡间缺乏正统思想的训诲劝导，纠纷不断。薛侃就指出：

> 其初，乡人有不平，每每因小成大，皆由无事之先，罔有训诲，有争之际，乏人劝处，以至东起西灭，甲唱乙和，刁嫌构怨，坐取倾覆。又官民势分悬隔，上德弗宣，下情罔达。奸民柔者唆讼，刚者凌制愚弱，武断乡曲。墨吏朋比，罗织为奸，莫能自直者多矣。①

薛侃回到潮州后(1519 年)，看到家乡族人有到官府打官司，久讼不决的，就亲自为他们开解，平息纠纷之后，便教他们如何举行乡约，以达到地方自治。因此，在潮汕举行乡约，用儒家正统思想来教导民众，以沟通上下，约束吏民，就

① 薛侃：《乡约续议》后跋语，《薛中离先生全书》卷十九。转引自黄挺、陈占山《潮汕史》(上册)，广东人民出版社 2001 年版，第 486～487 页。

成其为必要。

二、潮汕乡约的主要内容

潮汕乡约的内容,在自治性组织管理体系上,仿王阳明《南赣乡约》的组织框架;针对潮汕地方江河众多的实况,士绅组织修筑堤防并制定乡约,约定修筑和使用堤防的办法;通过办社学,落实国家在乡村合理词讼的乡约。

(一)乡约中建立的具有自治性的组织管理体系

在乡村治理中,自治性是乡村基层组织独立运转于国家基层社会的实质和核心。乡村基层组织的自治能力,使其能够承担广泛的基层社会管理职能能力。乡村社会的自治属性是在乡村宗族组织在长期的生产、生活实践中自然形成的。其基点是为了保护乡村和宗族组织的整体利益,维护乡村宗族组织的整体秩序。

乡村基层组织的自治性并不是国家法律明令规定的结果,而是因其自身的客观存在以及基层官绅对国家统治的积极作用,促使了统治者加以倡导、赞赏、鼓励,并辅以法律保障来强化其自治行为的结果。因此可以说,中国古代乡村基层组织的自治性是由中国传统社会中的小农经济方式、宗法血缘关系、礼法合治的指导思想以及粗放式的基层行政管理模式共同作用的结果。从实际运作来看,古代乡村基层组织的自治性表现为乡村社会中的绝大多数事务都由乡里社会中居于优势地位的乡绅、族长和乡村保甲头目来进行处理。从组织类型来看,自治性表现为血缘宗族对族众和宗族内部的自治,以及地缘村落就全体村民的整体社会利益关系的自治。就其自治的实质而言,古代乡村基层组织的自治行为是建立在对村民族众的不平等强制和管理之上的非民主的自治,以“亲民睦邻”为目的,强制乡村民众服从一种符合国家要求乡村构建的秩序,因此,古代乡村基层组织的自治性在一定程度上表现为起源于社会生活但游离并高于社会之上的一种制度力量,具有国家政权组织和政治制度的性质。①

在潮汕乡约中,薛侃的乡约在组织结构上有一个“乡约—总约—县”的链接,也显示了乡约与国家的关联性,以使乡约获得国家权力的保障。通过乡约

---

① 参见韩秀桃:《中国古代乡里基层组织的特征》,载《法学杂志》1998 年第 1 期。

组织架构链接官府,在实现自治中也达到沟通国家与地方社会的目的。

薛侃《乡约》中设置的组织架构:

> 各约置四籍,一书约众姓名,一彰善,一纠过,一纪约中公费出入,约史掌之。约所,有力建造,无力就社中或宽大人家行之。总约亦然。
>
> 各约以朔望会,会乡民也,尊卑咸集。众以奇月会,会各约也,约长、约副、约正、约史、知约、约赞咸集,余不预。①

《乡约序》中进一步阐明了乡约组织的职能:

> 乡立约长以总其教,约副以助其决,约正司训诲,约史主劝惩,知约掌约事,约赞修约仪。月朔会民读约讲义,开其良心,又彰其善,纠其悉,以振劝之。数约复为一总约,以察诸约之那正。月终,轮二人至县,传训诲之语。②

明确的职能和分工,说明乡约的组织构架已经比较严密了,各司其职,能够承担起乡村基层治理的职责。在乡约这个责任下移过程的环节中,乡村士大夫实际上也逐渐掌控了地方权力。在乡约约会当中,就能够比较清楚地看到。比如在薛侃《乡约》"约仪"部分为我们展示的约会的过程:约会仪式开始后,约众在约长、约副、约正、约史、知约、约赞等主持下,用一种毕恭毕敬的态度聆听宣读圣谕,县谕和申戒。实际上,在这时,约长等人已经用宣讲谕示的形式,确立了自己作为官方正统文化代言人的身份,在地方行使彰善、纠恶的职责。

> 知约设纠过位:设于阶下,置笔砚,陈纠过簿。鸣鼓十声,约史在位:立于纠过位之西。请纠过。约史曰:"约史所知未的,请众举。"众曰:"是在约史。"约史巽语曰:"闻某有某过,未知是否?"约正遍询于众曰:"约史之言何如?"众有知则必曰:"约史之言是。"约史未知者则众举之。约正揖过者进纠过位,立于阶下。约长、副、正引咎自责,曰:"某等不能躬率以善,有不能尽劝谕之道,致子陷于此,实某之过也。"过者跪曰:"某实自迷,何预长

① 《薛中离先生全书》卷十九。"一纠过","一"字为引者所补。

② 《潮州府志》卷十二。"知约"原作"约知"据上下文和《乡约》文例校改。

者！今蒙诲谕，敢不速改！”约长、约史量其轻重，初犯候改，再犯则书于簿。年幼者轻则略加责罚，重则呈官究治。过者拜谢约长，约长答。过者揖众以示知敌之意。撤纠过位。①

约长、约副、约正、约史等对约众的善恶行为进行奖惩。薛侃在《总约申戒》中强调了纠过的重要性，指出：“约民之中，未能为善与有善而不加勉，未能无过与有过而不知改，皆吾之责也。吾当视一乡之善皆我之善，一乡之恶皆我之恶。常至其家，用心训诲，随事开谕，务使同归于善而后已。若视不干己，罔留心力，又自行非理，徇私偏向，则上有负于委托，下有愧于乡人矣。”②

这表明在形式上乡约已经表现为一种官方行为，即这些地方士绅在参与乡约的过程中实现乡村自治，也掌控着对村落的控制权力。

（二）修建水利堤防的乡约

在中国古代史上，道路网络的实质，在于它的文化传播与控制功能。从京城、省、府一直到县，官路（驿道）的延伸与贯通，表示了朝廷对地方的控制状态。府、县对于乡村基层的控制，又依赖府、县内部的道路体系。在潮州，尤其是在土地沮洳的韩江三角洲，作为道路使用的堤防，从乡村控制的角度看，也非常重要。韩江上游各支流发源于汀州、程乡、兴宁、长乐诸山，在三河口汇集之后，向南流经潮州府治，分汊为东溪、西溪、北溪，逶迤七十里入海。随着韩江下游三角洲的开发日渐深入，堤防的修筑也日益重要，正统元年（1436年）潮州人洪孝生写了一篇《筑堤记》，指出韩江堤防的重要性。他说：

其堤以尺计者，长六百余万丈有奇。障水田以亩计者，不知其几千万顷。编氓朽腹待哺，以户计者，不知其几千万室。官府帑庾，仰给赋税，不知其几千万斛。民沿堤上下以居，牲畜必资蕃以息。但众流暴涨，堤决而田庐人畜半沉重洲。民之休戚，所系甚大。③

正是因为堤防与潮州社会的治理有着重大的关系，因此地方官员都很关心

① 《薛中离先生全书》卷十九。

② 薛侃撰：《薛侃集》十一《乡约》，陈椰编校，第376页。

③ 郭春震：《潮州府志》卷一《地理志》。

堤防的修建。嘉靖二十六年(1547年),潮州知府郭春震修《潮州府志》,在《地理志》中,有这样一段按语:

《志》载堤防加详,以水民所利也。疏导在因其故,以邻国为壑者,斯病之。遐哉,西门豹诸人之烈,固不必求于异代。时其蓄泄,均其灌溉,非长民者责耶?①

堤防的兴筑,除了"时其蓄泄,均其灌溉"之外,这还有一个很重要的功能——堤防本身也是联系府、县治和乡村基层的交通衢道。嘉靖十一年(1532年)潮州历史上第一位状元的海阳才子林大钦,在参加省试的时候,回答学使"体国经野"的问题时,就说:

御防河水,保障田庐,负载便于往来,舆蹄便于驰逐——潮之利,莫有大于堤也。②

在实践中,潮州的士绅都积极参与地方水利堤防的修建,并制定乡约与民共守。在《东里志》记载的"陈白陂重修乡约"中记录了这类社区水利工程修治经费的筹措和管理方式的制定,以及绅士在这整个过程中的作用。

陈白陂,在大埕、上里交界之间,灌田数千亩。往时二村民争水利,至于斗殴死伤。弘治中,知县张浚亲至陂所勘处,以息其争。正德初,乡约陈和斋复会二乡耆老,为之分班轮流,申张公之约,一人始帖然。陈和斋有《记》云:吾乡之北,有山壁立,横亘山阳,平田宽衍,有溪自西而东折,古筑四陂,其最下者为陈白陂,即第四陂云。陂有沟,或岁旱失于修理,则隳坏不能潴水灌溉,田龟坼而苗槁矣。正德间,二乡有侠豪民四人,会二乡有田业户,计亩出赀,僦工伐石,高筑其岸,悉甃以灰,长四十丈有奇,高五尺许。工既竣,乃佥前四人为首,以司其事,置簿一本,次第轮流,违例者罚之,甚则闻于上官以惩。复上其事于县,给示晓谕,永为定规。继今而后,凡有田而得此陂之水者,陂沟宜及时修理,灌溉则依次轮流。毋隳前功,毋起争

① 郭春震:《潮州府志》卷一《地理志》,载《稀见中国地方志汇刊》第44册,第734页。
② 林大钦撰:《林大钦集》,黄挺校注,广东人民出版社1995年版,第37页。

竞,则旱干有备,谷物有收,而此陂之水,其利溥矣。①

陈和斋,名理,字子文,饶平宣化都大埕乡人。成化十六年(1480年)举人,官兴德教谕,擢浦城县令,以疾辞官。《东里志》有他的传记,说他回到乡里之后——居乡平心率物,无大小皆得其欢心。既为乡约正,不作好恶,取正质成者尽东里。②

上述乡约,告诉我们:(1)主持修堤的是地方绅豪。正德年间(1506~1521年)陈白陂的重修,真正的主持者是具有一定地位和权威的绰士,"侠豪民"。从工程计划的拟订、修治经费的筹措到管理方式的制定,完全由乡绅们领头进行。(2)修堤经费的筹措按朴素的均等原则来筹措经费:多受益者多投入,"有田业户,计亩出赀"把陈白陂重建了起来。(3)管理规则。由乡约长,召集二乡耆老,会商决定。由主持修建陈白陂的"侠豪民"做主管,设立簿录,两乡依次轮流用水,违反规定者,有处罚条例,情节严重的送官。(4)乡约借助国家权力强化对乡民的约束。"上其事于县,给示晓谕,永为定规。"

在潮安县庵埠镇郭陇乡(当时为海阳县龙溪都属)的凤廓古庙中,还保存着一块万历年间的《桑梓碑记》,碑文内容如下:

曾厝尾塭之造,系讵一乡哉,外御咸潮之冲,内活三都之命,洵一方保障也。我名贤中离薛先生砌塭防咸,故岁赖以登,棠荫光被。前因塭崩咸浸,田禾淹没,民不堪命。我乡听三都公议,呈官给示,据旧迹修之,稍幸有赞,奈为致网捕鱼者阴凿,致塭屡修屡溃,假竭万力之经营,不胜一人之蛀蠹,良可叹矣。

至泄渍口池,原系豆溪,自先人砌池伤害,议破久矣。郭明州慷慨而得纪,儒郭权亦捐题而不计思虑,一时善举哉。但未破则属是池,既破则属是溪,勿谓百年刻石,一记叙之,是亦天运人心这一转也。

我乡子弟,今后各宜按若据三都公议,如敢有破塭网利,砌溪捕鱼及一切妄为自残命脉者,众共呈究治,庶几得保塭,转浇还醇,无失古初遗意云。

① 陈天资纂修:《东里志》卷一"疆域志 · 水利"。
② 参见陈天资纂修:《东里志》卷四"人物志 · 乡贤"。

因镌碑以永垂不朽。

排年郭明朝、薛廷扬、薛伦、郭东镇、郭锡熙、郭金纯、郭存恺、郭益廷、薛维隆、郭文成、郭存俊、薛国禄。

乡绅生员薛石。

万历岁次四十八年季夏月①

《桑梓碑记》的碑文,说明:(1)在明代中叶,随着堤围的向外修筑,韩江三角洲平原中部,龙溪、东莆、上莆三个都的农田被围垦起来了。因为这些田园本来是海边沼泽,地势低洼。逢天旱,围垦区内河流流量减少,高潮期海潮沿河道上溯,田园遭受咸害,许多居民饮水也成问题。在河道上修砌塭关防咸,势在必行。碑文给我们讲述了曾厝尾塭关的兴废故事。塭关是在嘉靖前期由薛侃修成的,后来溃决,又经"三都公议",在官府的支持下重建,但是,经常有人偷偷破开塭堤设网捕鱼,以至塭关"屡修屡溃"。(2)碑文强调了堤防规则。严禁"破塭网利,砌溪捕鱼"。这一规则,也是保护堤防重要的规则。

(三)合理词讼是乡约的一项重要内容

合理词讼是明朝国家治理乡村的重要措施,并通过乡约来施行。明朝建立后,明太祖朱元璋十分重视用礼仪教化来引导民众,发挥里老人在乡里社会中的道德影响力,劝谕乡民和睦相处,以减少民间词讼,防止乡民越诉,加强对基层乡里社会的控制,洪武三十年(1397年)三月十九日,朱元璋于奉天门早朝"为教民事"诏谕户部尚书郁新等文武百官时说:

自古人君,代天理物,建立百司,分理庶务,以安生民。当时贤人君子,惟恐不为君用,及为君用,无不尽心竭力,效其勤劳。奈何所任之官多出民间,一时贤否难知。儒非真儒,吏皆猾吏,往往贪赃坏法,倒持仁义,殃害小民,致令民间词讼皆赴京来,如是连年不已,今出令昭示天下,民间户婚、田土、斗殴相争一切小事,须要经本里非同寻常人里甲断决,若系奸盗、诈伪、人命重事,方许赴官陈告。②

① 黄挺:《碑刻文本里的16世纪潮汕社会》,载《汕头大学学报(人文社会科学版)》2003年第1期。
② 《皇明制书》卷九。

并于洪武三十一年(1398 年)钦定并颁行了《教民榜文》。谓:

今出令昭示天下,民间户婚、田土、斗殴、相争,一切小事,须要经由本里老要里甲断决,若系奸盗、诈伪、人命重事,方许赴官陈告,是令出后,官吏敢有紊乱者,处以极刑,民人敢有紊乱者,家迁外化。①

《教民榜文》规定乡约“合理词讼”的受案范围是:

户婚、田土、斗殴、争占、失火、窃盗、骂詈、钱债、赌博、擅食田园瓜果等、私宰耕牛、弃毁器物稼穑等,畜产咬杀人、卑幼私擅用财、亵渎神明、子孙违犯教令、师巫邪术、六畜践食禾稼等,均分水利。②

为裁决乡约“合理词讼”的案件,在乡村设立了裁判场所——申明亭。洪武五年(1372 年),特令“有司于内外府州县及乡之里社皆立申明亭,凡境内之民有犯者,书其过,名榜于亭上,使人有所惩戒”。③ 申明亭由里老人主持,榜文第三条规定:“凡老人里甲剖决民讼,许于各里申明亭议决。”老人里甲理讼时,坐次顺序亦有严格区分,“其坐次,先老人,次里长,次甲首。论齿序坐,如里长年长于老人者,坐于老人之上”(第三条)。为保障这一裁决场所的威严,明律规定:“凡拆毁申明亭及毁板榜者,杖一百,流三千里。”④在裁决形式上,《教民榜》创制了一种独特的“群裁”制度:“本里老人,遇有难决事务,或子弟亲戚有犯相干,须令东西南北四邻里分,或三里五里众老人里甲剖决。如此(裁决),则有见知多者,是非自然明白”(第五条)。在裁决过程中,允许老人里甲“用竹篦、荆条量情决打”(第二条)。另外,里老裁决时不能将乡民拘禁或投狱,“老人里甲剖决民讼,毋得置立牢狱。不问男子妇人,犯事不许拘禁。晨则令问,晚则放

---

① 《教民榜文》,载《古代乡约及乡治法律文献十种》(第 1 册),黑龙江人民出版社 2005 年版,第 89 页。

② 《教民榜文》,载《古代乡约及乡治法律文献十种》(第 1 册),黑龙江人民出版社 2005 年版,第 91 ~ 92 页。

③ 参见台北“中央研究院”历史语言研究所:《明太祖实录》,1962 年版,第 1332 页。《沈寄簃先生遗书》。

④ 薛允升撰:《唐明律合编》卷二十六上《杂犯 · 拆毁申明亭》。

回，事若未了，次日再来听问。敢有监禁生事者治以重罪”（第十三条）。[1]

从《教民榜文》文中规定的乡约“合理词讼”可以看出，其所贯穿的一条主脉便是教民——劝民向善、使民和睦、尊上爱幼、敬老服德、和息无讼、互助互爱等。[2] 可以说，中国传统法律文化中有关劝谕教民的内容在《教民榜文》中基本上都有所规定，而这些规定直接体现于里老人理讼制度的各个环节。因此，“合理词讼”乡约是一个融礼义法则为一体、道德说教与刑罚制裁相结合、国家司法权与乡里司法自治互为表里的基层乡里自律性裁判制度的具体运用。

而《教民榜文》中“合理词讼”乡约的教化作用，在明代的潮汕地方是通过地方官绅举办社学而实现的。社学是所谓“小子之学”，其作用在于教化风俗。“民间幼童十五以下者，送人读书，讲习冠婚丧祭之礼”[3]，如陈白沙所说“贫富贵贱，才与不才共之，无所择于其人”[4]，可见社学的兴办与地方的教化有更为密切的关系。

因为社学“不列于官”，它的兴办及效益就取决于地方官的支持。嘉靖《广东通志初稿》卷十六“学校·社学”记载：

> 洪武初，诏有司立社学，延师儒以教民子弟。十六年，复诏民间立社学，正统元年，令各处社学，提学及有司严督劝课，不许废弛，其有向学者，补博士学子员。成化元年，复令民间子弟听入社学。[5]

正德、嘉靖之间，由于提学副使魏校（庄渠）、欧阳铎（石江）的督促[6]，潮州乡校活动比较正常地开展，除了成人的教化之外，童蒙的教育也取得一定的成效。

《井丹集》记载：

> （苏志仁）幼从群儿游里社中……稍长，好读《礼》。承德公使授之

---

① 参见郑小春：《明初徽州里老人理讼制度刍议》，载《厦门大学法律评论》总第21辑，厦门大学出版社2013年版，第78～80页。

② 参见韩秀桃：《〈教民榜文〉所见明初基层里老人理讼制度》，载《法学研究》2000年第3期。

③ 《明史》卷六九《选举志》，《二十五史》本，上海古籍出版社1986年版，第7959页。

④ 陈献章：《程乡县社学记》。

⑤ 戴璟：《广东通志初稿》，载《四库全书存目丛书》，齐鲁书社1997年版，史部187册。

⑥ 欧阳铎任广东提学副使在嘉靖二年（1523年），载《广东通志》卷七。

《礼》,日记数万言,间疏诸儒传注之失,宿学皆自为谓不及。及太守行社,策其文,果置异等,荐补博士弟子。……嘉靖丁酉以《礼经》举乡试,累再举,举甲展进士。[①]

潮州乡村社学的兴办和对童蒙的教育促进了地方教化,为“合理词讼”乡约的实现搭建了平台。

三、潮汕乡约的特点

(一)乡约中体现彰善纠恶的思想并内化为条规

前已述及,王阳明的心学对他的潮州籍弟子有很大的影响,其弟子薛侃在《传习录》中记录了他与王阳明的一段对话,问:“天地间何善难培,恶难去?”王阳明教导他说:“天地生意,花草一般,何尝曾有善恶之分?”“无善无恶理之静,有善直恶气之动”。表达了王阳明的善恶思想。而薛侃在制定的《乡约》中,也体现了彰善纠恶的规条。在薛侃的乡约图中有“圣谕”和“县谕”并列的“申戒”牌,它的内容取材于王阳明的《南赣乡约》。在《南赣乡约》末尾,王阳明规定了乡约约会过程的全部仪式,午饭后有一段“申戒”仪式:饭举,约赞起,鸣鼓三,唱:“申戒!”众起,约正中堂立,扬言曰:

> 呜呼!凡我同约之人,明听申戒,人孰无善,亦孰无恶;为善虽人不知,积之既久,自然善积而不可掩;为恶若不知改,积之既久,必至恶积而不可赦。今有善而为人所彰,固可喜;苟遂以为善而自恃,将日入于恶矣!有恶而为人所纠,固可愧;苟能悔其恶而自改,将日进于善矣!然则今日之善者,未可自恃以为善;而今日之恶者,亦岂遂终于恶哉?凡我同约之人,盍共勉之!

薛侃在他的《乡约》中规定的“申戒”内容如下:

> 呜呼!我同约之人明听戒:人孰无善,亦孰无恶?为善虽人不知,积之既久,而不可掩;为恶若不知改,积之既久,必至恶极而不可赦。今有善而为人所彰,固可喜,苟遂以为善而自幸,将日入于恶矣。有恶而为人所纠,

---

① 林大春:《江西按察佥事粤峰苏君墓志铭》,载《井丹诗文集》卷七。

固可愧，苟能悔其恶而自改，将日进于善矣。然则今日之善者，未可遽以为善，而今日之恶者，亦岂遂终于恶哉！①

薛侃还直接将“良知”的思想规定到乡约中。薛侃的《乡约续议》最后即规定了“良知”条文：

良知者，人心自然明觉处也。见父知孝，见子知慈，此良知也。遇寒知衣，遇渴知饮，遇路知险夷，此良如也。当恻隐自恻隐，当羞恶自羞恶，当恭敬自恭敬，当是非自是非，此良知也。人惟是欺此良知，则争讼诈罔，无所不至。若依而充之，知是则行，知非则止，有则曰有，无则曰无，人人自太古，处处自羲皇矣。竟有何事？②

他认为，乡约可以起到彰善去恶的作用。他说：

故愚以为，行约之便有十：官弗约则事繁，农弗约则力分，善者弗约则势孤，恶者弗约则祸延，富弗约则难守，贵弗约则难靖，贫弗约则易凌，贱弗约则易虐，老者弗约无以明其养，子孙弗约无以习成其德。若夫不便，则亦宥之。吏之墨者不便，民之奸者不便，约长之不得其人者不便。是故凡称其便者，则其为人可知矣。③

（二）潮汕乡约是乡村社会贯彻国家正统思想的媒介

国家正统思想要渗透到乡村社会，须经过乡村士大夫的努力，将正统文化思想付诸到实践中，在潮汕地方乡约推行中，将乡约作为乡村社会贯彻国家正统思想的重要媒介，彰显了潮汕乡约的特色。地方乡绅通过乡约图和乡约仪式，将“圣谕”与乡村生活相连，构筑起乡村的礼制秩序。

薛侃等人在潮州所推行的乡约，虽然着眼地方社会的自我管理，但也彰显了国家礼教对乡村的教导。

薛侃的《乡约》分为三部分：第一部分是圣谕、县谕、申戒、总约四项，这一部

① 《薛中离先生全书》卷十九。
② 《王阳明全集》，第603页。
③ 冯奉初辑：《潮州耆旧集》，吴二持点校，暨南大学出版社2016年版，第32页。

分是聚会中所要宣讲的内容，是《乡约》的核心；第二部分是约长约众序列图、分班相见图、彰善纠过图、社师童生进见图四幅图，用直观的图示将聚会读约之礼的聚会成员的尊卑关系表达出来；第三部分是约仪，是聚会读约之礼。薛侃在正文后面还附有《乡约续议》。在薛侃《乡约》中的乡约图和约仪首先是洪武皇帝的“圣谕六句”；其次又全文记录“县谕”和“申戒”的内容，而针对本地社会管理开列的申论县谕的“约议”22 条，放在最后。① 薛侃《乡约》中附有四幅“乡约图”和记录约会举行的仪式过程的“约仪”，更是十分形象地在我们面前再现了帝王和官师的权威如何在乡间百姓心中树立起来的经过。②

薛侃的乡约图（见图 1－4－1、图 1－4－2、图 1－4－3、图 1－4－4）。

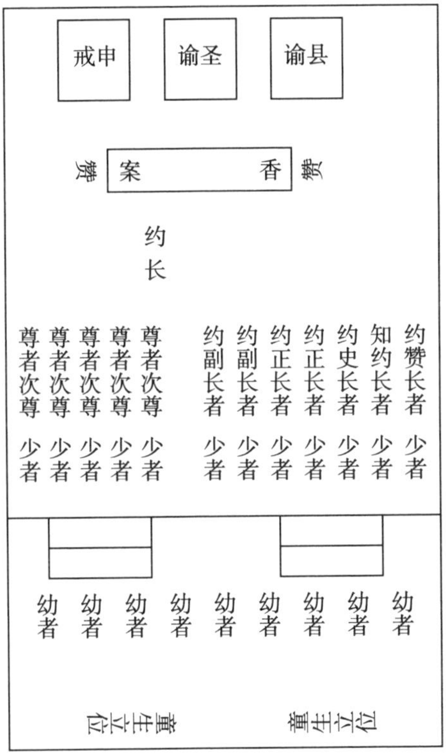

图 1－4－1 约长约众序列

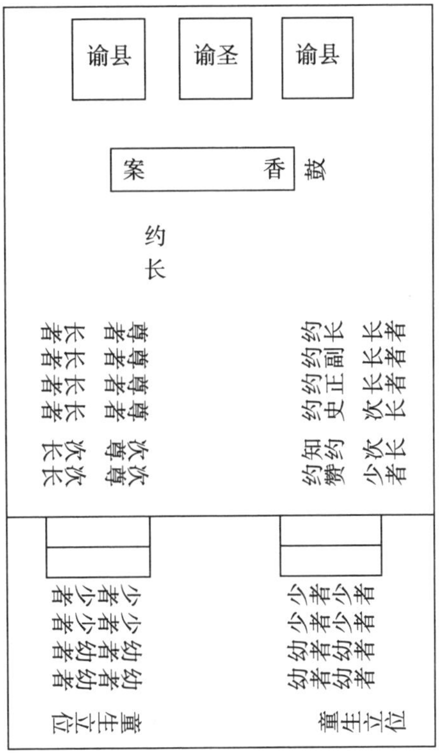

图 1－4－2 分班相见

① 参见《薛中离先生全书》卷十九。这 22 条约议的条目：冠婚，丧祭，祀先，闺法，蒙养，隆师，安分，谨盲，处事，待客，忍气，戒争，淫博，弥盗，节财，自立，复古，长善，听讼，均益，约长，良知。

② 参见黄挺：《〈南赣乡约〉在潮州的施行》，载《韩山师范学院学报》2013 年第 4 期。

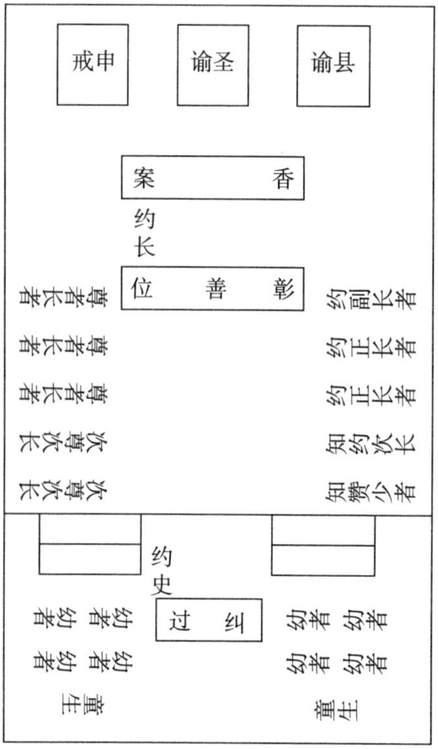

图 1－4－3　彰善纠过

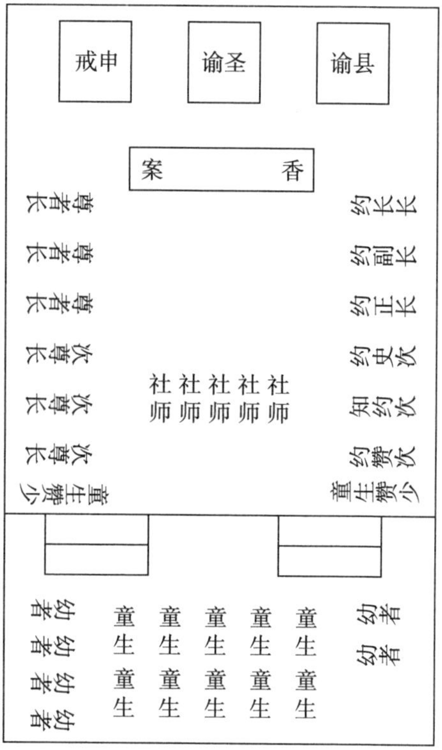

图 1－4－4　社师童生进见

上述图示，乡约有堂，下二级台阶是庭，约长以下，分尊卑长幼，序列于堂上庭下，而大堂上边，坐北面南，中间安放着圣谕牌，而两边是县谕牌和申戒牌。按照《乡约》所记载的“约仪”讲，约会的仪式是这样开始的：

会前一日，知约洒扫约所，设香案告谕牌，至日，同约毕集，鸣鼓三通，约赞唱曰：“序立，跪。读圣谕。”约正取牌南向，读毕。“俯伏，兴。读县谕。”读毕。约长扬言曰：“自今以后，凡我同乡之人，祇奉戒谕，齐心合德，同归于善；若有二三其心，阳善阴恶者，神明诛殛。”众答曰：“若有二三其心，阳善阴恶者，神明诛殛。”赞唱：“鞠躬，拜，兴。拜，兴。拜，兴。平身。”①

① 《薛中离先生全书》卷十九。

在仪式中,这三面谕牌,实际上是以话语形式标示出来的帝王和官师权力的象征符号。它们高高在上,"照临下士"。参加约会的约众,也恭恭敬敬地对它们膜拜不已。在这里,对帝王和对官师的礼拜,也有大差别:读圣谕的时候,约众要跪着,听完宣读之后,要对着圣谕牌俯伏行礼,方才起身。接下来约众站着听完县谕,发了誓,对着县谕牌鞠躬,三拜,平身。通过图示,约会虚拟了庙堂和官厅的环境,而那些甚至老死不入城市官府的乡下人,便通过仪式虚拟的内容,接受了以"礼"为核心的国家正统文化的理念,接受了帝王和官师的权威,也构筑起了国家与乡村之间的礼制秩序。①

(三)潮汕乡约将国家制度落实到乡村社会并借以增强乡约的权威

乡约实质上是一种官方力量与乡村官绅力量组合起来的村落联盟。乡约在乡村运行中,与国家制度相勾连,配合国家制度的落实,并借助国家制度以增强乡约的权威性。

乡约与保甲制度的配合。薛侃《乡约》所载"县谕"讲得很清楚:

> 县谕
>
> 谕曰:仰尔各役前去本乡约束保甲内人民,互相晓谕:父慈子孝,兄友弟恭,夫和妇顺。毋以妻为妾,毋以下犯上,毋以强凌弱,毋以富欺贫,毋因小忿而害大义,毋以新怨而伤旧恩。善相劝勉,恶相规戒,患难相恤,婚丧相助,出入相友,疾病相扶持。小心以奉官法,勤谨以办国课。毋作非为,毋学赌博,毋好争讼,毋藏奸恶,毋幸人灾,毋责人不备。事从俭朴,毋奢靡以败俗,毋勉强以邀名。毋论财而失婚期,毋当丧而设酒肉,毋久停棺,毋忍火化,毋作佛事,毋信妖巫。仍各用心修立社学,就为约所,公同选择良师,教子弟以孝弟忠信之行。毋利人酒肉而徇匪人。
>
> 又曰:每遇朔望,遣持铎一人,以教民榜文往来徇众,择日会同保甲内人民,聚于约所为约,凡有斗讼等事,即与和解,反复教导,开其良心,毋使陷于不义。劝善惩恶,各书于籍,约长掌之,每月终至二十五日,轮流二人至县论所以教民之道,其有民间疾苦,冤抑无从申告者,许合约之人,开具

---

① 参见黄挺、陈占山:《潮汕史》(上册),广东人民出版社 2001 年版,第 491 ~ 492 页。

实情,通来禀白。各要同心合德,秉公竭诚,务行教化,以成善俗。其余土俗未尽事宜,俱各从便处置。甲内人民,有不从约及阻挠行事者,一从约长区处。再三教训不悛者,呈官问究。但不得徇私灭公,损人利己,及分外生事,自亏本心。申问若有不体至公,阴济己欲,不惬众论者,许甲内人公同告易。告谕尔众,咸仰知悉。①

设置乡约是国家政令在乡村贯彻的结果。薛侃在他的《乡约序》中阐明乡约的设置是与国家政令相呼应的,是"自上行之谓政,自下行之谓约"。他说:

古之盛时,化性俗美,人人君子,无所事于约矣。自世之降,欲为善者,而寡其与,则就其类,互相规劝,是故约斯立矣。迨世又降,欲为约者,而寡其应,则必有在位之人,倡率纲维,是故约斯性矣。故自上行之谓政,自下行之谓约。其实一也。

保甲制度是一种政令,保甲制的施行是为了国家赋税的征收,也为保地方的稳定;而乡约制度是推行政令的辅助手段,乡约的施行是为了改变民间风俗,使之合乎正统文化理想。乡绅们在推行乡约时,总是把它和保甲相提并论。《惠来县志》所载嘉靖间知县林春秀的《乡约文》,②就记载有:

本县新设,礼教未敷,悖伦伤理之事,犹不免焉。是以风俗未正,讼狱繁兴。虽有司教导之无方,亦父老之教不先,子弟之修不谨。故尔,查得蓝田吕氏《乡约》,敦化厚俗,乃古口口,试之成规,虽近迂缓,实切体要,词简义备,行之可以经久为照。本县要务虽多,其关于理道之尤者,口先施行。乃今乡村设立保甲,防范周密。然政教贵于相因,民愚锢于习染。今将蓝田吕氏《乡约》,抄写一通。而以本县六事附于其后,如蒙准拟乞发下本县,刊刻成书。给付约长正副人等,着实举行。虽未必顿回淳俗,亦庶几渐靡之一端。申蒙分签佥事尤批:"据申具见本官为政之实,仰行本官照议施行。本道有此意久矣,恐诺司习为文具尔。尔口既为之倡,庶有闻而兴者

---

① 《薛中离先生全书》卷十九。

② 《潮州府志》卷四"官师部"有林春秀小传:"林春秀,闽县人,兴学校,招集流移,清理官地,在任四年,治绩多可纪云。"

乎！本官即刊刻成书，一本缴报。”蒙此，今将刊成书册，发仰约长正副等人，遵照着实举行。务要家喻户晓，耳提面训，以回淳俗，以臻实效。有所务约，须至册者。①

把乡约与国家制度连接起来，使得乡约的推行更加具有权威性，也可提高乡绅在乡村的地位。

第三节 潮汕宗法中的法律文化

家庭是社会的细胞。在传统的农业社会中，家庭作为基本的生产经营单位和生活消费单位，自给自足，自我封闭，具有较强的生命力，并在社会的发展过程中起到保守性营垒的作用。在中国封建社会，社会个体以宗亲关系聚合成族，同居共财的家庭被完整地纳入宗族之内，并在血缘联结的基础上建立较为广泛的各种社会联系，宗族共同体在促进传统的农业经济的发展、适应复杂多变的社会政治环境等方面具有更多的优势。同时，宗族共同体又保持了社会个体之间的血缘联系，在基本格局上与血缘家庭相仿，从而适应了中国农民历代相沿的伦常需要。宗族共同体所具有的双重特性使其自身具有更强盛的生命力。它深深扎根于基层社会，使封建的宗法原则物化为具体的社会组织，通过对宗族成员的直接控制来建立弥漫于基层社会的宗法秩序；同时，又通过对入仕从官、服务于各级政府机构的本姓族人的化导、约束，强化儒家伦理纲常的规范性作用，形成对国家上层政治社会的影响。

一、潮汕宗族的构建

宗族是指在血缘的名义下整合起来的，有规条约束，有利益联系的社会群体。② 宗族的构建是宋明理学家利用文字的表达改变国家礼仪，在地方推行教

① 《惠来县志》卷十七“艺文志”。

② 参见黄挺、陈占山：《潮汕史》（上册），广东人民出版社 2001 年版，第 422 页。

化和建立起正统性的国家秩序的过程和结果。①

宋代以后的宗族是民间自发组成的、以男系血统为中心的亲属集团。宗族成员同祖共宗并出一门;同时全体族人又是国家政权统管下的编民。宋以后宗族既不像夏商周三代政治关系与血缘关系高度统一的宗法政治制度下的一级权力机构,也没有像东汉以后讲究身份门第的门阀世家及割据一方的宗法豪强那样,与封建统治阶级上层势力的紧密联系;它联宗收族,在政治、经济和思想文化各个方面满足同姓族人的群体要求,进而达到在宗族内部定封建关系、维持社会秩序的目的。有学者认为,宋代宗族的构建是与科举制度相适应的。井上徹曾说,在科举资格和官僚身份不能世袭的制度规定以及家产均分的社会环境中,士大夫难以避免家庭身份和地位没落、子孙没落的宿命。为了克服这种宿命,宋代的士大夫从周代的宗法制中得到了启示,即如果建立一个由宗子领导的宗族集团,使更多族人能够脱颖而出,通过科举获得官僚身份,以防止家庭的没落,同时在科举制度下实现事实上世世代代官僚百出的"世臣"的理想,因此,宋代宗族具有作为官僚辈出的"母胎"这一重要特征。例如,范保淹创义庄,除保证族人的基本生活外,还具备教育子弟,支援族人参加科举考试的体制,从而帮助营造理想秩序。②

潮汕宗族在构建的过程中,也是将族谱追溯至宋代,因为正统文化对潮汕产生真正意义上的影响,是从宋代开始的。自北宋潮阳王生考取进士,陈尧佐为之高唱"海边邹鲁是潮阳",到南宋韩山兴建"八贤祠",崇祀潮汕本地文化先贤,在后世潮汕士大夫的心目中,闪耀着神奇的辉光,让人景慕。其实,对宋朝的追慕,体现了士大夫对正统文化的追慕,声称始祖是宋代官师,也反映着潮州人意识和理念上对正统文化的这种追慕。潮汕家族在修族谱中都将始祖追溯至宋朝,在这一时期宗族建构的潮流中是一种十分常见的现象,表达了这一时期潮汕民间真实的文化理念。因为士大夫及其宗族作为国家文化正统代表的

① 参见科大卫:《国家与礼仪:宋至清中叶珠江三角洲地方社会的国家认同》,载《中山大学学报(社会科学版)》1999 年第 5 期。

② 参见冯江:《明清广州府的开垦、聚族而居与宗族祠堂的衍变研究》,华南理工大学 2010 年博士学位论文。

地位,希望通过对宋代的追慕和始祖的身份而被确认。[①]

到了明代,朝廷更加重视礼对民众的引导。明初,太祖朱元璋敕中书省传令全国各地举荐素志高洁、博通古今、练达时宜的儒士至京,于洪武三年(1370年)修成《大明集礼》,朱元璋还曾颁布《圣谕六条》:"孝顺父母,尊敬长上,和睦乡里,教训子弟,各安生理,毋作非为。"都是有关宗族之事。宋濂提出了教化治理宗族从而改造社会的思想,他认为士人应担当起"化同姓之亲以美天下之俗"的任务。

明代,由于科举在潮汕的大力推行,形成了士大夫阶层。科举制度造成一定程度的社会垂直流动,使潮州传统社会阶层结构处于一种变动不经的态势之中。入明以后,潮州有许多宗族,例如凤陇薛氏、举丁翁氏、鹤巢李氏、茶阳饶氏、泗水周氏等,都是从一个普通的乡村家族,经过几代人的经济积累和文化积累,终于在16世纪前后,使本宗族的某些成员在科名方面取得了成就。当一个普通农家子通过科举而跻身士大夫阶层之后,除了通过封荫和免役减赋,提高整个家族社会经济地位之外,他首先要做而且必须做的事,就是宗族构建:修族谱,建祠堂,置立族田以赡族奖学,等等。

建构起一个宗族,除了有本支世系的谱录,还必须修建祠堂祖墓,添置族产族田,有致祭祀典,有训诫规条,宗族的建构本算完成。宗族是在血缘名义下构建成得网络组织,其核心在祠祭和墓祭,祠堂、祖墓及其祭祀仪式构成一个完整的象征体系,呈示着宗族内部的等级层次和权力分配。祭田除办祭之外,似乎没有解决社会救济方面的许多问题,其重要性在于保证二祭的进行维持了祭祀系统和祖先崇拜,还是从属于上述象征体系。族谱不过是在二祭参与的基础上,将宗族网络和象征体系文字化。作为一个完整的体系,宗族的等级层次和权力的呈示,必须与国家对乡村的治理秩序保持一致,才能保证其宗族建构的合法性,因此,在明朝潮汕宗族的构建中,体现礼教的精神,与国家的保甲制度相联系,也就成了潮汕宗族构建的基本遵循。

① 参见黄挺、陈占山:《潮汕史》(上册),广东人民出版社2001年版,第538页。

二、潮汕族谱中的法律文化

族(宗)谱宗秉是用来设定立族宗旨,展延宗族脉系,记录宗族大事的纲领性文件。[①] 宗族是以血缘关系为其内部构成的联结纽带,族谱是联结宗族共同体的根基,社会个体只有获得族谱,才能进入共同体,成为宗族的一员,而宗族也须凭借族谱才能组织个体而成为宗族共同体,从而实现对宗族的网格化管理。

(一)族谱修订以贯彻正统思想为宗旨

修订族谱是宗族构建的重要内容,要保持宗族的延续不衰,将礼教贯彻到修谱中成了潮汕士大夫的自觉行为。因为,在族谱的修订过程中,士大夫们将礼教为核心的正统文化作为修谱宗旨,这样既可获得官方的认同,也可在基层社会确立起自己的权威。下面我们以泗水周氏和大埔茶阳饶氏为例,分析族谱修订中贯彻的礼教宗旨。

泗水周氏族谱修订宗旨。泗水周氏是潮汕地方通过科举考试成为名门望族的代表之一。到周光镐这一代,宗族的建构已成为一种自觉。万历二十四年(1596年),周光镐以病乞归田。甫抵家乡,夙夜孜孜惟以尊祖敬宗为念,以故先修族谱。周光镐手订的《周氏宗乘》在《宗规》前面,先引用了明太祖的"六句教":

> 洪武三十年九月,令户部下令天下人民,每乡里各置木铎一,选老诚者,每月六次,持铎循于道路:孝顺父母,尊敬长上,和睦乡里,教训子孙,各安生理,莫作非为。

并阐述了他对这"六句教"的理解。他说:

> 古之所以教民者甚备。比间族党,间坐三老于里门,出入必以事察其衷,而纳之刑宪。遒人以岁孟春,振木铎于道路,宣其所以训诫者。今我高皇帝教民榜文是矣!

① 参见朱勇:《清代宗族法研究》,法律出版社2017年版,第11页。

顾有司视之以虚文，而又未能详绎其义，无能启发民间耳目志意。镐演而绎之，以与我族里遵而守焉，非敢自作训也。[①]

其意是要说明：圣祖早已经有教民榜文颁布，只是官府把它当成虚文，不能用它来教育百姓。官府的失职，我也难以全面去补阙，只能在这族谱里把它演绎一下，用以教育族人。这只是在奉行太祖圣谕，我并不敢自己随便教训人的。

周光镐在《周氏宗乘·宗规》的按语中还说：

镐幼孤，自侍伯兄教时，庭帏之际，所谈我祖我父相继遵祖睦宗之事甚笃，心切悉之。继而席庇，叨有禄位，奉职事中外几三十年。归田以来，则见族众日趋繁衍，未尝不念念喜也。然而亲睦之风少替，一二族姓，不闲于训，放僻邪侈。视予未起家时，相去迥甚，则又啮指而深思曰："是予之罪也乎！否则，何族中物业日厚，而礼教日衰也？"嗟嗟，亢宗非难，维宗为难；荣炫一时非难，垂裕于久为难。予不腆于德，自服官以来，持念不欺，所至颇以清惠得民，常俸之外，不敢以一物自玷。兵刑二者最易戕民，则孜孜以好生之念，尚虑少有暴殄，以划削祖宗元气。奈之何子姓弗念于此，而可恃以骄且逞也。此故今日所谆谆必恳于相告戒者。亦以族中尊长之命，愿望涤心相从，敦本崇礼，以永其传于无疆云。语曰："子孙才，族将大。"又曰："作善则降之百祥。"幸其念诸。[②]

上述文字表达了周光镐尊重礼教，用礼教导子孙的心愿。周光镐订立的《宗规》，包括：尊祠宇，重祀典，重宗子，重宗茔，重谱牒，敦本支，重节孝，重祭田八条，将明太祖的"六句教"贯彻其中，用具体的规范很好地体现了礼教的精神。

大埔茶阳饶氏族谱的修订宗旨。大埔茶阳饶氏也是通过科举考试成为名门望族的代表之一。饶金中举后甲子一周，嘉靖十四年（1535 年）茶阳饶相考中进士。浮沉宦海 20 年之后，嘉靖三十四年（1555 年）饶相因为家中的讼事辞官回籍，"从事睦族教子"之事。饶相家居 30 余年，凭着自己的声望和才干，把

---

① 《泗水周氏宗乘》"谱乘人·训规志"。
② 《泗水周氏宗乘》"谱乘八·训规志"。

自己的家族管理得很好，生活富裕，子孙们都接受了良好的教育。他的儿子饶与龄在万历元年(1573 年)考中举人，万历十七年(1589 年)又成了进士①。这个家的社会地位得到了进一步巩固和提高。潮州推官署大埔县令余炶记其事，说：

> 会封君有佃仆之难，公度狱起无辜，非亲赴之不免，遂引疾上疏求解官。……两台交章以公年才识可大用，奏下吏部行所司，候病痊劝驾。盖嘉靖乙卯，公年未五十也。公归，则封君之狱立解矣。叹曰，夫狱解则何私哉，余而不直我父之冤，谁当直者！怡然色养，不复涉世。睦族教子，为闾里造福，忘当世之虑。②

万历初，饶相又重修了族谱。过 20 年，万历二十一年(1593 年)，饶与龄再把族谱重修一次。③ 族谱的编修可以起到教化的作用。在重修《饶氏族谱》之后，饶相亲自撰写了《后记》，说明了编谱的意义：

> 既无谱牒可稽，于是，族之人始有交接于前，或昧于所自出，殆相视如途之人者多矣。夫途之人，喜不庆，丧不吊，婚烟不相助，贫乏不相周，患难不相恤，德业不相劝，过失不相规，其休戚得丧，漠然不相关涉。今族之人，虽有亲疏之杀，然皆吾宗祖之所自出。推吾祖宗之心，岂宜若是恝哉！是故士君子之处宗族，盖必不以薄为道矣。由是推吾祖宗之心，自吾父兄以上，至于族人之父兄，尊不同而敬同；自吾子弟以下，至于族人之子弟，亲不同而爱同。是故同此谱者，同此敬、同此爱也。敬爱之心既同，则其于喜丧之庆吊，以及婚姻、贫乏、患难，安得不相助相周相恤哉！相勉以善，同归于迪吉之休；相规其过，同免于从凶之咎。而敦厚之风，礼义之俗，霭然遍于同里矣。然则，族谱之修，岂非崇本善俗之一助哉！

饶相的种种努力，正反映了潮州士大夫在修订族谱中，施行教化的自觉性。

---

① 《潮州府志》卷五《科名部》。

② 大埔《茶阳饶氏族谱》所载余炶：《宪副三溪饶公传》。

③ 大埔《茶阳饶氏族谱》所载万历癸巳(万历二十一年，1593 年)饶与龄：《跋》。

(二)族谱的记载以男性为主凸显男权,并通过与旺族联姻壮大宗族势力

作为一个社会共同体,宗族与其所有成员皆结成一定的权利与义务关系。社会个体只有获得族籍,才能进入共同体,成为宗族一员。族籍的获得途径主要有两个途径:出生和婚姻。

宗族是以血缘关系为其内部构成的联结纽带的,因此,出身是获取族籍的最主要途径。宗族血统是以另半系为准,母亲不论为何方人氏,从其婚姻成立之日起,即成为夫所在宗族的成员,父母所生后代也取得同族族籍。族籍是通过修订族谱来记载的,而且以男系血缘为准,也体现了儒家的伦理纲常,在潮汕宗族的族谱修订中也是如此。黄挺教授在《十六世纪以来潮汕的宗族与社会》一书中,梳理了凤陇薛氏的族谱,叙述了一个普通的乡村宗族,经过几代人的经济积累,再通过文化积累,终于在16世纪前后,通过科举仕进,上升为本地望族,是潮汕三角洲的一个典型事例。①

与望族联姻壮大宗族的力量。《礼记》说:"婚礼者,将合二姓之好,上以事宗庙,而下以继后世也。"婚姻之目的首先在于传宗接代,次则沟通异姓间联系,这一观念为宗族普遍接受。为此目的,各地宗族皆严格实行族外婚制。族内通婚,直接影响下一代的体格和智力,"同姓为婚,其生不蕃",早已为古人所注意。而异族之间通婚联姻,可以由个别成员之间的婚姻关系推而广之,发展成两姓之间多方面的社会交往,从而各自加强本宗族的力量。联姻异族是大多数望族扩充自身势力的重要途径之一。在16世纪,在科举繁荣和宗族兴盛的背景下,士大夫利用婚姻关系组织更大型社会网络,以期实现更大范围的社会控制,变得十分引人注目。至今在潮汕最脍炙人口的,是翁万达、林大钦和嘉靖二十六年(1547年)进士陈一松娶孙氏三姐妹为妻的"三女贵"的故事。② 实际上,在16世纪中叶前后,在潮州地方把婚姻关系作为社会资源加以利用,已成为一种习尚。众多士大夫间的联婚,不但扩大了社会控制的网络,毫无疑义地,也使这

① 参见黄挺:《十六世纪以来潮汕的宗族与社会》,暨南大学出版社2015年版,第25~28页。

② 据《西林孙氏族谱》,孙天叙"三女俱配贵戚","一配兵部尚书翁讳万达,一配状元及第林讳大钦,一配柯",柯某不具名字,但非陈一松甚明。这一房谱中恰好缺了谱传,孙天叙生平事迹不明。我们只知道他是族副孔志龙(名镙)的侄子。

一网络盘根交错，日见牢固，扩大了宗族的势力。

三、潮汕宗祠中的法律文化

井上徹认为，宗祠是宗子通过祭祀祖先组织族人的地点。① 潮汕地方在建构宗族的过程中，士大夫们普遍有这样一种认知：推行以“礼教”为核心的正统文化，就可能获得官府的支持，从而在地方社会里确立起自己的权威，达到控制地方的目的。这种认知加强了士大夫们意识里的教化的自觉，使他们十分注意自己每一项举措的教化作用，建宗祠也是他们推行教化的目的之一。

（一）建宗祠的目的

《礼记·祭法》曰：“夫圣王之制祭祀也，法施于民则祀之，以死勤事则祀之，以劳定国则祀之，能御大菑则祀之，能捍大患则祀之。”也就是说，祖宗只要具有德、功、爵即可被祭祀。在潮汕，祭祖建祠也是构建宗族的重要内容。

周光镐在《泗水周氏宗乘》里指出建宗祠祭祀始祖的目的，也是崇礼。他说：

> 按礼，惟天子诸侯得祭其始祖，故祠堂惟太庙居中，群庙序昭穆以列左右。士庶人惟得祭四代，而不及始祖。如以高祖居中，曾祖以下从左右之列，则于高租尊矣，而曾祖称皆不得申其尊，子孙之心，终属未安。况高祖亲尽则祧，而乃居始祖不祧之位，于礼未妥。故今制士庶皆祀四代，著在令甲。如我宗祠，乃祀始祖先祖三代者，盖始祖非受姓之祖，乃始迁之祖，而先祖则奉其父祖以来迁者，故因先祖以推祀之，于是定为不祧焉。若先祖以下，则分居各房，自有四世代递迁而祠之，有无不能一焉。
>
> 批，湛甘泉先生曰：“人物莫不有始，谓祭始祖为僭，非也。自天子至庶民，皆有所始。牲牢祝帛之等，上下悬绝、其为反始之义则一焉。”或问亲人之义，尊贤之等？吕中石师曰：“礼者，庙祀上事四世，亲其亲也；始祖不祧，尊其尊也；有功德不祧，贤其贤也，隆杀等级，无非自然，故曰，礼所生也。”

① 参见［日］井上徹：《中国的宗族与国家礼制》，钱杭译，上海书店出版社 2008 年版，第 211 页。

则予大宗小宗祠庙,于礼合矣。①

周光镐还指出建小宗祠(家庙)的目的,也是要与礼相符,他说:

按礼,君子将营宫室,宗庙为先,盖指有爵者言也。祠祭则自朱文公。先生以为古人有禄,故有庙。庙不可僭,仍以祠堂易之。伊川先生曰:"古者庶人祭于寝,士大夫祭于庙。"今吾大宗之祠,仍曰"祠堂"者,遵旧也。而图溪小宗曰"家庙",盖以镐叨备九列,即未获跻上大夫秩,而恩命洊锡,祖称均受中大夫之阶,正与大夫祭庙礼合。故额曰:"诰封三代家庙"云。②

在大埔《茶阳饶氏族谱》中,饶相对自己同时修建大宗祠和小宗祠的行为,在引用礼经之后,作了如下说明:

事因世移,礼以义起。故本族特以始迁之祖为始祖,继始之正派为大宗。其余支分派别,凡有力能创建祠堂祀田,其嫡长子孙,以世承祀,皆可以为小宗。礼义相先,情爱相孚,贫乏相周,患难相恤,岂不为衣冠之族、淳厚之俗哉。若不知此义,虽或一时致身富贵,爵位轩昂,储蓄充滥,易世之后,无宗法以联之,礼义以率之,其子孙相倾以势,相戕以利益,虽骨肉之亲,亦已相视如途人矣。国无善治,家无厚俗,威由此也。呜呼!立宗祀先之时义大矣。③

立宗祀先意义之大,正在于它本身就是礼义之教的体现,有了宗祠,就可以避免后世子孙争夺势利,相倾相戕,从而使家有淳厚之俗,国致王道之治。

(二)宗祠的教化功能

1. 祭祖

宗祠最基本的功能是祭祀祖先,可以视为远古时期对祖先崇拜的延续,是对具有血缘关系的祖先纪念。"祠堂关系重矣,祀先祖于斯,讲家训于斯,明谱

---

① 《泗水周氏宗乘》"谱乘五·祀仪考·庙祀议"。

② 《泗水周氏宗乘》"谱乘五·祀仪考·庙祀议"。

③ 大埔《茶阳饶氏族谱》第七册"祠堂"饶相按语。

牒于斯,会宗族于斯,而行冠告嘉莫不余斯。"①在宗祠中进行的重要活动包括祭祀、聚会、议事、听训、修谱、成人礼以及将各种重要事件告知祖先等。其中,最为庄严、仪式性最强的当属祭祖了。

祭:有酒肉的祭祀,那牲祭。

祀:向神或神明供奉食物、酒类、番烛或珍贵物品作为祭祀的行为或举动。

《周礼·天官·酒正》中有大祭、中祭、小祭之说。郑司农注谓,大祭指天地,中祭指宗庙,小祭指五祀。

《礼记·祭统》:祭者,所以追养继孝也。祭祖强化了子孙与祖先的血缘关系的精神意义,也是孝道的表现。在历朝历代对孝道的倡导之下,在宋明理学的影响之下,到了明清时朝,对共同祖先的祭祀,被视为实现宗族和睦的有效方式。许多宗祠的碑刻上都有关于立祠祭祖的依据:

> 夫鬼神之游散也,每萃聚于祠庙,人心之涣散也,每萃于孝享,故家礼仪节,凡祀先祖者,不分远近亲疏,皆合享于一堂,合祀死者,所以萃聚生者也。况夫张子有千袷之义,而程子又云收族之义,只为祭祖相及,不然周之五百家之党,何以有荣,百家三族何以有辅,此亦先王教民睦也,甚矣。吾人之心固以孝享而聚,若夫聚而无礼,犹弗聚也,是必登斯堂者,祀神有节,而致爱主懿焉。长幼有序而起敬起让焉,诚如是也,则神无不格矣,人无不和矣。万季此礼乐,万年此嘉会矣,吾族之益大也,不以是哉!②

宗祠的意义首先是对于宗族的,在宗族成为一个整体之后,宗族—家族—房—家庭的层级关系得以建立。对于一个家族来说,祭祖是加强凝聚力和认同感的有效方式,加强宗族的组织程度有利于提高宗族在社会中的竞争力和在生产、生活中的效率,借助祭祖可以树立和传达家庭的意识形态,在通常情况下,家庭的价值观往往与国家的意识形成一致。祭祖是确认宗族尤其是具有象征意义的宗子身份的形式,并且通过组织祭祖活动来维护士族阶层对宗族的

---

① 嘉靖壬子(1552年)骆尧知撰:《骆族祠堂记》,载谭棣华、曹腾騑、冼剑民编:《广东碑刻集》,广东高等教育出版社2001年版,第94页。

② 谭棣华、曹腾騑、冼剑民编:《广东碑刻集》,广东高等教育出版社2011年版,第94页。

管理。

2. 宗祠在举行礼仪中进行教化

宗祠除祭祀祖宗外，宗族还有很多重要的公共事件在宗祠举行。例如，合族的庆典，议事聚会等。族人在宗祠的纪念性和公共性氛围中，在教育、赡养老人、赈灾等方面的福利性活动支持之下，逐步形成了对宗族的情感联系和心理上的归属感。

宗祠不仅对于作为一个集体的宗族有着重要意义，而且对于这个集体中的每一个族人还有着精神上的意义。由于子孙后代被看作祖先精神和生命的延续，因此其许多重要的事件都需要在宗祠里"告"知祖先，即作为一个庄严时刻的见证仪式，同时也是在祈求祖先的赐福。正德时方豪思作《郑氏祠堂记》，除在祠堂中冬至祭始祖，立春祭先祖外，其他的节庆和重大的事情也要在宗祠中举行并"告"知祖先，"而又元旦、中元、元宵、除夕、朔望、忌日以时告，而又以冠婚、丧葬、焚黄、生字、远出、远归以事告，而又以祀田之出入、祀品之罗设、祀仪之周折、祀章之载创、宗誓之丁宁，纤细不遗，称量举当，其制可谓定矣"①。因此，"告"就成为了个人与祖先在精神上产生联系的重要方式，除了一年之中的重要节日、纪念日和每月的朔望要在宗祠中举行仪式外，宗族中的添丁、成年、结婚、出远门和远出归来等都要到宗祠中告知祖先，并举行一系列的礼仪。

关于宗祠的礼仪，孔子就曾说，祭：如在，祭神如神在。也就是说，参与祭祀仪式的族人，怀有对祖先的虔敬之心，祖先就会与你同在，并赐福于你。《诗经 · 小雅 · 楚茨》中也曾记述了上古时期宗庙祭祀中人神交接、宗族联欢的情景：

> 济济跄跄，絜尔牛羊，以往蒸尝。或剥或亨，或肆或将，祀祭于祊。祊事礼明，先祖是皇，神保是飨。孝孙有庆，报以介福，万寿无疆。
>
> 执爨蜡蜡，为俎孔硕，或燔或炙。君妇莫莫。为豆孔庶，为宾为客。献酬交错，礼仪卒度，笑语卒获。神保是格，报以介福，万寿攸酢。

上述记载，叙述了为祭祀准备牺牲以及祭祀中众人与扮作祖先的神保饮

① 常建华：《明代福建兴化府宗族祠庙祭祖研究——兼论福建兴化府唐明间的宗族祠庙祭祖》，载《中国社会历史评论》（第 3 卷），中华书店 2001 年版。

食、笑语的情景。祖先由替身来扮演,称为"尸",祖灵参与到了祭祀的飨宴之中,享受了美食佳肴,并降福子孙。[①] 尸后来先被塐像,然后被神主取代。

在古人的生活中,有一些礼仪是非常重要的。许倬云在《西周史》中就曾论述过生活礼仪对周人尤其是贵族生活的重要性,如降生、成年、婚嫁、去世,都设有专门的礼仪,他说:"周人的生命礼仪中,不论哪一种,事实上都由族群成员共同参加,其重要性也是群体的。"[②]这些仪礼,都具有浓重的宗族色彩,表现出的社会关系意义是重于个人情感意义的,而这些仪式也大多在宗祠举行,因为宗祠是将相关的人和事"告"知祖先的场所,也表征着这些仪式是祖先见证了的,因而也就能获得祖先的赐福。具体的礼仪我们以冠礼、婚礼和丧礼为例加以说明。冠礼是男子成年的礼仪,载于《仪礼》"士冠礼"及《礼记》"冠义"中,加冠共三次,其中第一次加冠(爵弁)是在祭祀的场合举行,也是"告"知了祖宗。婚礼根据《仪礼》"士昏礼",婚礼的次日需要"庙见",这就意味着婚礼并非新婚夫妇两个人的结合,而是结两姓之好、延续宗嗣,承载着家族的期望和责任。丧礼则是厘定亲疏、伦序、等级关系的重要场合,也是为了建立祖先与生者之间的过渡的重要礼仪。

其实,在宗祠中所举行的祭典活动,是履行礼的要求。孔子就曾说过:"夫礼,先王以承天之道,以理人之情,失之者死,得之者生,故圣人以礼示之,天下国家可得而正也。"在孔子看来,礼是天道也是治国之道。《论语·学而》中记载了有子的话:"君子务本,本立而道生,孝弟也者,其为人之本与!"曾子说:"慎终追远,民德归厚矣。"这些都表达了孝悌和崇敬祖先的观念,为后世的祭祖提供了理论支撑。后世许多礼制方面的规定以及祠堂在宗族组织、见证宗族重大事件和见证宗族成员人生重要时刻的作用都可以追溯到西周时期。由于历代统治者对儒家的尊崇,礼也因此成为国家正统。礼序云:"礼也者,体也,覆也。统之于心曰体,践而行之曰履。"礼不仅是观念,还要身体力行。一系列的礼仪,建立了人与灵的沟通,祖先与子孙的联系,宗亲之间的情义,是建立同族之谊,加

① 参见许倬云:《西周史》,生活·读书·新知三联书店2012年版,第八章第七节。
② 许倬云:《西周史》,生活·读书·新知三联书店2012年版,第八章第七节。

强宗族认同感和凝聚家族成员的纽带，当然同时也是明确等级秩序和亲疏关系的有效方式，而宗庙则是举行典礼的重要场所，通过敬宗实现收族，这关乎整个家族的福祉和成败，也是履行礼的要求的重要形式。

在潮汕地方，万历二十九年(1601年)周光镐亲自和长房侄、宗子周笃主持了家庙的祭祖仪式。《泗水周氏宗乘》保留着仪式整个过程的记录：

> 庙成请主人祀祭仪节、告词、祝文，迎主先期斋戒。至日，具果酌仪香烛，主人偕长房子孙诣先寝龛前，焚香启椟，参神，鞠躬，四拜、兴，平身。跪、上香、奠酒、读告词。

这一段是祭祀前的准备和礼节，表达了对祭祀的虔诚和恭敬。下面是正式的仪式：

> 维万历二十九年岁次辛丑正月庚子朔，越六日乙巳，曾孙光镐，玄孙笃弼、笃棐，敢昭告于曾祖考妣、显祖考妣、显考妣曰：
>
> 繄维图溪之里，乃我毅祖肇基，实维根本重地，越兹祠庙告成，卜于首春人日，恭迎神主，驾旋故里，入居新庙，永受明祀，以衍庆衍，谨以酒果，用申虔告。
>
> 鞠躬拜兴凡四、平身。
>
> 前一日，具舟楫于河干，先期备二彩亭，一奉主椟，一安诰敕。列香案，仪从于前，主人暨子孙随从于后。至日，主人具三牲酒馔香楮于庙门外，致祭本祠门神。参神，鞠躬、拜，焚香，奠酒，读祝曰：
>
> 维万历年月日，信官大理寺卿光镐，谨以牲醴之仪，祭于图溪诰封家庙司门之神：庙门维新，中门洞启。维神是司，阖辟至止。相我骏奔，介于福祉。牲醴敬陈，神其鉴之。尚飨。
>
> 鞠躬、再拜，再献，三献，礼毕。启门。主人卒迎于河干，前列鼓吹。前导神亭至，由左垣门入。主人同众序立于庙门两旁，鼓吹止。司鼓者鸣鼓三声。主人升中堂，启椟。主人跪告："请主入龛。"俯伏、兴，奉主入龛。小掩中门，陈设齐备。司鼓者鸣鼓三声。启门。鸣鼓三通，毕。众咸列。
>
> 通唱：序立，从卑幼起。参神，鞠躬，拜、兴(凡四)，平身。盥洗。引唱：

诣盥洗所，谐酒樽所。

司樽者举爵酌酒。谐香案前。跪，上香，祭酒，奠酒，俯伏、兴，鞠躬，拜、兴，拜、兴，平身复位。

通唱：行初献礼。引唱：诣盥洗所。

盥洗。诣曾祖考神位前跪。献币，祭酒，奠酒，俯伏、兴，平身复位。（祖考同）。进馔，读祝文。

引唱：诣读祝位，跪。主人以下皆跪。读祝曰：

维万历二十九年岁次辛丑正月庚子朔，越八日丁未，曾孙（同前）敢昭告于曾祖考妣、显祖考妣、显考妣曰：

圣人立庙，在《易》有萃涣之文；大夫继宗，于《礼》重始迁之祖。惟我曾大父，植德肇基，启图垂裕。既我王父，疆土益增，植德弥茂。爰生考君，浚哲发祥，名弁省魁，学登道岸，继先志以敬祖睦宗，传一经以启後光前。用是膺三锡之貤典，荷四代之纶章，嵇礼制允为不祧，溯功德尤宜特享。乃陬北区之地，爰新百世之图。俨膂神爽，来格来游于故乡。敬陈牲俎，以妥以侑于新祠。愿祈嗣续于无疆，以永蒸尝于不替。尚飨。

俯伏、拜（凡二），平身。

行亚献礼（同初献）。

行三献礼（同前）。

通唱：进馔。

侑食，诣香案前，鞠躬、拜（凡二），平身，复位。凡祭于此时，宜饮福，今初入庙，未敢当此。

辞神，拜（凡四），平身。焚祝文。读祝者奉祝。司帛者奉帛。执事者以楮钱从，至燎位就焚。主祀以下者则身向之。焚毕，鼓吹。主人偕执事奉主入龛。掩龛。撤馔，执事者谐神位前下箸移馔，令少退。

礼毕。自主祭以下咸向上一揖，掩寝门，行团拜礼。[1]

从上述记录我们可以看到，宗族在举行祭祖仪式中，沟通人与神的具体场

---

① 《泗水周氏宗乘》“谱乘五 · 祀仪考 · 祠庙议”。

景。也许我们在实际生活中没有参加过这类庙祭的仪式，但从上引文字里，都可以感受到从这一套仪式符号里渗出来的浓烈的庄严和敬畏的意味。仪式本身就是教化的象征，周光镐如此恭敬地躬身践行，体现了他建构宗族躬行礼教的苦心。

3. 在宗祠对违礼乱纪族人进行惩处

宗族祭祀是尊祖教的重要活动。子孙“面对”祖宗，反省自身的所作所为，并进一步在意念中体会祖宗的嘱托和期望，以不断修正自己的现世行为，在现实生活中，在自己的躯体上再现祖宗之光。宗族祭祀同时又是全体族人聚会的盛大节日。小户农民日出而作，日落而息，独立从事自己的耕织生产。通过祭祀聚会，他们不仅能交流信息，沟通感情，而且也为他们宣泄各自的群体意识提供了方便。对于宗族领袖们来说，通过宗族祭祀，可以强化自己代祖宗立言、代祖宗治族的特权地位。要求族人对先世祖宗的崇拜，实质上是强制族人对现世权贵们的服从。另外，在宗族领袖们看来，祭祀也是检阅自身权力的极好机会。在宗族日常活动中，宗子、族长、族耄等宗族领袖们各有分工，主持族务，排难解纷。但他们作为一个整体，仍然没有多少机会在全体族人面前表现自己的权力和地位。通过对祭祀活动的组织和主持，宗族领袖们充分表现自己的权力，抬高自己的地位。全体族人在祭祀活动中各得其所，因此，每次祭祀皆得到全族上下的通力重视。在祭祀祖宗的典礼上，个别族人的违礼越分行为不仅是对祖宗的不尊，也是对全体族人的挑衅、对宗族领袖权力的藐视，因此，各地宗族法均严惩不贷。

宗族组织性的加强除了有经济收益作为驱动力之外，还需要建立相应的宗族内部秩序，也就是实现睦族。睦族并非强调族人平等，而是以礼教的推行来建立士大夫主导的宗族秩序和乡村秩序。宗祠是商议家族公共事务、实现宗族自治的场所，宗族在税收、赋役的管理等方面具备基层政府的行政职能，甚至具有司法功能。“国有国法，家有家规”，根据这一规则，家族拥有了一定的司法权。对于明清时期的潮汕来说，以总体上的无讼为社会理想，以此作为社会清明的表征。但在家族内部，没有纷争是不可能的，但家丑不可外扬，尽量将纷争或者有违礼法的事件在家族内部解决，成为大多数宗族的共同理念，而宗祠也就成了解决族内纷争和违法事件的场所，在宗祠处理这些事务被看作“当作祖先的面”，似乎有祖先的眼睛在看着所有的当事人，促使主事者公正决断，有纷争的双方能据实陈情，做出不轨行为的族人能坦白自己的过错并承担应得的惩罚。族规还规定，族人有酗酒赌博荡废产业者，当恶痛绝，严加惩戒，故违者送官治罪，不可轻恕。① 由于宗祠中有祖先在精神上的在场，给在宗祠的司法活动增加了威严感。

在潮汕，薛侃在薛氏宗族的《祠训》中，就有对宗族礼仪秩序的训辞：

> 凡我宗亲，咸听祠训。为父当慈，为子当孝。为兄者必爱其弟，为弟者必敬其兄。士农工商，各精其业。冠婚丧祭，必循于礼。守法奉公，隆师教子，亲朋有义，闺门有法。务勤俭以兴家，务谦厚以处乡人。毋事奢侈，毋习赌博，毋争讼以害俗，毋酗酒以丧德，毋以富欺贫，毋以下犯上，毋因小忿而失大义，毋听妇言而伤和气，毋发粗言，毋责人不备，毋为亏心之事以损阴骘，毋为不洁知行以辱先人。善相劝勉，恶相规戒。依此训者，祖宗佑之，鬼神福之，身必康寿，家必昌隆。违此训者，自罹灾咎，悔之无及。②

上述祠训表明，薛侃注重用儒家的礼仪教化来维护宗族秩序。在宗族内部，要求遵循儒家的父慈、子孝、兄友、弟恭；宗族外部的士、农、工、商各安其分，其行为遵礼而行；并提出了禁止奢侈、赌博、酗酒等12项规劝。其目的是用宗祠的祠训建立起儒家的礼仪秩序，以维护乡村的治理秩序。

四、潮汕宗族规制中的法律文化

“治家犹如治国”，“家之有规犹如国之有典也，国有典则赏罚以饬臣民，家有规寓劝惩以训子弟，其事殊，其理一也”。③ 宗族权贵在长期的治族过程中认识到无规不足以统族。早在东汉时期，宗族族规就已存在。三国时魏人田畴率族聚居，“为约束相杀伤、犯盗、争讼立法，法重者至死，其次抵罪，二十余条”④。

---

① 《西林孙氏族谱》所载《宗法规条》。

② 薛侃撰：《薛侃集》附录二《祠训》，陈椰编校，第416～417页。

③ 《（安徽太平）仙源东溪项氏族谱》卷一《祠规引》。

④ 《三国志》，《魏书》卷十一《田畴传》。

宋明以后,宗族组织在乡村的基础社会普遍建立,调整宗族的各种社会关系,以国家律法、民间习惯及纲常礼教为遵循,制定族规,并以宗族自身的力量和国家的力量为后盾,强制宗族成员遵守。在潮汕族规的法律文化中,我们选举了宗族的组织管理规制和宗族财产规制进行阐述,是因为组织管理是一个宗族长治久安的基础,而宗族财产的设置则更是一个宗族构建必不可少的要件。这两者也与前已述及的宗法乡约相联系,体现潮汕乡约宗法与国家制度的连接,是国家治理基层的延伸。

(一)宗族的组织管理规制

由于各宗族户众人杂,事务纷繁,因此,一般皆设有独立的管理机构。按照级别高低与事务分类,宗族机构分作两套管理系统。一是族与房二级机构分别行使大小不同的宗族事务管理权。[①] 互相之间存在上下级的统辖关系。族由同一始祖之下所有成员组成。房是同宗之下的血脉分支,各房最高祖是出自同一始祖的同胞兄弟,房的组成以五服亲属为主。房下有家,但家是宗族社会的最小血缘单位,不构成一级管理机构。一族常包括数房,各房有自己的一级管理组织,统归族机构领导。二是族房二级机构之外,根据族内事务性质,还设立不同的单项机构,以分别处理各种具体事务:宗子主持祭祀,庄正管理族产,族长通管全族事务,兼管宗族司法等。单项机构直属族机构领导。光绪元年(1875年),萧山管氏宗族重建各级机构:家长一人,统掌全族事务;宗子一人,主持中元之祭;每房设立一房长,辅佐家长行事;总理一人,执掌宗祠事务;通纠二人,察一族之是非。[②]

一般来看,在宗族的族规中规定了宗族机构的人选标准和产生程序。宗子承祭统,由长房长门嫡长子继承,他人一般不得僭越,而族长、房长、庄正等,则根据一定标准,由全体族人公推众举。

在潮汕,如西林孙氏族长的拥立,就遵循了族长选举的一般规则和程序,也是潮汕地区比较有代表性的,在《西林孙氏族谱》的《孙氏宗盟录》中记录了正

---

① 族房二级机构的名称,因地而异,有称族、户,家、户,户、房,户,支的,但分级原则基本相同。

② 浙江萧山《管氏宗谱》卷四《祠规》。

德十三年(1518年)孙鋹与族众在祖庙会盟,推举大宗子孙浩为族长的全过程:

众子孙鋹等,保大宗子浩为族长,曰:"惟木有根,根则深,是故其荫则远;惟水有源,源则浚,是故其泽则长。伏念我祖叔谨公,福建漳人也,登宋嘉定进士。历官为潮守,民德之,立祠城南。祖月潭公自漳来省祖庙,因家焉。传至于今才八世,而子孙百有余矣。振振绵绵,咸食余庆,深哉浚哉,诚足徵也。但虑枝叶繁衍,人心不一,贫富强弱不同,亲疏大小有异,倡为族长之举,严立万世之规。"

于四月朔,合族梳沐,诣祖庙,会众推选其人,佥曰:"大宗子浩,可以当厥任矣。诚敬慎密,齿德俱尊。敛之而身修,推之而家齐,施于有政,特易易耳。"鋹等伏跪拜请,至再至三,大宗子且逊且辞。盖事不可以苟且,慎始斯可以成终。《易》曰:"劳谦,君子有终,吉。"大宗子有之。合族以为得人。择兹良辰,谨具牲醴,敢告祖宗神庙,敬备币帛牺牲,同立保词,请就其任。

然事之出于旁午,恐劳一人之艰,立族副以辅之,复择,有才德者为旗正、族照、族史,分治其事焉。自一本而至于无穷,一遵族长之命令。自一事而至于万事,一循族长之公处。万一有背逆不遵者,族长曰可弃则弃之,曰可恕则恕之,敢有悍愎不悛者乎。

族长既立,是家之有主,正犹本之有根,水之有源也。它日子孙千万,不迷其源,不失其序。其式相好而无相扰,世相敬而无相亵。富不欺贫,强不凌弱,亲不间疏,大不慢小,上下安然,皆曰:"此族长之功也。"其荫不亦远乎?其泽不亦长乎?

呜呼!自立族长之后,众皆唯唯听命,尚相欢勉,成始成终。

上述记录告诉我们:(1)设立族长的目的,是要聚合人心,统领族众。因为,孙氏宗族繁衍已有八世,子孙也有百余,"但虑枝叶繁衍,人心不一,贫富强弱不同,亲疏大小有异,倡为族长之举,严立万世之规"。(2)担任族长的条件和程序。担任族长者,是"大宗子",且"诚敬慎密,齿德俱尊。敛之而身修,推之而家齐,施于有政,特易易耳"。也就是自身是有德有能之人。其程序先是在宗族聚会时,由宗族成员进行民主推举,即“于四月朔,合族梳沐,诣祖庙,会众推选其人”。推举出候选族长后,还要去“伏跪拜请”表示恭敬,候选族长推辞再三后应允。最后,择良辰吉日,在宗庙举行庄严的仪式,宗族就位。“择兹良辰,谨具牲醴,敢告祖宗神庙,敬备币帛牺牲,同立保词,请就其任。”这个仪式中值得我们注意的是“敢告祖宗神庙”,即“告祖宗”,我们在前面“宗祠中的法律文化”已举行过分析,“告祖宗”其实表达的是沟通人和神的联系,以增加结果的权威性和威慑力。(3)选出并组成了宗族的管理机构。(4)表达了族长的产生对宗族的意义,即“族长既立,是家之有主”,更为重要的是宗族“不失其序”。也就是说,有了族长及组织管理机构,才能使一个家族“富不欺贫,强不凌弱,亲不间疏,大不慢小,上下安然”,实现宗族的长治久安。由此,我们也明白了为什么族长的选举需要如此慎重而庄严了!因为这是宗族兴衰的头等大事。

《孙氏宗盟录》所记录的宗族管理机构,与乡约机构的设置是雷同的。在前面分析薛侃的《乡约序》中提到过乡约设立的管理机构,是乡约机构里设立约长、约副、约正、约史、知约、约赞等职事人员。他们的职责:

> 乡立约长以总其救,约副以助其决,约正司训诲,约史主劝惩,知约掌约事,约赞修约仪。月朔会民读约讲义,开其良心,又彰其善,纠其恶,以振劝之。①

在孙氏族谱的《宗法规条》里宗族管理机构中,也设有族长为尊,族副辅之,又有族正、族照、族史,分治其事。对于各自的职责,有具体的规定:

> 族长乃一族之纲领也。尊祖重家,举任厥职,须整齐严肃,谨守礼法,以统御宗族。分之以职,授之以事,咸依家规,悉照条款,而责其成功。以一人之心,感化众人之心,以众人之心,默契一人之心。由一本散于万殊,会万殊于一本。虽宗族甚众,于吾固有亲疏,然吾祖宗视之,则均是子孙,固无亲疏之别。苟心祖宗之心,则顽愚者安忍弃之而不教,饥寒者安忍舍之而弗恤哉?凡我族人,毋怠毋忽。

---

① 《潮州府志》卷十二。“知约”原作“约知”据上下文和《乡约》文例校改。

族副以助族长，统理一家之事，自处端庄清慎，以至诚待下。一言不可妄发，一行不可妄为，庶合古人以身教家之意。临事之时，宜察察而明，毋昧昧而昏，以量容人，常视一家如一身可也。如其有失，举家随而谏之，必诚必敬，毋伤和气。任事以族正辅之。

族正以辅族副，兼理一家之事，以明敏果断为主，为族众之仪型，责任甚重。须德业相劝，过失相规，愤悱者以启其聪明，顽愚者以化其悔悟，使知亲亲长长之义，有相好而无相扰。事未平者释之，忿未消者解之。如其不悛，族照举而行之。若教养不及，责亦难辞。

族照以举善恶，查理一家之事，要廉静果决，详审精密，以为一家之视戒。不可顾忌不言，亦不可恣肆妄言。在上者犯颜直谏，不从会谏。在下者教以人伦大义，不从则责之，又不从则会族正族史，以礼诲谕之。谢过改罪，月朔则书于籍。其争辩不服与终不能改者，绝之竟不许阴相交接，俟三年能改者复如之。如族照隐而不举，或举而非实者，众告祠堂易之。

族史以纪善恶，笔削一家之事，要刚正公明，以起一家之敬畏。有善公言之，有不善亦公言之。月朔举行则书于籍。如称人之善而过其实，扬人之恶而损其真，众告祠堂易之。

立劝惩簿，族史掌之，月书功过。造二牌，一刻“劝”字，一刻“惩”字，下空一截，用纸写某有某善，某有某恶，粘牌上。将牌悬于祖祠，以为善善之劝，恶恶之戒。

从上述宗族管理机构的设置和职责我们可以看到，宗族和乡约管理机构是大致相同的，本来宗族的管理机构是管理宗族内部事务的，没有必要设立与乡约大致相同的管理机构，但是，因为在中国古代的乡村，宗族的治理其实承担着国家基层治理的一部分职能，与乡约体现的国家维护乡村秩序的目标是一致的，因此，与乡约相同的组织机构设置，可以获得官府的认同和支持，从而确立其合法性和权威性。

（二）宗族的财产规制

宗族从其构建之始，就具有经济共同体的性质，因此，宗族的财产是构建宗族必不可少的组成部分。北宋名臣范仲淹首倡在宗族内设立义田祀产，各地宗族纷纷响应，并建置名目繁多的宗族公产，包括义田、祀产、祠田、义庄、学田、墓田、尝产等。清人张永铨说：宗族财产中较为基本的是祭田、义田和学田。

1. 祭田

祭田，有时候也称祀田、蒸田、蒸尝，一般都依附祠堂置办，田租的收入，主要用于族谱的宗法规条里祖祠和祖墓的祭祀。祀田可以是子孙有田产者：

> 祠堂者敬宗者也，义田者收族者也。祖宗之神依于主，主则依于祠堂，无祠堂则无以安亡者。子姓之生依于食，食则给于田，无义田则无以保生者。故祠堂与义田原并重而不可偏废者也。①

祀田除了是为祖先置办的，也可以是有田产者另立宗支而为自己置办的。宗族繁衍以后，祀田由各房轮收，祭品被子孙分享。在16世纪的潮州，当宗族组织在乡村社会普遍出现，掌握在宗族手里的较大数量的祀田，为乡村基层社会提供了一定的保障。

在潮汕地区宗族的构建中，名门望族和一般的平民家族都普遍购置祭田。例如，潮阳泗水周氏的族田置设。

泗水周氏为一方望族。购置祭田的目的，周光镐讲得很清楚：

> 不肖季孙光镐，叨有禄秩，以官守斤斤无厚积，力不能以供厚赡同本，居恒歉疚，仅于祠茔效力之余，置此薄业，以供我祖赠公享祀。凡我子孙，幸世守而毋弁髦视之。②

也就是说，祀田的置立，除了为享祀祖宗之外，还可用来赡族。

在《泗水周氏宗乘》谱乘五《祀仪考》，就记录了周氏的“祀田”：

> 大宗承节公祭田，共计田地一百五十二亩三分，租谷一百九十八石二斗五升，银二两七钱。三大房轮收，寅年长房，卯年次房，辰年季房，以后巳长、午次、未季，申长、酉次、戌季，亥长、子次、丑季。岁供立冬庙祭，清明墓

---

① 张永铨：《先祠记》，载《皇朝经世文编》卷六十六。

② 《峡山周氏族谱》第22页载：“延尉祖自创有普宁县青洋山等处粮田一百三十七亩五分，带晚租粟二百一十一石。”

祭。前有私典祭田,越次代办者,今革永为定规。

小宗梅叟公祭田,共计田地一百三十二亩四分八厘,租谷二百五十石七斗三升,银二两三钱四分。先以五房轮收,今查第二房故绝,定为四房轮收。丑年长房,寅年三房,卯年四房,辰年五房,以后巳长、午三、未四、申五,以此类推。岁供立春庙祭,清明墓祭。因前有私典代办,混紊房序者,查革来历附后,永为定规。香灯田一十六亩九分六厘,丈过一十四亩二分四厘,带租三十石又地七分。坐泗港大宗祠右畔,宗子自住。

小宗五房四世祖纯斋公,五世祖龙律公祭田,共计田园一百零四分一厘,岁纳租谷一百二十八石五斗,银六钱,二房轮收。丑年长房,寅年次房,以后卯长,辰次,以此类推。岁供二祖考妣墓祭。长房在泗港有前厝后厝,次房在桃溪有南厝北厝。次房则西畔宅一支,前此轮收,如遇长房,则又以北厝前厝一年,再轮又南厝后厝一年。间隔三年,恐传久遗记,不若共分共办之便也。因登记于此。

(小宗五房六世)松隐公,(七世)简朴公祭田,共计田四十二亩五分四厘,岁纳税谷五十六石五斗,园七亩五分,租银三钱,又坛一条,带租银五分,二房轮收,子年长房,丑年二房,寅年长而卯年次,后以此类推。长则泗港前厝后厝,次则桃溪北厝南厝也。岁供清明墓祭,俱系先年收租,次年应办。而长次分房,又各自轮云。

小宗(五房)八世毅然公祭田,共计五十六亩零,带租一百石。二房轮收,丑年长房祭收,寅年二房祭收,后卯长、辰次。以此类推。岁供忌违,春秋庙祭墓祭,轮流世守应办,永无荒坠。

(小宗五房九世)赠参政图溪公祭田,共计田四十六亩九分零。坐落后英庄,带租积官,一百一石一斗五升,以三房轮收。岁供忌讳券秋二祭及清明募祭。轮序则子年长房,丑年次房,寅年季房,以后卯长、辰次、巳季,以此类推,依次无繁无失。

小宗(五房十世)乡贤参政西山公祭田,共计田地二百零九亩一厘,带租谷三百石。以三房轮收。岁供忌讳春秋二祭清明墓祭,并修理坟茔之需。轮序则子年长房,丑年二房,寅年季房,后卯长、辰次、巳季,以此推轮。

子孙世轮世守，水无荒坠。如有变置废失者，以不孝律之。

沙溪公附祭田地二十一亩二分七厘四毫，带租三十三石一斗七升，随宝林公蒸尝，三房轮收，供办祭墓忌讳之资。

这些祀田，大概是周氏历代置立。①

为了更好地管理这些祭田，防止私相买卖，使他们在祭祖养族中发挥更大的作用，周光镐在万历间归田后，还重加整顿，并记载到族谱里的。在“小宗梅叟公祭田”一条后面，说明了整顿的理由和办法：

镐按：大宗小宗祭田，各房私相转卖者，不止一二。如小宗梅叟公祭田，卖与大宗二房，乃以大宗代办小宗祭卓，于拜享分胙时，甚是混乱不便。梅叟公派下五房，后二房故绝，祭田当以四房轮收办祭，方为正理。今长房、四房私买绝房分田，反多轮收蒸尝年分，于理不通，于事甚舛，法当追取历年办祭外多收子粒。但因举正无人，糊涂掩耳，今姑从革正，以后四房次序轮流，永为定规。②

又如，潮阳豪山陈氏祭田的置设。

潮阳豪山，即今天的汕头市河浦区河浦乡，是一个单姓村。豪山陈氏奉宋咸淳年间任湖州知府陈憺为开基祖，陈憺之父陈津为始祖。③ 据《豪山陈氏族谱》载，这个宗族在宋末的一、二世祖当过官，到清代乾隆年间也出了举人。但是，在明代，豪山陈氏并未有人出仕，可以看作一普通乡村平民宗族的代表。

从14世纪到16世纪，这个宗族购置了大量的田产，分属大宗和长房、二房以及四房各小宗。这个宗族的祭田，可参见表1－4－1。④

---

① 在《峡山周氏族谱》第43页，六世祖松隐公的传记里，就讲到松隐公“于父祭葬不吝厚费，立蒸尝田一百二十亩”。

② 《泗水周氏宗乘》谱乘五《祀仪考》附“祀田”。

③ 参见《豪山陈氏族谱》，1944年重印清嘉庆二十年(1815年)本，谱序之部第2~3页，卷一第8~9页。

④ 参见黄挺、陈占山：《潮汕史》(上册)，广东人民出版社2001年版，第390~391页。

表1-4-1 潮阳豪山陈氏族田置产

世代	置产人	生卒时间/年	置产内容	归属	页码
四世	观保	1311~1376	创立祭田一百一十余亩	长房小宗	1.11上
	观福	1315~1387	设棉田村及本里田二百余亩,狐狸井园二十号,山一套,池二口带墩一所	四房小宗	1.12上
六世	琼	1417~1482	自抽田租五十石,池一口,立为已时忌之需	四房小宗	1.15下
	林氏	1417~1492	抽奁田九十亩,坐潮尾云处,立为祭田	四房小宗	1.15下
	珊	1422~1505	重建大宗祠,抽田四十亩,池一口,立为蒸尝大宗	—	1.16上
七世	彬	1440~1522	重建大宗祠,同钦、岑等同积祭银买祠前大池,田八十亩,凑人始祖蒸尝	大宗	1.17下
	彬	1440~1552	同缨等捐资五十金,买田二段,为豪山公祭田	二房小宗	1.17下
	缨	1457~?	重祖爱宗,增祭业,举书田	?	1.18下
	钦	1443~1514	族兄彬积大宗祭银,共增祭业	大宗	1.19上
	钦	1443~1514	自创田园山塘数百亩为已蒸尝	四房长	1.19上
八世	宗理	1458~1520	积小尝祭银,捐八十余金,买地一所,与暖、德禄,德元等复出祭银四百两,建小宗祠,买祠前池凑入蒸尝	长房小宗	1.22上
九世	逢仁	1486~1520	创祭租百余石,立为已妣尝	四房三之二	1.27下
	逢义	1470~1529	与兄、侄将支分田二百三十亩,凑人祖妣蒸尝	四房三	1.27下
	暖	1465~?	同族长延爽修砌桥耳洋荒田八亩,凑入始祖蒸尝	大宗	1.29上
	暖	1465~?	正备庚辰,同族弟为美、德元等竭力会领祭银四百余两,创建祖祠,又买祠堂前鱼塘一口,凑入蒸尝	长房小宗	1.29上 1.30上
	公望	?	嘉靖己丑,立义田以兴文教	大宗	1.29上
	为美	成化己亥生	领祭银十五两,买带米荒熟山埔一套,砌筑成业,增入始祖蒸尝	大宗	1.30上
	朝藩	?	父被贼害,为置蒸田十余亩	四房三之四	1.37上

从表 1－4－1 可见，豪山陈氏一族，自开宗到 16 世纪，人口也不过 500 余人，[①]他们购置了大量的祭田，这些祭田，对于这个宗族来说，除了祭祖，更多的是用于宗族的社会保障。

2. 义田、学田

义田，是用于救助族人的宗族田产。在地方文献里，义田通常是指用以赡济族中贫苦者的族田。陈天资在其所撰的《小宗祠堂碑记》里说，“三溪君……增置各祖蒸尝祭田，又创立义田，以济族中之贫者，立学田以教族之子孙”[②]。

对于宗族义田、学田的设置目的，潮汕的族谱中都有记载。例如，隆庆五年（1571 年）饶相在捐置族产后，制定了相应的管理规条，并说明了置产的理由：

予观古人达则兼善天下，穷则兼善万世，斯大圣大贤之事业，杳不可及矣。若夫达则致君泽民，德庇一方，退则立德立言，化行一乡，斯其次也。达则树勋扬名，泽及郡邑，退则励行崇礼，推所有以济及一族，亦其次也。仕虽不显而行谊无玷，或虽不仕而乐善好施，能修本业以淑其子孙，抑又其次也。其虽登名仕籍，有玷官常，退处山林，务为封殖，视族人之休戚，渺不相涉，斯则市井存心，与草木同腐，风斯下矣。

予自髫年游心艺圃，见范文正公设立义田以赡其族，心窃慕之，顾力所不逮。自登仕以来，逮今垂四十年，拮据缔创，始克成此志。乃于隆庆辛未之春，将所有物业，虽非常稔之产，顾其水旱颇无虞者，拨出五倾，将税声粮亩，另立薄籍，交付族长族副，专司出纳。于内以三分为率，将二分为义田以赡族之患难贫苦者，将一分为学田，以济族之贫而。有志向学者。其敛散之方，施予之则，差输之费，各有条规以，以为遵守。若乘公持平，周恤得宜，将见饶氏之族，子孙咸习诗书，族人咸知礼义，其于保宗善俗，未必无少裨。而祖宗在天之灵，亦借以少慰矣。

然粒入不多，若子孙繁衍则支费不敷，子孙若有策名仕籍，禄积稍赢，

① 《豪山陈氏族谱》谱序之部第 3 页载清乾隆四十年（1775 年）该族第十五世孙陈泰年《纂修旧谱补订序》说：“吾族旧谱……自一世至十世，共五百四十余人，十一世记而未毕。”

② 大埔《茶阳饶氏族谱》第七册。

仍冀扩充增立，以广其数，庶泽施斯溥，足以垂诸久远云。①

从上述设置族产的理由中，对义田和学田都有明确规定，设置“义田”，是“以赡族之患难贫苦者”；设置“学田”，是对宗族中“有志向学者”的资助，也是乡村士大夫赡族保宗的社会实践行为，是把理学正统的观念推行为社会实践，承担社会责任的表现。士大夫们应该“随吾之有，仁吾族，由亲而及疏”，以保障乡村基层社会的安定，由此表现出了士大夫在基层社会取代国家“长养小民”的思想和行动的自觉。

义仓同义田有所关联。义田的收入须有储藏处所，这处所称为义仓，如元代徽州程致和的“割田五百亩为义廪”②。万历二十四年（1596年），周光镐归田潮阳，为了赡济宗族、邻里的贫穷者，也曾设置义仓。他在《置赡族里社仓记》里写道：

乃于山斋之麦自择己地，建仓一所，捐租一百石，谋之诸侄式教、式时、式季，各拥共计二百石，择族弟国辉、侄式学二人，素公平有义行，专司莞钥敛散。酌立事例，效文公当年遗法，每石贷与人户，仅收息二斗，岁大歉，则免其息而征其本。每年将所收之息计若干，山院肄业者，岁赡师友灯油若干，族中贫甚、良葬量助若干，婚聘量助若干，孤寡不能糊口者，春冬量给若干。间如偷荡废业，非为无耻者，虽贫不给。邻男则但轻贷而不能概赈者，力有限也。至如贫困仓卒不能棺殡，亦量给之。③

从上述记载可知，义仓基本的功能，是用它的息入，来资助进学、丧葬、婚聘，赡济孤幼、寡妇。实际上和义田一样，也为乡村基层社会提供一定的保障。而且，仓谷的贷出，平时每石要收息二斗，而“岁大歉，则免其息而征其本”。可见，宗族成员在平时从宗族公产所获得的这种社会保障，在灾荒之年进行社会救济的意义更大。

---

① 饶相：《家规序》，见大埔《茶阳饶氏族谱》第七册。

② 贡师泰：《跋程氏遗安义学本末》，《玩斋集》卷八。转引自常建华：《宗族志》，第380页。

③ 周光稿：《置赡族里社仓记》，载《泗水周氏宗乘》编修委员会：《泗水周氏宗乘》，诸乘十《撰述志》，1995年内部印行。

学田是为资助愿意进学而经济拮据的后代子孙置办的。宗族成员通过进学和科举获得功名,进入上层社会,提高整个宗族的社会地位。这一观念,促使宗族对族中愿意读书的成员提供各种支持,主要是经济上的支持。在潮汕,有的宗族就将资助族人进学规定为宗族成员必须遵循的规条,如《龙溪陈氏族谱》就有这样的规定:

进学,大宗支靴、袄银三两应付;谒圣庙,每人具贺礼一钱,家裕及情厚者听之;谒祖庙,每一房俱一帖总请,如未赴席,亦止颁胙,后免再请。

乡试,每位每丁助省费三分;会试,助京费二钱。综事之人,醵敛之家,应从厚行。①

宋明时期潮汕的宗法,从宗族的构建、族谱的修订、宗祠的建立到族规的修订,贯穿于其中的核心就是要用礼教来维护宗族内部的秩序,并使之与国家治理基层的制度保持一致,即用礼教来教化民众,用保甲制度来保障国家的税收。在潮汕宗法的践行中,凸显了士大夫进行教化的自觉,士大夫作用的发挥,也提高了他们在乡村中的社会地位和治理中的权威。

① 《龙溪陈氏族谱》第一辑第 11 页《家规摘录》。据此谱前作于顺治十七年(1660 年)和康熙三十六年(1697 年)的两篇《序》《家规》录自旧谱,因此我们说此材料“可能出自晚明”。

第五章　潮汕侨批中的法律文化

侨批是海外侨民与家人联系时使用的特殊家信。在潮汕方言中,“信”也称为“批”。在“华侨”概念出现前,潮汕地区已经习惯把海外侨民寄回的家信称之为“批”、“家批”或“番批”,随着“华侨”概念逐渐普及,侨民与家人互通往来的“批”被统称为“侨批”。由于土地贫瘠,潮汕居民不得不到海外谋生,将赚到的钱附于信中一并寄回家乡,逐渐形成侨批这种信款合一的特殊信件。随着潮汕侨民数量增加,传递侨批成为一种重要的民间活动,潮汕侨批的发展植根于民间,带有浓郁的地域文化属性。在侨批的撰写与传递中,由民间法发展而来的规范逐渐成为规制侨批的基础,而不同时期国家对侨批的法律规制,又使其纳入了国家法的管控之下。潮汕地区以规制侨批为中心,形成了民间法与国家法的互动,孕育了内容丰富的法律文化,潮汕侨批档案的发掘,拓展了我们认识中国传统法律文化近代转型新的视角。①

侨批是华侨移民史、创业史及广大侨胞对所在国和祖国经济社会发展所作贡献的历史真实见证,有深刻的文化内涵。潮汕侨批是侨批文化的重要组成部分,家族文化的沁润奠定了潮汕侨批产生的基础,也为侨批纠纷的调处提供了保障。家族文化中的商业诚信理念和规则为纠纷预防提供了特有的文化资源;自力救济、侨批行业公会调解、公堂调解、盟神查案、适用无过错赔偿原则等调处纠纷的方式,在当下仍有一定的借鉴价值。在中国特色社会主义进入新时代之际,坚持德法共治,弘扬侨批文化,发挥其在基层治理中化解纠纷的功效,具

① 参见张洪林、薛锐:《从习惯调整到国家规制:潮汕侨批法律文化透析》,载《华南师范大学学报(社会科学版)》2018 年第 1 期。

有一定的现实意义。[1]

第一节 家族文化浸润的潮汕侨批

“侨批”是华侨先辈与家乡亲人联络的一种信、汇合一的特殊邮传载体。早年,广泛分布在福建、广东潮汕地区及海南等地。闽南话把书信叫“批”,闽南华侨与家乡的书信往来便是“侨批”。侨批是华侨移民史、创业史及广大侨胞对所在国和祖国经济社会发展所作贡献的历史真实见证,有着深刻文化内涵。潮汕侨批是侨批文化的重要组成部分。“侨批是出国谋生的潮人,寄回唐山(家乡)赡养胞亲和禀报平安的一种‘银信合封’,即所谓‘汇款家书联襟’的民间寄汇。”[2]侨批作为潮汕海外侨民与家乡侨眷沟通联系的主要方式,伴随潮汕海外移民而产生。“宋、元时已有潮汕先民移居海外,近代以来,潮汕先民冒险前往东南亚等地谋生者,更是源源不绝。”[3]起初侨民与侨眷的通信和汇款只能委托返乡的熟人捎带,随着海外侨民规模的壮大,出现了专门传递侨批回国并以此谋利的职业水客,18 世纪末又在水客业的基础上出现了专门经营侨批业务的侨批局。清末以来侨批被纳入国家法律的管控之中,[4]但民间侨批业务未被禁止,侨批仍多由民间传递。潮汕侨批历时久远,业务繁多,但其间因侨批发生的纠纷却不多见,即便纠纷产生,调处也相对简单。究其缘由,实乃潮汕侨批承载着浓厚的乡情,发轫并兴盛于民间,家族文化沁润着侨批的根基,构筑了侨批纠纷化解的独特方式。但目前还尚未见到从法律史的视角探讨潮汕家族文化对侨批纠纷调处方式的研究成果。潮汕家族文化构筑的纠纷调处方式的探寻,揭示了潮汕侨批产生的文化根基,从法律文化的视角展示中原地区法律思想对偏远

---

① 参见张洪林、朱腾伟:《家族文化构筑的潮汕侨批纠纷调处方式探析》,载《广东社会科学》2019 年第 2 期。

② 陈训先:《论侨批的起源》,载《华人华侨历史研究》1996 年第 3 期。

③ 王炜中:《初析侨批情结》,载《汕头日报》2005 年 5 月 23 日,第 C02 版。

④ 参见张洪林、薛锐:《从习惯调整到国家规则:潮汕侨批中的法律文化透析》,载《华南师范大学学报(社会科学版)》2018 年第 1 期。

地区的影响,但潮汕地区由于受地理环境的制约,法律文化又烙上了自身的特性,凸显了潮汕地区与中原文化之异同,这也成就了研究潮汕法律文化特色的又一路径;潮汕家族文化构筑的侨批纠纷预防和化解方式的解析,具有挖掘地方特色法制资源、丰富中华法文明内涵的重大理论和现实意义,也可为实现党的十九大报告提出的推动中华优秀传统文化创造性转化、创新性发展提供借鉴。①

一、潮汕家族文化的形成

钱穆先生在《中国文化史导论》说:“家族是中国文化一个最主要的柱石,我们几乎可以说,中国文化,全部都从家族观念上筑起,先有家族观念乃有人道观念,先有人道观念乃有其他一切。”②在潮汕侨批的产生中家族文化为其奠定了基础,家族文化的影响在潮汕侨批中更加凸显,家族文化衍生了潮汕侨批民间法规则,也为潮汕侨批纠纷的预防和解决构筑了文化屏障。

家族文化在中国有着悠久的历史,“家族文化从商周时代开始,经过漫漫历史长河的冲刷、洗礼,至明清时代,终于积淀成为一种内涵并体现着国民价值观念的文化形态”③。潮汕家族文化的形成也非朝夕之事,其形成过程也受到了诸多因素的影响,形成了具有地域特色的文化。

儒家思想的影响。潮汕偏安岭南一隅,远离政治中心,因此也就远离了大型社会动乱,自古以来潮汕地区就是中原移民躲避战乱的理想安家之所。中原的移民带来了丰富的中原儒家文化思想,“宋元时期随着北方移民大量进入潮汕地区,潮汕成为以中原移民文化为主体的地方,到明朝时期,儒家文化已成为潮汕社会的主流文化”④。儒家文化中的“三纲五常”,对潮汕家族文化的形成产生了重要影响。三纲中的“父为子纲”,所谓“身体发肤,受之父母,不敢毁伤,

---

① 参见张洪林、朱腾伟:《家族文化构筑的潮汕侨批纠纷调处方式探析》,载《广东社会科学》2019年第2期。

② 钱穆:《中国文化史导论》,商务印书馆2007年版,第51页。

③ 刘柱彬:《略论中国古代家族文化的特质》,载《法学评论》1999年第1期。

④ 陈晓东、适庐:《潮汕文化精神》,暨南大学出版社2011年版,第19、21页。

孝之始也;立身行道,扬名於后世,以显父母,孝之终也"①。所要求的是孝道,孝顺父母为孝道的起点,个人成就为孝道的终点;五常之中强调"礼",以对祭祀的重视,强化祖先崇拜,强调家族归属感与家族团结,"凡治人之道,莫急于礼。礼有五经,莫重于祭"②。尤其是儒家文化中推崇的"修齐治平",将个人抱负与家国情怀熔融合一,突出了家庭责任的重要地位。经过中原移民的传播与践行,儒家文化思想逐渐被潮汕居民接纳并融合成为潮汕家族文化的核心内容。

自然地理内部环境的影响。"一种地域文化的形成,受到诸多因素的制约,其中,地理因素(自然环境)是基础的、先决的因素。"③潮汕家族文化的形成与潮汕自然地理内部环境密切关联。潮汕地处我国东南部,区域内东北、西北多高山,东南面海,是一个内陆比较封闭的地理区域,人多地少的矛盾突出,导致潮汕人须出洋谋生;且潮汕地区日照长、气温高、降雨集中、台风频发,还经常面临海患、地震、虫害等自然灾害。在不利的地理环境与频发的自然灾害面前,潮汕人只有聚集力量,才能战胜困难,因此团结是其生存所必需,潮汕人紧密团结在家族内部,家族团结因此成了潮汕家族文化的重要内容。家族的团结和人们的交往,需要诚信来维护,因此,潮汕人对于诚信推崇备至。"信"本是儒家"五常"的要求,所谓"人而无信,不知其可也"④。诚信首先是家族成员之间日常交往的需要,如果家族成员之间不能诚信相待,就不能产生家族内部团结的凝聚力,如是尔虞我诈,也就无法战胜现实困难;同时,诚信也是家族对外交往的行为要求,家族要维持生存与发展,就需要与其他家族之间诚信相交、保持良好关系,否则就会遭到排斥甚至是被迫迁移,因此家族不允许其成员因一己私利的不诚信而影响整个家族。在多种因素共同影响下,诚信逐渐成为家族文化的重要内容。而随着诚信观念的深入骨髓,潮汕人在家族活动以外的商业行为等其他活动中,也同样坚守诚信观念。与家族团结和诚信相辉映,和谐理念也被吸收入潮汕家族文化中来,家族内部成员之间要相互谦让、和谐共处,不同家

---

① 《孝经》。

② 《礼记·祭统》。

③ 陈泽泓:《潮汕文化概说》,广东人民出版社2001年版,第1页。

④ 《论语·为政》。

族之间的交往也要与人为善、避免纷争，因此强化了潮汕人的无讼观念，并成为潮汕家族文化中的一部分。

自然地理外部环境的影响。潮汕地区东南部临海，具有较长的海岸线，为潮汕人提供了“靠海为生”的便利。海洋给潮汕人带来了丰富的物产，但也夺去了许多人的生命与财产。潮汕人在频繁的海上活动中亲历了海洋的变化多端与神秘莫测，逐渐认识到人的力量在变幻海洋面前的脆弱和渺小，因此潮汕人对海洋抱以恐惧心理，产生了对神明的敬畏。由于长期的恐惧不安，潮汕人不自觉地把生存的希望寄托于神明，希望通过对神明的敬畏与服从，得到神明的保佑和帮助。潮汕人对神明寄予的是精神依托和情感依赖，敬畏神明成为潮汕人的精神支柱与文化特质，成为潮汕家族文化的重要内容。

诸多因素的影响，使潮汕地区形成了丰富独特的家族文化，家族文化以润物无声的方式对潮汕人的生产生活、行为方式、精神世界产生了重要影响，而具有鲜明地域特色的潮汕侨批便是在家族文化的沁润下产生的。①

二、潮汕家族文化的浸润催生了潮汕侨批

潮汕侨批是潮汕地区外出谋生的侨民寄回家乡的“信款一体”的家书，暗含着潮汕文化的沁润。由于潮汕地区深厚的家族文化，到海外谋生的侨民十分重视家族责任与家族情感。在当时，虽然没有国家法律规定对家庭赡养的强制义务与责任，但家族文化产生的强大驱动力，促使侨民自觉履行家族义务，主动与国内侨眷联系，并及时将银款送回国内家中供养家眷。从根源上说，正是潮汕家族文化的沁润才催生了潮汕侨批。

潮汕家族文化对潮汕侨批的催生作用，可从潮汕侨批“银信合封”中窥见。“银信合封”中的银即批款，其主要功能在于接济家眷、支持宗族，这是家族责任的直接要求，也是家族文化的根本要求。潮汕侨民外出不只为寻求个人发展，更是因为生活所迫而出洋谋生，且出洋侨民多为家中青壮年劳力，目的就是赚

① 参见张洪林、朱腾伟：《家族文化构筑的潮汕侨批纠纷调处方式探析》，载《广东社会科学》2019年第2期。

钱以接济和赡养家乡侨眷。

在家族责任意识下,侨民一旦在外获得收入,便会立即寄银回家,以缓解家中困难。而待到侨民务工收入充盈或经营有所起色之时,侨批批款更会源源不断寄回家中。这些批款不仅是为了满足家庭生活基本需要,还会用于修建房屋、修筑祖坟或用于家族子女教育等。进而还有用于扶困济贫、修桥筑路等支援家乡公共事业建设。《潮州志・实业志・商业》对此有直接描述:"潮人仰赖批款为生者几占全人口十之四五,而都市大企业及公益交通各建设,多由华侨投资而成,内地乡村所有新祠厦屋,更十之八九系出侨资盖建。"①可见批款对于潮汕地区经济民生的影响,从而也反映了侨批是为了满足侨民承担家族责任的需要。

潮汕侨批"银信合封"中的信是家信,其主要功能在于传达对家人的思念,维系家族情感,这也是潮汕家族文化的内在要求。潮汕居民遵守儒家孝道,重视尊卑长幼顺序,即使海外侨民也自觉遵守孝道要求,重视家族情感维系。离家的侨民克服艰难险阻外出到陌生的海外他乡寻求生计,在家族情感的作用下牵挂家中亲人,担心亲人生活中的各种问题,同时也深知家乡侨眷对外出侨民的牵挂与担心。在孝道文化要求下,唯有通过递寄侨批家信进行情感沟通交流,寻求心理慰藉。即使侨批家信中只有简单的几句语言,也饱含着对家族亲人的强烈思念。晚清嘉应州(原为潮州府程乡县)叶家三兄弟自光绪七年(1881年)至宣统二年(1910年)存世的共95件侨批批信中,除个别附带写给亲朋外,绝大部分均系寄给母亲钟氏的家书,②充分体现了对尊卑长幼顺序的遵守,这些批信以问候家人和向母亲禀报务工生活情况为主要内容,表达了对家族亲人的思念挂怀,尽显孝道文化。

潮汕侨批的产生源于侨民对潮汕家族文化的认同,而潮汕侨批的存续与发展,也离不开侨批从业者对家族文化的信仰。③ 侨批所承载功能的实现依赖两个外部因素,一是海外侨民的发批行为,二是侨批从业者的送批行为,二者缺一

---

① 饶宗颐总纂:《潮州志・实业志・商业》,潮州修志馆1949年版,第74页。

② 参见潮汕历史文化研究中心、侨批文物馆编著:《馆藏晚清侨批选读》,暨南大学出版社2017年版,第6页。

③ 本文所称侨批从业者包括水客、侨批局开办者、批角或批伙(二者均为侨批派送员)等从事侨批传递业务的所有人员。

不可。纵使侨民因对家族文化认同而积极发批,但若没有侨批从业者受家族文化熏陶约束的安全送批,侨批不能从侨民手中到达侨眷家中,潮汕侨批也将无法存续发展。因此,当侨民或侨批从业者对潮汕家族文化的认同发生变化、减弱甚至不复存在时,侨批自然难以为继。“随着海外潮人认同的转变,侨批和侨批业走向终结是必然的结果。”①家族文化对潮汕侨批的作用不言而喻。②

三、潮汕家族文化衍生了潮汕侨批的民间法规则

潮汕家族文化对潮汕侨批的催生、要求与指引,使侨批在传递过程中形成了民间习惯,民间习惯经过时间与实践的涤荡,逐步演变为明确且固定的民间法规则,在侨民、侨眷与侨批从业者之间形成了稳定的权利义务关系,成为规范侨批的法制基础。从潮汕侨批业的发展历程来看,侨批主要是依靠民间法予以规制的,而“侨批传递中的民间法是由侨批传递中的习惯发展而来的”③。潮汕侨批的民间法规则较多,其中适用广泛且作用较大的主要有两方面,一是侨批传递中的“回批确认”规则,二是侨批同业公会加强侨批保护的规则。

“回批确认”规则是民间法对潮汕侨批业的保障规则。早期侨批活动中,为保护批款并确认批款送达,侨民与侨眷之间产生了通过回批确认信款送达的习惯,由此逐渐形成了回批确认规则。侨眷收到侨批后需要写回批交给水客,再由水客把回批交给发批人,通过“发批—收批—回批”完整程序的履行,保障侨批安全送达。潮汕侨批同业公会加强侨批保护的民间法规则,是对侨批传递安全的更大保障。由于侨批信款合一的特点,侨批派送过程中时常面临乡间盗匪等外在风险,为此,侨批同业公会通过其章程确定了保护侨批的民间法规则,从奖励、抚恤与惩罚三个方面,贯彻了权利、义务、责任相一致的原则,有效地发动了乡民保护侨批,完善了侨批保护的民间法。对提供帮助保护侨批免遭抢劫、盗窃等危险的乡民,同业公会给予一定数额的金钱奖励,其章程规定:“当场拿

---

① 杨锡铭:《侨批业的兴衰与海外潮人认同的变化》,载《潮州日报》2007 年 12 月 7 日,第 C02 版。

② 张洪林、朱腾伟:《家族文化构筑的潮汕侨批纠纷调处方式探析》,载《广东社会科学》2019 年第 2 期。

③ 张洪林、薛锐:《从习惯调整到国家规则:潮汕侨批中的法律文化透析》,载《华南师范大学学报(社会科学版)》2018 年第 1 期。

获正贼送官说实判罪后,每获贼一名由本公会奖赏花红银国币二佰元。"[①]而当乡民怠于保护侨批时,同业公会有权要求乡民承担剿灭劫匪和赔偿批款的责任,甚至停止收发该区侨批作为惩罚。

潮汕侨批民间法规则的效力发挥,需要强制力作为保障,虽然侨批民间法规则没有国家强制力作为后盾,但依然能够有效实施,其强制力恰恰源于潮汕侨批所承载的潮汕家族文化。潮汕家族文化不仅是潮汕侨批产生的根因,也是侨批存续发展的支撑,其衍生的民间法规则又是侨批的法律保障,家族文化还为侨批纠纷的解决设置了文化屏障。[②]

第二节 潮汕侨批的民间法规制

潮汕乡土社会中的侨批活动主要依靠民间法规制。在传统法制中,民间的通信活动不属于国家法律管辖,官办驿站只受理官府的文牒,侨批的规范与秩序全部来自乡土社会。在长期的侨批活动中,侨民、家属和侨批经营者之间通过乡族文化、血缘关系和经营信誉,形成了稳定的权利义务关系,《潮州志·实业志·商业》记载:"其(侨民)家书汇款,向赖业侨批者为之传递,手续简单而快捷稳固。"[③]随着时间的推移和侨批规模的扩大,抽象的习惯在反复实践中被固化成明确的规范,成为侨批规制的主要依据。

一、"信款合一"与"回批确认"的规制

侨批传递中的习惯法是由侨批传递中的习惯发展而来的。清朝前期,政府不承认华侨的合法地位,顺治十三年(1656年)《申严海禁敕谕》规定,"北起天津、南到广东沿海岸各省,一律严禁商民船只出海,有将一切粮食货物交逆贼贸

---

① 汕头市档案局(馆)、侨批文物馆、潮汕侨批档案馆合编:《潮汕侨批业档案选编(1942—1949)》,天马出版有限公司2010年版,第15页。

② 参见张洪林、朱腾伟:《家族文化构筑的潮汕侨批纠纷调处方式探析》,载《广东社会科学》2019年第2期。

③ 饶宗颐:《潮州志·实业志·商业》,潮州修志馆1949年版,第466页。

易者……不论军民,俱行奏闻处斩"①。在海禁政策下,潮汕侨民与国内家人互通信件不被法律认可,这一时期的侨批传递大多通过委托同一宗族的乡邻亲友或走私的水手携带,信件中附上一些外币到港口兑换,借助乡族文化和血缘关系来约束。1683 年清军收复台湾,海禁政策开始松动,广东地区允许五百石以下的船出海贸易。沿海管理放松使侨批得以发展,专门从事侨批传递的水客群体逐渐壮大,②资本雄厚的水客还设立了专门的经营机构。③ 为满足潮汕侨民联络家人和汇寄钱款的双重需要,水客在传递侨批时逐渐形成了"银款家书合封"的习惯。同时,为了让侨民确认信款已经送达,家人给侨民的回信确认收款数额也演变成侨批活动中固定的内容。"银款家书合封"和侨眷回信的习惯在反复实践中形成了约束力,发展成"信款合一"和"回批确认"的习惯法。

(一)信款合一

潮汕侨批不同于传统书信在于"有批必有款",即信件必须附有钱款。侨乡民谣中的"批一封,银二元"描述的就是信款合一规则。在潮汕浓厚的家族文化影响下,潮汕居民出国务工不能只顾及个人生计,必须支援国内家人。因此海外侨民除了书信联络,还要定期将收入汇往国内。经过长期实践,书信联络与经济支援通过侨批结合起来,成为侨批的形式特征,支援家族的经济义务与信件形成了稳定的联系,批信中除了问候与联络,还要专门写明钱款的数额、用途和分配方式。因此,侨批已经不再是单纯的家书,也是家族义务的载体,信款合一也从侨批的形式特征进一步发展成具有约束力的规范。

在形式上,信款合一要求侨批必须写明批款。水客携带的侨批没有固定的信封,批款金额就直接写在信纸上,如新加坡水客携带的一封侨批,"外附龙银六元"就是直接写在信纸背面上的。④ 批信局出现后,侨批开始有了专门的信封,在顶部有专栏记录批款数额,如 1932 年马来西亚批局收寄的侨民王瑞珊的

---

① 《大清律例全纂》第二十卷。

② 参见陈训先:《论侨批的起源》,载《华人华侨历史研究》1996 年第 3 期。

③ 《潮州志》记载"溯批业之源起,乃由水客送变",参见饶宗颐:《潮州志·实业志·商业》,潮州修志馆 1949 年版,第 466 页。

④ 参见邹金盛:《潮帮批信局》,艺苑出版社 2001 年版,第 15 页。

侨批信封上写有“附龙银二十五元”;[①]1946 年陈家庄批局收寄的“宇 429 号”侨批批封上写有“外并国币壹拾万元”等。[②] 在实际传递中,信与款并不总是一起运输的,有实力的批信局可以将批信和批款分别处理,在派送环节重新配合到一起;有的批信局收取批款后或就地购买货物,运到国内贩卖变现后再与批信一起交给乡民。[③] 但信款分别处理并不改变信款合一的规则,无论中间环节怎样处理,侨批必须兼具信与款,且派送给潮汕居民时必须信款齐备。

信款合一的约束力在回头批与口信批中表现得最为明显。回头批是潮汕侨民远赴他乡后的第一封侨批。在潮汕家族法文化中,回头批有着特殊的含义:其一,回头批是汇报平安的家书,在到达目的地之后要立即发出;其二,回头批要表明供养家人的意愿,须附有钱款。初到目的地就要写信汇款,对侨民来说是很大的负担。潮汕侨民到南洋务工的主要原因是生活贫困,随身携带的钱款不多,只能随侨批寄一些零钱回家,有些人为了凑足批款,还要求助当地亲友,甚至典当身上衣物,[④]如 1928 年一封寄往澄海的回头批中就记载“自来至今除需费并身税,将衣服尽入典质还不足教”[⑤]。侨民初到侨居国时立足未稳,缺少收入来源,回头批所附的钱款显然并非来自工作收入,但囿于家族伦理,回头批是必需的。

口信批是信款合一的另一种独特形式。所谓口信批,即侨批中没有实物批信,只要求批信局汇款,信的内容由信差口头传递。在侨批民间法中,家信与钱款缺一不可,但潮汕侨民文盲率较高,若本人不会写字,又不愿花钱代书,便只能传递口信。批信局为口信批印制了专用的信封,如 1924 年澄海曾金记批信局投出的带口信的侨批,侨批上写有“周捷荣叔寄口信龙银二元交塘山”表明寄批人、收批人和批款,批封上专门印有“佳音捷报”,表明批封内没有实体信件,

---

① 参见汕头市档案局、汕头市档案馆:《潮汕侨批档案选编》,潮汕历史文化研究中心 2011 年版,第 15 页。

② 参见邹金盛:《潮帮批信局》,潮汕历史文化研究中心 2006 年版,第 19 页。

③ 具体而言就是海外的批信局收取侨批之后,只通过邮路寄回批信,再根据批款的金额的记录由国内的批信局承兑批款,最后通过总分局划账内部调配。

④ 参见吴润填:《侨批——潮汕文化底蕴的折射》,载《广东广播电视大学学报》2007 年第 5 期。

⑤ 杜桂芳:《潮汕侨批:义务与权利——以强烈的心理需求为特征的家族观念》,载《华人华侨历史研究》1995 年第 4 期。

信的内容口头传达。[①] 在海外务工的各地侨民中，只给家人汇款而不写书信的人不在少数。但潮汕侨民即使不能写信，也要通过口信批联络家人，批信局甚至为此专门开设业务，间接表明了信款合一的效力。

（二）回批确认

回批确认是侨批的保障程序。在早期侨批活动中，如果水客私吞批款，当事人只能依靠自力救济。[②] 为了保护批款，潮汕侨民与国内侨眷通过回信确认信款均已送达，逐渐形成了固定的回批确认程序。侨民家属收到侨批后，需要写一封回信交给水客或信差，水客再把回信带给海外侨民，形成完整的发批—收批—回批程序，使各方都确认侨批已经投妥。如果水客经营没有回批确认，就会逐渐丧失信誉。在发展中，批信局继承了回批确认，并在经营中将其制度化，通过票根来管理。票根是批信局用于管理回批的凭据，每一封侨批寄出时都对应唯一的票根。当国内收取回批时，回批也登记在同一票根下，实现发批与收批的对应。票根有固定的格式和内容，通常为抬头写有“票根”字样，标有侨批的编号，正文部分记录寄批人的姓名、寄批日期、目的地和收批人，落款处有“振盛兴信局票根”字样。以 1936 年 7 月 14 日振盛兴信局交寄的回批为例，刘梓磐先生在暹罗寄出侨批后，批信局将票根交给刘先生作为凭证。[③] 票根上记载该侨批是“列守字第 820 号”，与侨批和回批上的编号保持一致。批信局通过查询票根编号将回批交给寄批人，完成回批确认。[④]

二、同业公会对侨批的保障措施

基于侨批信款合一的特点，信差派送侨批时须携带大量现金，穿行乡间时

---

① 参见邹金盛：《潮帮批信局》，潮汕历史文化研究中心 2006 年版，第 61 页。

② 潮汕地区至今流传着一个古老的故事，侨居暹罗目不识丁的丈夫，托水客带信款给家乡同样不识字的妻子，他用画图的方式表示款额：信上画了 4 条狗（潮州音“狗”和“9”同音，4 条狗表示 4 × 9 = 36）和 8 只鳖（潮州音“鳖”和“8”又谐音，8 只鳖表示 8 × 8 = 64），意指共寄了 100 元。水客付给的款额不足百元，妻子提出质问并指出图画的含义，水客窘迫，不得不补足批款。

③ 参见邹金盛：《潮帮批信局》，潮汕历史文化研究中心 2006 年版，扉页彩图 4。

④ 参见张洪林、薛锐：《从习惯调整到国家规则：潮汕侨批中的法律文化透析》，载《华南师范大学学报（社会科学版）》2018 年第 1 期。

常遭遇盗匪。而侨批传递中的民间法规制主要调整侨批参与者的关系，对传递中的外在风险无法防范。随着规模的扩大，侨批传递的外在风险防范十分迫切。[①] 为解决侨批传递的安全问题，经营者组成了同业公会，《潮州志·实业志·商业·侨批业》记载，“批局既须按址送交批款，而携备巨额现金出入山谷野径，难免盗贼之虞，有需集合同业力量以维护，故清光绪中汕头已有南侨批业公所成立”[②]。侨批同业公会有充足的财力物力，并管理着潮汕全境的侨批收发网络，能够对地方治安施加影响，但因侨批经营者人力有限，而潮汕地区乡村繁多，同业公会发动乡村居民的力量保护侨批。1931 年同业公会制定了侨批保障制度，通过奖励、抚恤和惩罚相结合的机制，调动潮汕乡土社会的积极性，潮汕居民共同参与保护侨批的工作。

（一）奖励措施

在侨批面临抢劫、盗窃等危险时，若附近乡民能够提供有效帮助，同业公会给予一定数额的金钱奖励，以提高乡民的积极性。《汕头市侨批同业公会章程（草案）》规定奖励的对象为“公会会员以及各地会员代理分局等派遣批伙带银往各地分送，如中途遇盗，附近乡村或来往行人能尽力保护者”[③]。根据侨批保障的内容，奖励分为两类：一是对保护批款的奖励。取得这类奖励的条件是“当场拿获正贼并将被劫批银夺回”[④]。奖励的数额取决于夺回的批款，“由事主将批银提出十分之二为奖赏”。信差到乡间派送侨批时会携带大量批款，批银的 2/10 是非常丰厚的奖赏。但“抓获正贼”需要乡民与劫匪发生直接冲突，将其作为奖励的必要条件会限制奖励的范围，不利于保护批款。因此，如果乡民只夺回批款而未抓获劫匪，仍然可以得到奖励，但奖励的发放者和数额有所不同。

---

① 参见汕头市档案局、汕头市档案馆：《潮汕侨批档案选编》，潮汕历史文化研究中心 2011 年版，第 44 页。

② 饶宗颐编：《潮州志·实业志·商业·侨批业》，汕头艺文印务局 1949 年版，第 74 页。

③ 汕头市档案局、汕头市档案馆：《潮汕侨批档案选编》，潮汕历史文化研究中心 2011 年版，第 11 页。

④ 汕头市档案局、汕头市档案馆：《潮汕侨批档案选编》，潮汕历史文化研究中心 2011 年版，第 11 页。

章程规定“仅夺回批银者”由公会“视察情形酌议赏给”。[①] 二是对缉拿劫匪送交官府的追加奖励。在乡间流窜的劫匪是侨批安全的威胁，为了彻底杜绝隐患，若乡民抓获劫匪送交官府，同业公会会追加给予奖励。章程规定“当场拿获正贼送官说实判罪后，每获贼一名由本公会奖赏花红银国币二佰元”[②]。这类奖励不以是否夺回批款为限，重点在于送交官府定罪，旨在防止劫匪继续作案，从根源上保护侨批传递的安全。

（二）补偿措施

乡民和信差保护批款可能与劫匪搏斗造成伤亡，为了补偿他们的损失，同业公会对伤亡人员或家属给予高额补偿。章程规定“本会会员及各地会员代理分局等派批伙带银往各地分送如中途遇盗匪”，“过往行人”和信差因保护侨批而受伤，可以得到补偿。补偿有两类：一是给死者家属和残疾者的抚恤金，二是给伤者的医药费。对参与保护侨批的乡民，章程规定“当场被戳伤中要害毙命者”，由公会给其家属抚恤金国币伍佰元；“当场受伤者”，重伤由公会给与医药费国币 50 元，轻伤视情况酌定；“因重伤致成废疾者”，经查明后由公会给予抚恤金 200 元。相较于普通乡民，信差因常携带大量侨批往返乡村，风险更高，因此补偿的额度也相应较高。章程规定，在派送批信时因公务死亡的信差，公会发给死者家属抚恤金六百元；对受伤的信差，则不计限额，“无论重轻概由本会负责医药费以医至痊愈”，尽量减轻信差保护侨批的后顾之忧。[③]

（三）惩罚措施

当乡村的乡民懈怠侨批保护工作时，同业公会可根据情况采取惩罚措施。根据章程，“公会会员及各地会员代理分局派携款往各地分送，如有遇险附近乡人不为有力之救护者”，将受到公会的惩罚。惩罚的主要形式是责令追缴赔偿批款和停止收发侨批。具体而言，侨批在乡村遭到抢劫时，公会可以“传官厅就

① 参见汕头市档案局、汕头市档案馆：《潮汕侨批档案选编》，潮汕历史文化研究中心 2011 年版，第 13 页。

② 汕头市档案局、汕头市档案馆：《潮汕侨批档案选编》，潮汕历史文化研究中心 2011 年版，第 15 页。

③ 参见汕头市档案局、汕头市档案馆：《潮汕侨批档案选编》，潮汕历史文化研究中心 2011 年版，第 12 页。

该乡村责令剿匪赔脏”,即要求该乡村承担剿灭匪徒和赔偿批款的责任。1945年6月,信差携带侨批在惠东田心乡境内分发时遭遇劫匪。田心乡乡民因保护不力遭到同业公会的问责,被要求“为被劫巨款转请严于追缴,并将肇事乡村及嫌疑员警彻底查办”。同业公会对侨批业的管理,在潮汕地区地位举足轻重,甚或不经官厅,直接责令乡民缉拿罪犯。[①] 在处理1945年9月的一起持枪抢劫侨批案件时,同业公会就直接向乡长发函,要求“严限乡长解交凶匪法办”。[②]

若抢劫侨批的案件发生后乡村民不作为,同业公会可采取更严厉的惩罚措施——停止收发该地区的侨批,断绝当地的汇款。章程规定“同在一乡村界内前劫案尚未解决,续又发生劫案而再不为有力救护时,除请官厅严惩外,并通知外洋批局停止收寄该乡批银以示惩戒”。侨务委员会驻汕头办事处曾表示“潮汕家庭生活费、社会一切慈善文化事业,学校基金捐款,无一不有仰赖华侨的金钱”。[③] 而华侨汇款的主要渠道就是侨批,因此同业公会停止收寄侨批相当于经济制裁,后果严重。与鼓励措施和补偿措施不同,惩罚措施更具强制性,变相要求潮汕乡村承担保护侨批的义务,扩大了保护侨批主体的范围。[④]

第三节 潮汕侨批的国家规制

近代以来,随着移民潮的发展,侨批数量激增。清末潮汕地区每年的侨批数量超过百万封,对社会经济与文化起着举足轻重的作用,引起了国家的重视。经济上,侨批汇款是近代潮汕地区重要的资金来源,“根据一般估计,民国十年以前潮州侨批有数千万元,十年以后年在一亿元以上,二十年以后又倍增,可能

---

① 参见汕头市档案局、汕头市档案馆:《潮汕侨批档案选编》,潮汕历史文化研究中心2011年版,第345页。

② 参见汕头市档案局、汕头市档案馆:《潮汕侨批档案选编》,潮汕历史文化研究中心2011年版,第348页。

③ 参见汕头市档案局、汕头市档案馆:《潮汕侨批档案选编》,潮汕历史文化研究中心2011年版,第40页。

④ 参见张洪林、薛锐:《从习惯调整到国家规则:潮汕侨批中的法律文化透析》,载《华南师范大学学报(社会科学版)》2018年第1期。

达二亿元之谱”[①]。这些钱款主要用于乡民生活,有些乡村依靠侨批维生的居民甚至超过70%。[②] 在文化上,潮汕侨批将侨民与侨乡紧密联系在一起,在传递信息的同时也让乡土文化跨越了地域限制,维系着侨民的家族关系,保障社会的稳定。侨批传递稳定畅通,对潮汕居民的生活保障有重要的意义。由此国家加强了对侨批的管理,逐步介入将原来由习惯法规制的侨批纳入了国家法规制的范围。

一、清末的《开办邮政章程》

鸦片战争爆发后清政府被迫打开国门,重视海外华人华侨与国内的通信。1860年《中英北京条约》规定,“凡有华民情甘出口,或在英国所属各处,或在外洋别地承工,俱准与英民立约为凭,无论单身或愿携带家属一并赴通商各口,下英国船只,毫无禁阻”。不平等条约的签订损害了国家主权,但也促使清政府承认了侨民出国务工的合法性,为国家规制侨批提供了正当性。1878年税务总司试办邮政时,考虑了批信局等民间邮政的基础,采取了“各处华商信局,仍听其便利”的立场。[③] 光绪二十一年(1895年),总税务司所拟《开办邮政章程》上奏并获批,各项业务均按章程办理。为协调官办邮政与民间信局,章程首次对批信局做出明确规定。[④]

其一,确认了批信局的合法地位。批信局在长期经营中形成了覆盖潮汕侨乡和东南亚各国的网络,官办邮政短期内不可能取而代之,只能接纳并加强管理,因此《开办邮政章程》在确定主体范围时,直接使用了“民局”的抽象概念,承认了批信局等民间邮政的合法性,使国家权力平稳地介入了侨批民间法主导的领域。虽然《开办邮政章程》并没有明确区分批信局与国内民信局,但只有侨批需要由海路进出国境,《开办邮政章程》中对外洋信件的规定显然针对批信局

---

① 邹金盛:《潮帮批信局》,艺苑出版社2001年版,第2页。

② 参见马明达、黄泽纯:《潮汕侨批局的经营网络》,载《暨南学报(哲学社会科学版)》2004年第1期。

③ 参见焦建华:《传统组织与现代国家——南京国民政府侨批政策的制定》,载《学术月刊》2013年第9期。

④ 参见《上海邮电志》编纂委员会编:《上海邮电志》,上海社会科学院出版社1999年版,“附录”。

而设。为鼓励批信局借助官邮运输侨批,《开办邮政章程》还规定了"邮政总包"的优惠制度。"邮政总包"的核心是侨批装入总包后按重量计费,相比于国际通行的按件计费,降低了邮资。到 1897 年,邮政总局甚至取消了转运费用,只要贴足邮票即可交运,用更高的优惠吸引批信局与邮政合作。

其二,限制批信局的经营行为,明确了经营范围、定价权、运输途径,以及惩罚措施。在经营范围上,《开办邮政章程》规定"凡有邮政局之处,除挂号之民信局外,所有商民等人,不得擅自代寄信件,违者每件罚银五十两"。原本批信局可以通过自营邮路来传递批信,但《开办邮政章程》将主要的侨乡、侨批中转地都划归邮政区,[①]又规定邮政区内不得擅自代寄信件,限制了批信局经营一般邮政业务。在邮资定价权上,《开办邮政章程》规定"往来外国之信件应取信资若干,须照万国邮政公约即《信会条例》第五、第六两款所定之外资办理",并设置了具体的标准。再结合《信会条例》"民局运送之资听民局自行酌订收取"的规定,批信局只对中间的运输费用有定价权。在运输途径上,《开办邮政章程》规定批信局必须把侨批装成总包寄交大清邮政,再转交国内分局投递到户。为了防止批信局私自运输侨批,《开办邮政章程》还设"专款"规定"凡民局之信件途经通商口岸交轮船寄送者,均须由该局将信件封固装成总包,交由邮政局转寄,不得迳交轮船寄送,并应按往来通商口岸之章完纳岸资"。如果私人携带邮件要被追究责任,"每次罚银五百两"。

清政府在侨批规制上采取了吸收利用、适度管理的立场,没有触及侨批的民间规范,从而避免了国家权力介入引起的冲突。《开办邮政章程》颁布后得到了批信局的支持,以国家邮政为枢纽的近代邮务体系初步建立,《开办邮政章程》中的管理措施和法律责任,表现出近代法制对民间活动的约束,国家法律对侨批的规制初步形成。[②]

---

① 《开办邮政章程》第 1 条第 6 款将全国划分为 28 个邮政区,共设立 47 个邮政总局,与各地批信局有直接业务往来的为厦门和汕头邮政总局。

② 参见张洪林、薛锐:《从习惯调整到国家规则:潮汕侨批中的法律文化透析》,载《华南师范大学学报(社会科学版)》2018 年第 1 期。

二、中华民国的潮汕侨批规制

中华民国成立后，全国邮政均由交通部统辖。中华民国国民政府仿照西方经验，建立国家统一管理的邮政系统，加强了对民间邮政的管理。但因侨批信款一体的特殊性以及在海外侨居国与潮汕乡村这两个侨批收发的关键环节上超越了一般邮政规制的范围，政府只得采取合作与管理并行的方式，将侨批业与一般民间邮政区别对待，批信局与同业公会则尽力维护侨批的传统，对国家规制做出应对，国家规制与民间力量相互博弈，形成了对侨批新的规制方式。

（一）中华民国国民政府初期侨批转轨现代法规制

中华民国国民政府成立之初，沿用清末的法制对侨批业进行管理，但随着政府机构和国家法制的完善，逐步加强了对侨批的规制，转轨现代法。1928 年中华民国国民政府在全国交通会议上提出取缔一切民间邮政，认为“邮政为国家专营事业，久为东西各国之通例……按诸邮会各国通例，民间经营递信事业，应在绝对禁止之列”，要求“所有各处民信局，应于民国十九年内一律取消”①。但由于此时中华民国国民政府对侨批知之较少，未考虑到侨批与一般民信的区别，因此取缔“民间经营递信事业”的政策遭到了侨批经营者和侨民侨眷的反对。国内外侨批业经营者联络华侨团体和潮汕地方组织，向交通部据理力争，提出“以批局之专为海外侨胞汇寄银信，凡于穷乡僻壤未设邮政交通不便之处，莫不按址投递，实为邮政之所不及”。海外华侨团体也一同呼吁“今若与普通民局一同取消，则现有之批局未必能维持以此推之，我数百万侨胞终有不能汇寄银信一日”②。在此情况下，交通部放缓了对侨批业的取缔，并于 1929 年着手进行侨批行业调查。

经多次调查，中华民国国民政府对侨批问题有所认识，认为侨批是联结沿海乡村和南洋诸国，包含信件、汇款和移民活动的庞大网络，并非邮政所能覆盖，取缔批信局将严重损害侨民侨眷的利益；但批信局掌握着大量外汇，或从事

---

① 广东省档案馆藏：《广东省邮政管理档案》，29－2－485。

② 广东省档案馆藏：《广东省邮政管理档案》，29－2－486。

走私活动，影响贸易和外汇管理。最终，综合多方因素，政府决定保留批信局，通过制定法律法规来规范侨批活动。1933 年邮政总局发布了《关于区分民信局与批信局应于廿三年底停业的通饬》，明确区分了批信局与民信局，禁止民信局兼营侨批，"并即转饬各民信局遵照部令，逐渐停止营业，至二十三年年底为止，务须切实奉行，毋得故违"[①]。批信局正式获得了侨批专营权。其后继续与潮汕侨批同业公会沟通，围绕侨批信件的运输费用进行谈判，同业公会则依托侨批业在民间的积淀，力主维持清末以来的"邮政总包"制度，在侨批管理规范的制定中争取利益。[②] 1935 年 12 月，民国邮政总局正式颁布了《批信事务处理办法》，这是第一部专门规范侨批活动的行政法规，[③]反映了前期调查和协商的成果，较之清末的《开办邮政章程》现代法特点更强。

其一，规定了经营资格的取得。批信局的经营必须取得营业执照，根据《批信事务处理办法》规定，"各批信局应于每年底填具申请书检同原领执照并附缴国币五元"，申请的受理与审查机构是民国邮政总局，批信局需要将材料"送由主管邮局转呈邮政总局换领新执照"。如果营业执照损毁遗失可以申请补发，但要经过"刊登当地报纸十日，声明原领执照作废"的公示程序。

其二，规定了商号的变更登记。如果是分号发生变动，则"得缴同旧执照附缴手续费五元随时申请分别添注或注销"；如果批信局停止营业，则将执照"缴由该管邮局转呈注销，不得私自转让或顶替"。批信局执照的监管由巡员负责，"查视局所途中应随时调验批信局执照，并于执照背面注明调验日期，以资考核"。1934 年 5 月 16 日，汕头邮政在核查中发现万茂祥批信局的执照过期，遂发公函称"查属地信局年前所领执照，已逾有效期间，应另具声请书"如不执行即"吊销营业执照"。[④]

---

① 焦建华：《传统组织与现代国家：南京国民政府侨批业政策的制定》，载《学术月刊》2013 年第 9 期。

② 参见焦建华：《近代侨批跨国网络与国家关系研究》，载《厦门大学学报（哲学社会科学版）》2015 年第 5 期。

③ 参见广东省档案馆藏：《广东邮政管理局关于民信局批信局发给侨批营业执照、推广邮政办法等业务的文书材料及批信事务处理办法》（1934 ~ 1949 年），全宗号 29，目录号 2，案卷号 375。

④ 参见邹金盛：《潮帮批信局》，潮汕历史文化研究中心 2006 年版，第 19 页。

其三，规定了统一的费用标准。《批信事务处理办法》对批信局的业务收费做出了详细规定，按照收寄地点与信件内容分类，并具体规定了寄往不同国家的邮资。对批信的传递方式，批信局必须通过“邮政总包”，邮政总包进出关口必须“核对邮票加盖日戳”，以确保投递的顺利，这继承了《开办邮政章程》的规定，旨在让官办邮政可以介入侨批业务，同时限制批信局的定价权。

其四，规定了批信局的责任。批信局如有“私运批信件及回批”，要处罚两倍邮资，如果累犯还要逐次递增罚款。批信局在经营时“不得兼营国内信件”，如有违反按照私运批信处理。上述两种违规情况如果超过三次，将“注销执照”。违规的批信局还被列入“违章邮件案由清单”，并在“案情终结后寄经邮政管理局转送邮政总局备核”。此外，邮政总局还鼓励民众举报违规行为，如告发，“罚金应以百分之七十发给拿获人，百分之三十发给告发人，无告发人者发给全数，但邮政人员拿获者依告发人例给奖”。

通过《批信事务处理办法》，政府对潮汕侨批的规制更加规范。侨批经营资格的审查与批准权由邮政总局行使，批信局不能随意设立经营机构。而邮政总局对营业执照的审批与管理非常严格，不仅新执照的取得日益困难，批信局一旦出现违法行为，旧执照马上会被吊销。通过严格的审查和管理，侨批的经营秩序得到了改善，国家法律的权威得以建立，到 1937 年，“惟新请领执照营业者，一概不准，因此批信局执照，即逐渐减少，而对邮章亦较之以前慎重遵守”①。

《批信事务处理办法》规定邮资标准，还限制了批信局的定价权，尽管同业公会在章程制定时尽力争取，但《批信事务处理办法》规定“邮政总包制度”时，邮费从原先的按重量计费变为国际通行的按数量计费。邮政总包按重计费是清政府吸引批信局通过国家邮政传递侨批的政策，透视出清政府的管理能力不足，不能实现法规中禁止批信局私运侨批的规定。而中华民国国民政府时期国家权力向基层渗透，潮汕地方政府和邮政局有充分的资源对批信局进行监管和惩处，无须依靠优惠政策。优惠的取消，也反映出国家与批信局不再是竞争关系，而是以规则制定者和执行者的身份参与到侨批关系中。

---

① 张公量：《关于闽南侨汇》，中国银行泉州分行行史编委会翻印 1933 年版，第 12 页。

(二)抗战时期侨批的协商规制

1937 年,日军发动全面侵华战争切断了越洋邮政线路,侨批传递难以为继。1939 年汕头沦陷,潮汕地区被割裂为国统区和日占区,汕头等主要的侨批流转地均处于日占区,进一步加剧了侨批萎缩。日军的介入打破了原有的格局,中华民国国民政府只能通过中央侨务委员会驻汕办事处间接参与侨批规制。日军为了军事管制的需要,将世界各地分为和平区与非和平区,禁止收发非和平区的侨批。[①] 除此之外,过分限制侨批势必会影响侨眷的生活来源,导致潮汕地区动荡不安,严重威胁日军管理。在这一背景下,维持侨批经营成为日占区各方的共同追求,地方政府和中央侨务委员会开始与侨批同业公会合作,积极与日军协商,争取侨批规制的主动权。

1939 年汕头沦陷初期,在侨务委员会的组织下,汕头市政府、侨批业同业公会和日本陆军情报机构召开了侨批业座谈会,协商制定沦陷区侨批业管理的基本方针。[②] 会议上侨务委员会和同业公会强调侨批是潮汕地区的经济支柱,对社会稳定有不可替代的作用,力争维持侨批经营。汕头市政府则以管理者的身份,保证管理政策没有任何“觊觎利益之心”,“实系筹划营业良善方法”。各方经过协商后,日本军方同意维持侨批,但以“侨批一事与和平工作暨各方面都关系密切”为理由,通过“中央特设办事处以为就近监督”的方式,将自己的势力渗透到侨批规制中。[③]

由于日占区中华民国国民政府的法律法规无法继续实施,中央侨务委员驻汕办事处会主导制定了一批管理侨批的暂行规定,以保障侨批的正常经营,主要包括《嶺东侨批业暂行规则》《侨批业商号登记暂行办法》《检查侨批暂行规则》等。相较于《批信事务处理办法》,暂行规定主要反映了日军军事管制的约束和社会各界维持侨批的需求。

---

① 参见汕头市档案局、汕头市档案馆:《潮汕侨批档案选编》,潮汕历史文化研究中心 2011 年版,第 45 页。

② 参见邹金盛:《潮帮批信局》,潮汕历史文化研究中心 2006 年版,第 25 页。

③ 参见汕头市档案局、汕头市档案馆:《潮汕侨批档案选编》,潮汕历史文化研究中心 2011 年版,第 44 页。

其一，禁止非和平区的侨批业务。《侨批业商号登记暂行办法》规定商号要在登记申请书上载明地区分发范围、外港与内地联号等详细情形，防止居民与非和平区通信；《批脚通行证暂行办法》《检查侨批规则》也明确规定“不得前赴非和平区”。[①] 在执行中，非和平区批信的管制非常严格，仅1942年侨务委员会驻汕办事处就焚毁了非和平区的侨批信件合计2047封。[②]

其二，保障侨批运转。为了保障侨批业在困难期维持经营，侨务委员会为批信局出具担保结状，为批信局经营的合法性提供担保。[③] 为了防止批信局哄抬价格，保障沦陷区潮汕居民能够支付侨批费用，规则还限制“侨批汇费不得超过汇款金额的百分之二，发送批款时亦不得向侨民另行收费”。

暂行规定为侨批运转提供了临时的依据。但面对日军的监管和限制，侨务委员会和汕头市政府力量依然有限，难以独立执行暂行规定，只能寻求与民间批信局合作。在管理工作中，侨务委员会将部分管理职权赋予了同业公会，使其承担起了政府规制的部分职能，负责官方与批信局间的沟通协调。《嶺东侨批业暂行规则》规定，侨批业经营者在下列事项中必须先向同业公会传达意见：(1)各商号向当地机关请求事项；(2)各商号申请批脚通行证的文书须经同业公会转呈；(3)各商号经营的侨汇金额要报送同业公会并由公会造册。[④] 此外，同业公会也积极参与侨务委员会与日军当局的沟通协调，利用民间组织限制较少的便利，在侨批规制中发挥作用。

除协助政府进行管理，同业公会也坚持履行公会组织的职责，在侨批缉查和处罚中为批信局争取权益。如1943年侨务委员会检查总包时发现21家批信局涉嫌运输非和平区信件，拟予以惩罚，同业公会收到批信局投诉，立即组织调查并上书侨务委员会，认为官方的批信规制过分加重了批信局的责任。一方

---

① 参见汕头市档案局、汕头市档案馆：《潮汕侨批档案选编》，潮汕历史文化研究中心2011年版，第56页。

② 参见汕头市档案局、汕头市档案馆：《潮汕侨批档案选编》，潮汕历史文化研究中心2011年版，第107页。

③ 参见汕头市档案局、汕头市档案馆：《潮汕侨批档案选编》，潮汕历史文化研究中心2011年版，第59页。

④ 参见汕头市档案局、汕头市档案馆：《潮汕侨批档案选编》，潮汕历史文化研究中心2011年版，第53~54页。

面,“泰国华侨多未明了,恐有急于寄款归家之侨胞用种种取巧方法以图蒙混”;另一方面,“批包中苟有发现抵触检查条例之批信,会员(批信局)等系属收受人,居于被动地位,当无代负责任之理”,批信局应是“无端受过”。[①]

(三)后抗战时期侨批法律规制强化

1945 年抗战结束,被压抑已久的潮汕侨批业开始复苏,[②]但此时面临着复杂的国内外局势:国际上,第二次世界大战刚刚结束,东南亚主要侨居国都加紧外汇管制,国民政府外汇紧缺;在国内,由于货币超发使国币严重贬值。批信局开始把批款汇往香港兑换港币,再利用国币贬值来牟取暴利,甚至不惜拖延向潮汕居民兑付批款的时间,侨批的行业自律自始失控,严重非法经营的行为迫使政府加大对侨批业的法律规制,严厉打击侨批黑市成为必要。

强化侨批法律规制的主要举措是修订侨批管理法规。1945 年政府开始新一轮行业调查,训令侨批业同业公会填制侨批业调查表,着手进行前期工作。[③]1946 年《批信事务处理办法》修订完成,在邮资、惩罚等方面加强了监管:(1)在原有基础上提高了侨批在国内传递的邮资规定,凡转出邮区外的批信,需逐封再纳国内平信邮资,以加强对批信局的控制。[④](2)加大了惩罚力度,规定“批信局不得私运批信及回批,凡有查获除案件征收两倍邮资外应责令缴纳违约金第一次国币六千元,第二次一万五千元,第三次三万元并将执照吊销”[⑤]。(3)不再允许批信局自带批信分发。抗战期间为了维持侨批,政府一度放松对批信局自带批信的管理,但 1946 年《批信事务处理办法》明文规定“进口批信应由相关邮局接受”,“往来批信局总分号间之批信及回批应纳费交邮寄处,批信局不得私自派人带送”。1947 年后,邮政总局又两次修订《批信事务处理办法》,进一

---

① 参见汕头市档案局、汕头市档案馆:《潮汕侨批档案选编》,潮汕历史文化研究中心 2011 年版,第 87 页。

② 参见汕头市档案局、汕头市档案馆《潮汕侨批档案选编》,潮汕历史文化研究中心 2011 年版,第 122 页。

③ 参见汕头市档案局、汕头市档案馆:《潮汕侨批档案选编》,潮汕历史文化研究中心 2011 年版,第 229 页。

④ 参见饶宗颐:《潮州志 · 交通志 · 邮电》,潮州修志馆 1949 年版,第 701 页。

⑤ 汕头市档案局、汕头市档案馆:《潮汕侨批档案选编》,潮汕历史文化研究中心 2011 年版,第 78 页。

步提高各类收费的数额。

邮政总局为落实《批信事务处理办法》中禁止私带批信的规定，在侨批寄入国内后设置了严格的审查措施，要求“进口批信应于到达总号所在地之邮局时当面开拆加盖邮戳，而由总号发往分号之批信总包于到达分号所在地之邮局时再由当地重行逐一盖戳，作为确系交邮寄递之凭证，如有遗漏情事，各信局人员应要求邮局补盖邮戳俾完手续。凡未经邮局盖戳之批信或回批，无论贴足邮票与否，均不得私行递送或投递，一经缉获，概按走私论罚，不稍宽贷”[①]，这一规定使侨批不仅在进入潮汕时要在邮局“当面拆开加盖邮戳”，在批信局总分号之间传递时还要再次“重行逐一盖戳，作为确系交邮寄递之凭证”。

《批信事务处理办法》和邮政总局的规定，影响了批信局对侨批的分发和投递，对侨批民间法的施行造成了极大的冲突。按邮政总局的规定，一封侨批从入境到投递，要经过邮局两次拆包审查，而侨批是信款合一的，如按邮政总局的规定，信件运输会因烦琐的手续而慢于批款汇寄；而且邮政总局对回批也采取相同的立场，“希将来去批信回批一律交邮寄递，并转知所有分号查照办理，以维法令”，使回批确认的速度也受到拖累。[②]

三、中华人民共和国成立初期的侨批业规制

中华人民共和国成立初期广东有批信局330余家，约占全国470余家侨批局总数的70%。[③] 广东侨批业以潮汕地区为主，保障侨批业的稳定关系着在中华人民共和国成立初期严重贫困的潮汕侨民的生计问题。同时侨批的海外汇款是国家重要的外汇来源，因此中华人民共和国成立初期国家对潮汕侨批业在保护的基础上不断加强管理。

（一）行业经营规范的出台

中华人民共和国成立后，由于国民党政府撤离前将各类金融储备带往我国

---

① 福建省档案馆编：《福建华侨档案史料》，档案出版社1990年版，第344～345页。

② 参见张洪林、薛锐：《从习惯调整到国家规则：潮汕侨批中的法律文化透析》，载《华南师范大学学报（社会科学版）》2018年第1期。

③ 参见广东省档案馆藏：《广东省华侨事务委员会档案》，247－1－151，第227页。

台湾地区,中国共产党执政初期面临严重的外汇短缺。侨批经营中的侨汇主要是海外侨居国货币,其遂成为中国外汇收入的第二大来源,受到政府的高度重视。1949 年人民政府颁布《华南区外汇管理暂行办法施行细则》规定,广州地区据此制定了《华南区侨批业管理暂行办法》用于在华南地区实施,其主要内容是:

其一,规定侨批业的管理机构是中国人民银行,实际经办机构是中国银行。"中国人民银行华南区行指定中国银行及其所属行处为执行本办法之机构,当地无中国银行者仍由中国人民银行办理"。

其二,在营业资格的取得上,"凡遵守人民政府一切政策法令在国内有分支机构经营侨汇向著信誉之银行或侨批局可向当地中国人民银行(在广州则为中国人民银行华南区行)申请并经批准者方得办理国外侨汇业务",这一规定打破了国民党政府对侨批业的限制,扩大了侨批规模。

其三,侨批钱款的汇兑必须通过银行,执行"外汇归公,利润归私"。根据规定,"侨汇办理人的任务为在一定海外地区收受侨汇将所收外汇结售于国家银行以所得人民币或侨汇存单分发侨眷";同时命令禁止侨批业涉入外汇黑市,防止外汇流失:"侨汇办理人不得经营黑市汇兑并不得有代客或自己经营有关资金逃避及套汇或其他投机行为;侨批局不得私自买卖交收外币及外币有价证券及各种外汇票据并不得经营其他未经核准之业务。"在侨汇的分发中,办理人"分发批款力求迅速不得有积压即贬低暗扣欺蒙侨眷情事"①。

行业经营规范的出台,统一了广东侨批的管理权限和管理政策,改变了国民党政府时期邮政作为侨批行业规制和领导机构的做法,由银行作为侨批的领导机构。中国人民银行在华南区行指定中国银行及其所属行处作为侨批业业务经营的直接领导机构。国民党统治时期,国家扶持邮政局、邮政储金汇业局、中国银行等国家垄断行业,只颁发数量有限的营业执照以限制私营侨批业的经营。中华人民共和国成立后开放侨批执照的申领,利用疏导的手段鼓励侨批,一方面是由于中华人民共和国成立后在国际上缺乏支持,获取外汇的手段极为

---

① 广州市人民政府秘书处编印:《广州市政》1950 年第 2 期。

有限；另一方面是鼓励私营侨批业从地下走向合法公开，将侨批经营纳入国家监督和管理，防止侨批业经营者将外汇投入华南外汇黑市，保证将侨批中的外汇能够在兑换环节集中到国家银行。

（二）水客管理条例

尽管侨批业发展之后水客已经不再是侨批业的主要力量，但依然扮演着重要角色。广东省关于“水客”的管理政策于1950年年初在个别地区逐步出台。1950年1月20日政府公布《关于水客管理暂行条例》，对水客经营做出了简要规定。对水客的经营主体资格，该条例规定“凡经营水客之业务者均需前来本府侨务委员会领填登记表一份，取具本县殷实商店两间之提保书，检同国外出入境证件二寸半身相片二张送经审查批准后发给水客证；凡未经本府侨务委员会批准，不得经营水客业务”。在经营管理规范中，如果水客携带货物出入国境，“应依照章则纳税，不得有伪装华侨行李走私漏税的行为；水客接受侨胞侨眷寄托物件，应忠实如数交到，不得有侵吞及短发情事”；如果水客携带侨批外汇出入境，“应遵照政府章则办理，如有从中取利，借机剥削牟利者严于追究惩办”；最后，为了便于水客的管理，水客从业者出入境必须经过登记：“水客出入国境需前来本府侨务委员会登记，限于返抵本县五日内办理；已经登记批准营业之水客得享政府给予之优待”。①

（三）鼓励侨批业将海外汇款改为实物进口

朝鲜战争爆发后，中国受到了联合国的贸易禁运与经济封锁。② 中国政府针锋相对地展开了反禁运斗争。在此之前，侨批业最大的价值在于批款，也即外汇收入。但由于经济封锁和贸易禁运，外汇在国内市场没有流通空间，对外也没有用于贸易的途径。于是国家侨批管理的重点从汇款转向了物资。中央政府首先严格限制批信局从事进出口贸易，对进出口贸易实行计划管理。1950年12月9日政务院要求“进出口厂商输入或输出任何货品，均需事先向所在地区之对外贸易管理局请领进口或出口许可证，经核发后，方得凭以办理其他进

① 《梅县人民政府为照顾侨眷利益订水客管理条例》，载《南方日报》1950年2月1日，第3页。

② 参见承明、董志凯主编：《中华人民共和国经济史（1949—1952）》（第1卷），中国财政经济出版社2001年版，第707、708页。

出口手续”①。

国家在反禁运斗争中对广东私营进出口厂商的限制与管理打击了外汇黑市,使侨批汇款回流中国银行。在此基础上,为满足国际禁运开始后国内对进口物资的大量需求,引导侨批业通过自己的进口渠道发挥作用支援国家,1951年《侨汇业管理暂行办法》、《侨汇改物资进口具体办法》和《侨汇业输入物资抵解侨汇处理暂行办法》相继颁布。这些规定的意义在于“突破敌人的封锁,大力沟通侨汇,争取侨汇变物资进口”②。为了鼓励华侨汇款,侨批成为国家发出号召的途径,在批信局的侨批批封上往往印有爱国口号,号召大家通过侨批支援国家。为促进汇款,国家对侨批汇款按比例发放华侨特种商品购买登记证,使有侨批往来的家庭可以购买国家紧缺的物资。③

第四节 家族文化构筑的潮汕侨批纠纷调处方式

一、家族文化中的商业诚信构筑了潮汕侨批纠纷预防的屏障

商业诚信源自潮汕家族文化的要求。由于家族文化中诚信观念的深入骨髓,潮汕商人秉承诚信观念并在商业贸易中进行了继承和发扬,使诚信和商业经营结合起来,形成了商业诚信。家族文化中的诚信观念扩展至商业诚信还与潮汕商业模式有关。“潮州稍具信誉之商人,既有金融界之信用放款,又得买卖货物之赊账,故往往有极大之经营,而赖乎信用者十之六七,赖乎资本者十仅二三。所谓潮人能以小资本经营大商业者,实基于此。”④潮汕商人在商业贸易活动中坚守诚信不仅赢得了信誉,而且获得商机赚取了财富,获益颇丰的同时更

---

① 《对外贸易管理暂行条例》(1950 年 12 月 9 日公布),载中央人民政府法制委员会编:《中央人民政府法令汇编(1949—1950 年)》,法律出版社 1982 年版,第 431 页。

② 《省侨汇输入物资指导委员会呈报成立日期并附送组织简章请审查准予备案》,广东省档案馆藏广东省华侨事务委员会档案号 247 - 1 - 13 - 84/100,第 89 页。

③ 参见邹金盛:《潮帮批信局(续篇)》,潮汕历史文化研究中心 2006 年版,第 61 页。

④ 饶宗颐总纂:《潮州志 · 实业志 · 商业》,潮州修志馆 1949 年版,第 58 ~ 59 页。

深刻地认识到了诚信在商业活动中的重要作用,并以此为基础将商业诚信在家族文化中反哺强化,使商业诚信也成为家族文化的内容之一。

(一)商业诚信构筑的侨批纠纷预防的内在屏障

家族文化中的商业诚信观念奠定了侨批传递中的信任基础。海外侨民对传递侨批有急切的需求,但当时的交通能力有限,跨国金融服务更是无从谈起,侨批的传递只能通过人力进行。由于侨批的重要性及跨国传送距离远、时间长、风险高等原因,侨民只能选择自己信任的人代为送达,侨民将信任的对象锁定为自己的同乡,是因为侨民深信侨批从业者会把传送的侨批看作和自己的钱财一样重要,侨民相信侨批从业者的诚信就像相信自己一样。这是基于侨民和侨批从业者对家族文化中商业诚信的一致认同,沟通了侨批传递过程中最重要的信任问题。

家族文化中的商业诚信观念是侨批从业者的立业之本。"侨批的及时送达关系到广大侨眷的生活,寄托着华侨的孝心和养家的责任。侨批递送事关重大,批局的欺骗行为(如拖延交付侨批、侵占批款等)是违背良心道德的事情,此为侨批业者的共识。"[①]侨批局始终将诚信作为立业之本,诚信也是侨批局每一位侨批派送员所遵守的职业操守,许多派送员尽管生活拮据,依然坚守住诚信的底线。"澄海隆都镇的潘得敖兄弟,跟祖父、父亲一样,都是侨批派送员,每天要走近百里路,最多时得投送上百封侨批,而每人得到的酬劳仅有两斤大米或一元国币,但家贫不失信,潘得敖一家从来没有侵吞过海外侨胞寄回的批款或丢失他们的侨批。"[②]商业诚信观念使侨批从业者在思想层面上注重商业诚信,从而尽量避免了侨批纠纷的产生,构筑了潮汕侨批纠纷预防的第一重内在屏障。

家族文化中的商业诚信观念也规制着侨民的诚信行为。有些侨民在海外收入微薄,而家乡侨眷则等着侨批款维持生活,为了满足侨民及时接济侨眷的需求,有些侨批局便采取为侨民垫资发批的方式,待侨批局收到侨眷的回批后,

---

① 胡少东、陈斯燕:《近代侨批业与制度的共同演化——以潮汕地区为例》,载《汕头大学学报(人文社会科学版)》2014 年第 6 期。

② 王炜中:《传承侨批文化弘扬诚信精神》,载《汕头日报》2007 年 2 月 26 日,第 10 版。

再凭回批向侨民收回垫付的批款。在垫资发批的情形下,回批仅是一种收款凭证,其约束力全靠诚信作为保障,背后也是家族文化的默化作用。“这帮新唐兄(指刚到海外的新侨民)大多是日赚日食,家无隔宿之粮,但他们非常认真讲信用,善恶分明,他们无私奉献赡养家人,孝心精神就是他们的信用准则。”①商业诚信甚至成为侨民坚持一生的行为准则,“泰国有位经常由批局先垫付批款寄回家乡的侨胞,当他收到家人的回批时,已病入医院,尚未归还批局代为垫付的批款,临终前仍念念不忘,特地取出家乡亲人寄来的回批,嘱咐身边的人一定要替他将所欠的批款归还批局。这位侨胞去世以后,他的家人果然前往批局落实此事”②。侨民的商业诚信规制了侨民的诚信行为,构筑了潮汕侨批纠纷预防的第二重内在屏障。

(二)商业诚信外化的经营制度构筑了潮汕侨批纠纷预防的外在屏障

商业诚信是一种内在精神要求,从性质上说是一种无形的约束力,为了将无形的约束力变成可以操作的有形规则,就需要将商业诚信外化,建立商业经营制度。“从经济发展史看,信用制度在初始时是依赖于一定的道德力量,表现为利益选择和追求中必须接受的道德约束,随着商品经济的发展和市场经济的确立,信用制度越来越依赖于制度和法律的保障。”③从最初的水客回批制度,到后来逐步发展的侨批局经营规范等管理制度,商业诚信外化的商业经营制度,构筑了潮汕侨批纠纷预防的外部屏障。

在水客经营时期,侨民、水客和侨眷在传递侨批时形成了民间法规则——回批确认。“水客将侨批亲自送交侨眷后,侨眷收后必须写一个回信证明收到信款,称为回批。”④回批中会写明侨眷收到多少批款,用于侨民确认批款的送达情况。水客再将回批交给海外侨民,形成“发批—收批—回批”制度。回批是约定俗成的行规,是水客经营正常运作的信誉保证。如果水客经营不遵守这一程

---

① [泰]张明汕:《潮人侨胞见证侨批业的诚信》,载《汕头日报》2006 年 10 月 22 日,第 7 版。

② 王炜中:《传承侨批文化弘扬诚信精神》,载《汕头日报》2007 年 2 月 26 日,第 10 版。

③ 徐鲁航、刘金峰:《潮汕侨批业信用隆盛成因探析》,载福建省炎黄文化研究会、中国人民政治协商会议厦门市委员会编:《守望与传承——第四届海峡两岸闽南文化学术研讨会论文集》,鹭江出版社 2010 年版,第 215 页。

④ 陈文毓、张洪林主编:《潮汕法律文化研究》,华南理工大学出版社 2015 年版,第 107 页。

序，在经营中就会丧失信用。“回批确认”既是潮汕家族文化衍生的侨批民间法规则，也有效预防了侨批纠纷发生的可能，将水客经营时期的侨批纠纷风险降到最低，并一直保持到侨批局时期。

水客经营由于规模较小，回批制度尚可应付相关需求。但到了侨批局时期，由于侨批局对于寄批的安全性、快捷性要求更高，更需要高度的组织化、流程化、体系化的商业经营模式。在这种要求下，侨批局逐步建立了完善的商业经营制度。以致成批局为例，“清道光十五年(1835 年)创办于新加坡的致成批局，为了保证海外侨胞托寄的侨批万无一失，建立了一套严格的收发制度。由批局准备统一规格的批封和回执，并印制有关表格，由寄批人一一填明收批人姓名、地址、批款数额和寄批人的姓名、地址。寄批人交付托寄的批款后，由批局人员将表格中所填写的内容，抄到账簿上并编了号，逐日移交给司柜汇入总账，最后由经理逐件查核，在批封背面盖上批局印章，再复制一份表格，交有关人员带回设在澄海东湖的分号致成批馆，由侨批派送员按上面的收批人姓名、地址送到侨胞的眷属家里”①。侨批局正是通过商业经营制度保障诚信经营和规范运作，有效预防了侨批纠纷的发生。

(三)对商业失信的惩罚构筑了潮汕侨批纠纷预防的内外叠加屏障

在侨批活动中，侨批从业者一旦有违背商业诚信的行为，不仅其侨批经营活动无法继续，而且也会因受到人格的消极评价而无颜面在熟人社会生活，这可视为家族文化对商业失信者的一种间接的惩罚，从而构筑了潮汕侨批纠纷预防的内外叠加屏障。

在潮汕家族文化的影响下，潮汕海外侨民依然保留了在潮汕家乡的生活、居住与社会交往方式，同一乡族的人往往会更紧密地聚居在一起，形成了“国内一个潮汕、海外一个潮汕”的状况。两地的潮汕人实际上处于跨地域的同一个圈子之中，归根结底还是生活在一个熟人社会。潮汕侨批所依赖的是同样的家族文化信仰，所连接的实际是同一个潮汕，侨民聚居能够方便地沟通共享信息，这为家族文化对商业失信行为进行间接惩罚提供了条件，也保障了惩罚的有

① 王炜中：《传承侨批文化弘扬诚信精神》，载《汕头日报》2007 年 2 月 26 日，第 10 版。

效性。

侨批从业者因为畏惧惩罚而恪守商业诚信。侨民在委托水客或侨批局传递侨批时,会把诚信状况作为重要选择标准,只会把侨批交给诚信的水客或批局,而不会委托不讲诚信的从业者,这是家族文化对商业失信的间接惩罚。而这种惩罚对于侨批从业者来说是致命的,不讲诚信的坏名声会在熟人社会中广泛传播,侨批从业者将无法继续侨批营业行为,只能另寻生路。清道光年间就有一位叫邱阿长的华侨,原本在南洋以水客业为生,后来代送侨批返回家乡时,因为与人打了三年官司导致破产,无法向侨眷清还批银。返回南洋之后,因信誉扫地不敢重操旧业,后来改作猪贩。① 对于侨批局也是一样,"如果一个侨批局有过欺骗行为,那么在集体惩罚的威胁下它将无法继续经营"②。

失信受到的惩罚对海外侨民具有威慑力。尤其在侨批局垫资发批的情况下,如果侨民在收到侨眷回批确认批款已经送达以后,仍然拒绝偿还批款,该侨民的失信行为也将受到惩罚,不仅以后无人愿意帮其垫资发批,而且其人格会因失信而被否定,甚至将受到同乡孤立,无颜面在家族文化主导的"海外潮汕"熟人社会继续生活,只能另寻生路。

依赖家族文化中的商业诚信,保护侨批顺利送达、不得侵犯侨批等成为经营者的信条,侨批从业者同行之间也会尽量克服摩擦、良性竞争,以减少侨批纠纷。侨民也会遵守诚信,及时偿还垫付的批款。家族文化中的商业诚信构筑的侨批纠纷预防的三重屏障,从源头上有效降低了侨批纠纷的产生。③

二、家族文化影响形成的救济方式是化解潮汕侨批纠纷的重要保障

家族文化中的商业诚信构筑了潮汕侨批纠纷预防的多重屏障,但随着侨批业的发展与批件数量的增加,由于各种原因,侨批纠纷的发生无法完全避免。

---

① 袁冰凌、[法]苏尔梦校注:《吧城华人公馆(吧国公堂)档案丛书 · 公案簿》(第 2 辑),厦门大学出版社 2004 年版,第 242 页。

② 胡少东、陈斯燕:《近代侨批业与制度的共同演化——以潮汕地区为例》,载《汕头大学学报(人文社会科学版)》2014 年第 6 期。

③ 参见张洪林、朱腾伟:《家族文化构筑的潮汕侨批纠纷调处方式探析》,载《广东社会科学》2019 年第 2 期。

“水客经营时期,因水客参差不齐,每有逃没信款情事。”①在侨批局时期,有些侨批局使用批款做买卖本金却发生亏损,不能按时足额向侨眷交付批款,从而导致纠纷发生。侨批局之间出于对商业利润的追逐而恶性竞争,也会引发纠纷。对于这些已经发生的侨批纠纷,受潮汕家族文化影响而形成的救济机制,包括自力救济、行业公会调解、公权力救济等,均借助潮汕家族文化的作用,凸显了家族文化对侨批纠纷化解的保障功能。

(一)自力救济

和谐与无讼,是中国传统司法文化的根本价值取向与最高价值追求。潮汕地区深受儒家文化影响,和谐与无讼的理念在潮汕地区备受推崇,并成为家族文化的一部分。在家族文化的影响下,潮汕居民有着深厚的家族情怀与乡土观念,努力追求一种和谐的状态,一般不愿意因为纠纷而诉诸官府,更注重通过自力救济解决问题。

在侨批送达侨眷家中发生争议或纠纷时,如果经侨眷指出水客的欺瞒行为,水客一般都会及时改正,主动赔付,这从潮汕地区流传至今的一个民间故事中可见一斑。“侨居暹罗目不识丁的丈夫,托水客带信款给家乡同样不识字的妻子,他用画图的方式表示款额:信上画了4条狗(潮州音‘狗’和‘9’同音,4条狗表示4×9=36)和8只鳖(潮州音‘鳖’和‘8’谐音,8只鳖表示8×8=64),是说一共寄了100元。水客付给的款额不足百元,妻子提出质问并指出图画的含义,水客窘迫,不得不补足批款。”②这个故事反映了侨眷如何自力救济解决纠纷、维护自己的权益,也反映了水客对于纠纷处理的主动赔付行为。

不仅水客采用直接赔付的方式,侨批局一般也是采取主动赔偿的行为。侨批局因为客观原因导致批信丢失时,除非已经倾家荡产完全丧失赔付能力,一般都会主动赔偿给侨眷或侨民。为了维护侨批局的信誉,甚至在纠纷原因尚未查清时都会先行赔付。“1943年10月,光益批局批伙曾绍为分发潮安风郭乡郭童闲批款,因有名无址,未能找到当事人,后有自称郭童闲亲戚者持原寄人郭绍

① 关楚璞主编:《星洲十年》,新加坡星洲日报社1940年版,第585页。

② 邹金盛:《潮帮批信局》,艺苑出版社2001年版,第3页。

立旧批到领,解讫完毕后,却有郭童闲派人收领,光益批局为安顿侨眷起见,先行付款。"[①]在这起纠纷中,一笔批款前后被两次领批,虽然侨批局还未查清事实,但还是先主动付款给侨眷,体现了侨批局对于纠纷处理的主动赔付行为。

侨眷针对侨批信款的送达情况直接向侨批经营者提出异议,水客或侨批局针对侨眷的异议采取直接、主动赔偿,都是侨批纠纷自力救济解决方式的具体运用。在这个过程中没有第三方主体的介入,也没有第三方力量的保障实施,其自觉性均源于深厚的家族文化的影响,是家族文化中的和谐与无讼理念在侨批纠纷化解中的具体应用。

(二)行业公会调解

在侨批递送作为一个行业发展到一定阶段以后,先后成立了侨批行业公会。汕头早在清光绪中期,就已成立南侨批业公所,[②]海外最早的侨批组织是1929年成立的新加坡潮侨汇兑公会,[③]1946年新加坡潮帮汇兑公会与闽帮、琼帮汇兑公会一起,成立了南洋中华汇业总会。[④] 侨批行业公会从其产生的动因,到其设立的宗旨,乃至其运行的规则,都深受潮汕家族文化的熏陶,侨批行业自律对侨批纠纷的化解更是起到了积极的作用。

侨批行业公会早期成立的初衷,在于解决分发批款过程中所出现的批款安全问题。由于侨眷多数居住于乡村僻处,"批局既须按址送交批款,而携备巨额现金出入山谷野径,难免盗贼之虞,又需集合同业力量以维护"[⑤]。因此,侨批行业公会成立的动因就是保证侨批的安全,进而保障侨批实现所承载的家庭责任。维护侨批安全需要应对盗贼等各种危险,往往会付出生命的代价,从这个角度上说,侨批行业公会成立的初衷不在于追逐商业利益,更多是源于对侨批所承载的家庭责任的认同。

---

① 《有关处理侨批业商号领取批信申请书及处理日常事务等材料》,载汕头市档案馆藏:《伪汕头市侨务局档案》全宗号12,目录号7,案卷号41,第76~79页。

② 参见饶宗颐总纂:《潮州志·实业志·商业》,潮州修志馆1949年版,第73页。

③ 参见陈丽园:《侨批公会的建立与跨国侨批网络的制度化(1911-1937)》,载《华侨华人历史研究》2012年第2期。

④ 参见《中华汇业总会成立》,载《民报》1946年3月18日。

⑤ 饶宗颐总纂:《潮州志·实业志·商业》,潮州修志馆1949年版,第73页。

在行业公会成立过程中，联络各汇业界、以团结精神巩固汇业机能、共谋业务发展逐渐成为公会宗旨。《汕头市侨批业同业公会章程》第一章的“总则”中明确规定：“本公会以联络同业感情、保障公会、侨胞银信，及增进同业之公共利益、矫正营业之弊为宗旨。”[①]新加坡潮侨汇兑公会宗旨为“联络同业感情，促进同业发展，沟通侨汇”[②]。从前述公会关于宗旨的规定内容上来分析，行业公会实际是将家族文化的内在要求进行了外化适用，典型的如对“联络同业感情”“保障侨胞银信”“矫正营业之弊”的约定，均是家族文化在商业领域的具体辐射体现。

以侨批业同业公会章程的规定为统领，侨批行业主要通过行业自律约束经营行为，有效预防了纠纷的发生。同时，侨批行业自律的要求也是处理侨批纠纷的指导思想。由于家族文化与行业自律的要求，行业公会直接参与纠纷的化解，保证侨批业正常发展，并尽可能维护侨民及侨眷的利益，这是行业公会调解处理纠纷的主要原则。即使是海外的汇业总会，协调处理各帮侨批网络间的纠纷，也是其重要功能。“1947 年 1 月，琼侨汇兑公会以马来西亚各埠闽、广、潮等帮汇兑同业大肆贬价竞收琼属民信，以致造成恶性竞争为由，致函汇业总会：‘恳请总会转达闽广潮各帮汇兑同业，以后接收琼属民信，请依敝会所定汇价申算，如由敝帮任何一家驳转，则照同业回扣成例，予以最惠之待遇，以度竞争，而维同业。’汇业总会经董事会讨论后认为，此一办法不仅可以杜绝竞争，亦符合总会维持全体会员利益之主旨，于是向各会员发出通告，决议施行此办法。”[③]行业公会对于行业纠纷的调处，直接作用表现为维护行业秩序、保障会员商业利益，但其深层的作用却在于通过保障行业的正常发展，延续侨批的生命，以完成侨批承载的家庭责任使命。

(三)公权力调处

诉诸官府的公权力调处纠纷，是化解侨批纠纷的最终方式。虽然公权力调

---

① 《四五至四八年关于侨批业同业公会组织章程名册各商号批伙名册》，载汕头市档案馆藏：《伪汕头市商会档案》全宗号 12，目录号 9，案卷号 270，第 23 页。

② 新加坡潮州八邑会馆编：《新加坡潮州八邑会馆四十周年纪念暨庆祝新加坡开埠一百五十周年特刊》，新加坡潮州八邑会馆 1969 年版，第 225 页。

③ 《南洋中华汇业总会年刊》(第 1 集)，新加坡南洋中华汇业总会 1947 年版，第 87 页。

处需要遵从官府的程序性规定，并由司法官员作出最终决定，但由于潮汕侨批所承载的家族文化的深刻影响，官府调处侨批纠纷的过程、依据等很多方面都体现了潮汕家族文化的基础性保障作用，这在“吧国公堂”调处侨批纠纷的案件中有所体现。

“吧国公堂”即“吧城华人公馆”，是海外侨民对原荷属东印度的首府巴达维亚（Batavia，今印度尼西亚首都雅加达）华人评议会的中文称谓，“其主要职能在于处理吧城华人的民政事务。在某种程度上，公堂是将司法、民政以及社会公益福利事业的管理组织机构融为一体”①。由于侨批跨国递送的过程特点，身处海外的侨民只有在见到侨眷回批以后，才能确认水客或侨批局是否完整履行了传递侨批的义务，因此，侨批纠纷很多是发生在海外侨民与侨批从业者之间。由于侨民身处海外，这种情况下一旦诉诸公堂，一般只能是海外的公堂，“吧国公堂”就是典型代表。通过“吧国公堂”处理侨批纠纷的典型案例，可窥见在纠纷调处中的家族文化的影响。

在“吧国公堂”解决纠纷中注重公堂调解。潮汕侨批纠纷当事人双方一般均为潮汕同乡，有着共同的潮汕家族文化背景，即使侨批纠纷已经诉诸公堂，由于潮汕家族文化中和谐与团结观念的影响，双方一般也不愿意彻底撕破脸皮，其目的只是解决某一个案纠纷。“吧国公堂”的司法官也是华人，司法官认同和谐思想，而且也深知潮汕家族文化对纠纷双方当事人的影响，为尽快解决侨批纠纷，并尽力维护海外华人间的良好关系，在处理侨批纠纷时会主动采用调解的方式解决纠纷。如乾隆五十三年（1788 年）正月的“汤八叫汤巩”案。汤巩委托返回家乡的汤八带去家信一封，信中说，有寄双烛银一十六圆也由汤八代为带回，但实际上并无此银，导致汤八在家乡自己出钱赔偿，因此成诉。汤巩在公堂上供述说，去年汤八返回家乡前自己确实有委托汤八代为传信，并嘱咐汤八在临行前再来取银，但汤八临行时没有再来，而自己又因病不能行动，所以才有书无银。司法官居中调解，汤巩除了要偿还汤八双烛银一十六圆以外，还需要

① 邓达宏、邓芳蕾：《侨批与侨乡民俗文化探析》，载《东南学术》2015 年第 6 期。

偿还汤八来回坐船的船税。汤巩甘愿接受。[①] 这个案件充分反映了公堂尽力修复海外华侨之间的关系,以调解化解侨批纠纷的处理方式。

盟神是司法官查明案件事实的重要依据。侨批递送远涉重洋,时间较长,中间过程风险多发,一旦发生纠纷,对于批款损失的具体原因有时很难查清,这对司法官认定案件事实是较大的挑战。但由于潮汕家族文化崇尚敬畏神明,对神明的敬畏甚至已成为潮汕人的一种精神支柱,司法官相信案件当事人不敢对神明撒谎,因此普遍借助盟神的方式查明案件事实,以此作为解决侨批纠纷的重要依据。如乾隆五十三年(1788年)五月的"陈美叫陈金"案。陈美称:"前有交陈金去花边银八元,托其代带回家,在家并无接入此银。"陈金供称:"金回家,如无银交明,岂得宁静复出到吧(城)?"陈美云:"陈金谓银已交明,若敢盟神,不讨此钱。"陈金不盟。列台谕陈美往投外淡(管理国防、警察、司法等事务的国家机关)讯夺。[②] 又如乾隆五十四年(1789年)闰五月的"詹程叫郑妈遗"案。詹程称:"前交郑妈遗去银六十元,托其代带回家。及接家母来信,云只有接入银二十五元。"郑妈遗云:"程前有寄鹿皮四百一十领,估银六十元。及至家,鹿皮无价,总共发卖只有收银五元,克亏太多。"说罢跪在中庭,当天自誓。詹程曰:"罢了,他业已誓之于天,程亦不讨此钱。"[③]乾隆五十五年(1790年)的"杨节、林卑叫韩评"案,因韩评不敢盟神,司法官判令韩评清还杨节批款。[④] 借助盟神,司法官得以查明案件事实,案件也因是否盟神而有不同处理结果,盟神不仅决定了对案件事实的认定,也影响了案件的最终处理结果。

侨批纠纷中的赔偿普遍适用无过错赔偿原则。适用无过错赔偿原则主要是因为侨批批款是侨眷生计的主要或唯一来源,对于侨民承担家族责任具有重要意义。鉴于侨批批款与家信承载的浓厚家族文化,为了保护侨批制度,侨批

---

① 参见[荷]包乐史、吴凤斌校注:《吧城华人公馆(吧国公堂)档案丛书·公案簿》(第1辑),厦门大学出版社2002年版,第28页。

② 参见[荷]包乐史、吴凤斌校注:《吧城华人公馆(吧国公堂)档案丛书·公案簿》(第1辑),厦门大学出版社2002年版,第53页。

③ [荷]包乐史、吴凤斌校注:《吧城华人公馆(吧国公堂)档案丛书·公案簿》(第1辑),厦门大学出版社2002年版,第183页。

④ 参见[荷]包乐史、吴凤斌校注:《吧城华人公馆(吧国公堂)档案丛书·公案簿》(第1辑),厦门大学出版社2002年版,第278、280页。

纠纷的处理才普遍遵守无过错赔偿原则。如道光五年(1825 年)四月的“蔡玉成、李田、吴佐等同叫黄庆强”案,蔡玉成等委托水客黄庆强带银回家乡,但黄庆强未向侨眷交付任何银钱。黄庆强在公堂上供称:“因本船犯风,银信失落海中,无可交还。”司法官驳斥曰:“他人许多银信原全无失,独汝之银信失落?况船虽犯风,幸平安到港。此银汝须一足清还。”后来黄庆强因未偿还,被惩责三十下大藤条并吊牌行街示众。[①] 在这个案件中,司法官表面上运用推理驳斥水客的申诉,但实际上并不考虑水客的经营行为是否有过错,也不考虑是否确实有海上风暴等不可抗力的存在,而是要求水客完全偿还侨民的银信,所遵从的就是无过错赔偿原则。涉及批信局的纠纷处理也是采用无过错赔偿原则,一旦侨批损失,都由侨批局承担责任,“无论天灾、兵祸,还是盗劫、脱失,都应绝对负责,将批款赔付收款人”[②]。在侨批纠纷解决中适用无过错赔偿原则,在一定程度上对水客与侨批局是有失公允的。但是,这种有失公允的原则之所以能够被侨批行业所接受,并成为官方处理侨批纠纷的准则,恰恰是因为在潮汕家族文化深刻影响下的侨批及侨批行业的特殊性。无过错赔偿原则最大限度上保障了侨批对家庭作用的发挥,最大限度地维护了侨眷与侨民的利益,实现了潮汕家族文化的内在要求。侨批纠纷往往发生在侨批传送过程中,一般水客或侨批局的责任较大,通过无过错赔偿原则的确定,也可以提高水客与侨批局的责任意识,可以最大力度地预防侨批纠纷。因此,无过错赔偿原则不仅是处理侨批纠纷的原则,客观上也成为预防侨批纠纷的重要手段与屏障。[③]

三、家族文化构筑的潮汕侨批纠纷调处方式评鉴

中国几千年以来的社会生活与文化意识共同塑造了丰富的家族文化,而由于中国地域广袤与发展不平衡,家族文化具有地域特色。在历史上,潮汕地区

---

① 参见袁冰凌、[法]苏尔梦校注:《吧城华人公馆(吧国公堂)档案丛书 · 公案簿》(第 2 辑),厦门大学出版社 2004 年版,第 202、209 页。

② 路晓霞、陈胜生:《潮汕侨批行业制度研究——以 20 世纪三四十年代的潮汕侨批档案为资料》,载《档案》2013 年第 6 期。

③ 参见张洪林、朱腾伟:《家族文化构筑的潮汕侨批纠纷调处方式探析》,载《广东社会科学》2019 年第 2 期。

家族文化观念浓郁,家族文化的作用凸显,家族文化对内是团结家族的精神力量,对外也规制着家族成员的诚信行为;家族文化不仅约束着家族及其成员,还影响着社会与国家。潮汕家族文化构筑的纠纷调处方式表明,文化在纠纷解决中具有独特的作用,具有文化底蕴构筑的纠纷预防屏障,将人们的文化信念、社会规则、国家法律熔为一炉,以润物无声的方式预防和化解纠纷,也为纠纷调处提供了一个独特的地方治理范式,有其借鉴价值。在当下,家族文化仍传承并影响着社会和人们的生活。在中国特色社会主义进入新时代之际,坚持"依法治国与以德治国相结合",德法共治有着现实的价值。① 习近平总书记指出:"历史是人民创造的,文明也是人民创造的。对绵延5000多年的中华文明,我们应该多一份尊重,多一份思考。对古代的成功经验,我们要本着择其善者而从之、其不善者而去之的科学态度,牢记历史经验、牢记历史教训、牢记历史警示,为推进国家治理体系和治理能力现代化提供有益借鉴。""治理国家和社会,今天遇到的很多事情都可以在历史上找到影子,历史上发生过的很多事情也都可以作为今天的镜鉴。"②弘扬侨批文化,发挥其在社会基层治理中化解纠纷的功效,发掘法治的本土资源,从历史中寻找基层治理的经验,是贯彻新时代中国特色社会主义思想,坚持"道路自信、理论自信、制度自信、文化自信"的重要方式。在新时代中国特色社会主义思想的引领下,在基层治理中将传统文化与现代法治有机结合,充分考虑乡土社会的社会现实和文化基础,加强基层法治建设和精神文明建设,重视国家法律、自治规范、传统道德、礼仪风俗等不同社会规范的治理功能,充分发挥行政机构、司法机构、社会组织、民众等各类主体的作用,创建多层次、多领域的综合治理体系,发掘中国特色社会主义文化的底蕴,创造性地继承和发展中华民族五千多年文明历史所孕育的中华优秀传统文化,吸收地方法律文化在基层治理中的经验,基层治理自古就有"百里不同风,千里不同俗"的特点,现代的基层治理不仅要贯彻国家法律的统一性,也需要重

① 参见张晋藩:《论中国古代的德法共治》,载《中国法学》2018年第2期。

② 习近平总书记2014年10月13日在中共中央政治局第十八次集体学习时的讲话,《习近平在中共中央政治局第十八次集体学习时强调牢记历史经验历史教训历史警示为国家治理能力现代化提供有益借鉴》,载《人民日报》2014年10月14日,第1版。

视地域特性，重视地方文化的挖掘与传承，充分吸收和总结地方治理的智慧，为现实新时代“自治、法治、德治相结合”基层治理筑牢文化根基。[①]

第五节 潮汕侨批中渗透的法律文化

潮汕自古土地贫瘠、物产匮乏，潮汕居民仅靠农耕无法满足生活之需，只能远赴海外，但潮汕社会深受家族法文化的影响，伦理纲常和家族观念对侨民有着强大的约束力，为与家人联络和汇款，履行家族成员的责任，潮汕侨民创造了侨批这种特殊的家信，因此，家族法文化是潮汕侨批的根基。近代以来，传统法律文化开始转型，邮政法律法规将潮汕侨批纳入了国家的管控，形成了民间法与国家法的互动，为潮汕侨批注入了新的文化内涵，折射了中国法律现代化的轨迹。

一、潮汕侨批的根基是家族法文化

潮汕侨批发展的内在动力是侨民供养家庭的强烈需求。潮汕文化是岭南汉族文化的组成部分，礼法兼用、家族本位的特点深刻融化在了潮汕家族文化中，孔子指出“孝悌也者，其为仁之本欤”，并强调“孝”不仅是物质上的“养”和行为上的“劳”，而是发自内心的“敬”。[②] 潮汕侨批首先是以“劳”实现“养”的载体，信款一体的民间法规则反映了家族义务对海外侨民的约束。同时，宗法伦理强调“亲疏有分”“贵贱有别”，因此措辞、收批人、款项分配上又体现出“敬”的特点。

其一，潮汕侨批是家族情感的纽带。侨批是潮汕侨民与家人交流的唯一途径，也是维系着家族文化的纽带。侨批的语言与文字都蕴含着家族情感，如新加坡的潮汕侨民陈应传先生在外“奔波十余载，尚赤手空拳，未得酧愿”，无力给

---

① 参见张洪林、朱腾伟：《家族文化构筑的潮汕侨批纠纷调处方式探析》，载《广东社会科学》2019年第2期。

② 《论语·为政》。

家中亲人寄款接济,因此在侨批中写道:“非传不知家中之痛苦,奈命生如此,惟有昂首问天叹息而已”。[①] 泰国的潮汕侨民陈林成批信中记载“有厚利入手,不用远念,家中老少定获平安”[②],显然是在泰国近况良好,收益颇丰,可以让家中“定获平安”。家族纽带是潮汕侨批的根本动力,家族为先的文化基础促进了潮汕侨批的发展。

其二,潮汕侨批是侨民对家族的经济支持。潮汕地区很多家族成员依靠出国务工来改善经济水平,潮汕侨批成为其重要的经济来源。批款主要用于补贴家用和支援宗族。补贴家用的批款用日常生活支出和子女教育费用,侨民还会主动要求家人在回批时告知生活用款的金额,以便日后汇出,如“家中粮食,什物用款,亦须回明,以免吾念”或“如米粮不足各等事件,至切回明来知”等。[③]

除维持家庭生计,批款的另一用途是援助宗族。潮汕地区宗族的影响力在两宋时期就非常强大,宗族组织盛行,到清朝中后期,潮汕的宗族已经发展为重要的力量,成为潮汕民间社会关系的核心。侨民虽然远赴海外务工,但依然肩负宗族的责任,常有批款用于援助宗族成员。以潮汕侨民吕文光 1937 年寄给妻子的侨批为例,批信中记载“兹寄中央币肆拾元,肆元送我外祖母,三姆、五姆各送两元,炳祈奢兄送二元,隆奎弟、文粗弟、遥珍妹各与壹元为茶品之播,余为家务之用”,40 元批款中有 13 元汇给了宗亲友邻。据统计,潮汕侨批中援助宗族的批款平均占到批款总额的 37%,侨民对宗族关系的重视程度可见一斑。[④]

侨批还是侨民参与宗族生活的一种方式,批款有很多用于具体的宗族活动。在档案资料中,侨批涉及的宗族活动主要有以下几种:(1)给长辈祝寿的寿礼,如“函外大银拾元,祝大人寿比南山之喜”[⑤];(2)亲友亡故的丧葬费,如 1927 年侨民陈少石因外祖母“蔡妈”病故而随侨批寄来的丧葬费;(3)节日祭祀宴请

---

① 王炜中:《潮汕侨批可与徽州契约媲美》,载《东方收藏》2010 年第 3 期。

② 潮汕历史文化研究中心编:《潮汕侨批萃编》(第 2 辑),公元出版社 2003 年版,第 3 页。

③ 参见潮汕历史文化研究中心编:《潮汕侨批萃编》(第 1 辑),公元出版社 2003 年版,第 82 ~ 84 页。

④ 参见吴润填:《侨批——潮汕文化底蕴的折射》,载《广东广播电视大学学报》2007 年第 5 期。

⑤ 潮汕历史文化研究中心编:《潮汕侨批萃编》(第 2 辑),公元出版社 2003 年版,第 10 页。

的钱款,如潮汕地区祭祀神明的节日“灯首”,在灯首节前寄出的侨批中通常有明确的“新年灯首请客之款”[①];(4)乡里各类捐派,如“所云此次我的名下壮丁派粟三斗十元,又报告再题派一石潮汕侨批二斗粟”[②]等。支援宗族的批款种类繁多,间接反映了海外侨民与国内宗族保持着紧密的联系。通过侨批,侨民间接参与了家乡的活动,维系着宗族成员之间的关系,使潮汕的宗族关系超越了地域的限制。

其三,潮汕侨批蕴含着儒家伦理纲常。儒家法文化以“五伦”为中心,强调以礼“正名分”,[③]潮汕居民深受儒家法文化的影响,侨批的收批和分款必须严格遵循长幼有序、亲疏有别的准则。

在收取侨批时,收批人要依据身份尊卑确定。如果侨批用于接济整个家族,收批人必须是家族身份最尊贵的人:祖母在,则批信不寄母亲收;母亲在,则批信不寄妻子收。以1955年的一封侨批为例,侨民沈怀勤曾瞒背着母亲单独寄钱给妻子,被发现后引起了母亲的不满。[④] 于是他在批信中向母亲表示妥协,明确说明“如果大人认为不可,儿下次勿写给她”,并信誓言“吾们兄弟才永远还是兄弟”,[⑤]可见家族伦理在潮汕侨批中的有力影响。[⑥]

收到侨批后,钱款的分配也要考虑宗族成员的身份和地位,并在批信中写明分款的金额。如侨民蔡自有1952年寄“家慈亲大人批”中记载“寄港币五十元,内抹壹拾元三婶母收,又拾元细婶母收,又五元吾妹收,存者家中之用”;又如“程洋岗陈镇绪1939年呈慈亲大人”批中“中央法币陆拾元,内计拾元送庶母,壹元送三婶,肆元给阿金,五元给梓叔之妻,余存肆拾元以应家中之用也”,

---

① 潮汕历史文化研究中心编:《潮汕侨批萃编》(第2辑),公元出版社2003年版,第6页。

② 潮汕历史文化研究中心收藏档案,潮汕侨批第一部,第44页。

③ 《礼记·曲礼》。

④ 批信全文为:“儿是次寄多少银项给吾妻费用,大人认为不满意,料必是吾妻来言说者不美,所以才致没有兄弟手足等情。望大人勿有错怪寄给者,原应余想生为妇人如若要买多少物件,费用事事向您妥银恐为不便。生为弟辈如若无银向您妥敬为合式。大人认为不可,儿下次勿写给她,要费用您可给她,因她上次来言与此事无关。望勿过她。吾们兄弟才永远还是兄弟。”参见潮汕历史文化研究中心编:《潮汕侨批萃编》(第1辑),公元出版社2003年版,第406页。

⑤ 参见潮汕历史文化研究中心编:《潮汕侨批萃编》(第1辑),公元出版社2003年版,第406页。

⑥ 参见张洪林、薛锐:《从习惯调整到国家规则:潮汕侨批中的法律文化透析》,载《华南师范大学学报(社会科学版)》2018年第1期。

都明确了亲属的顺位和收款的数额。①

二、潮汕侨批规制中显现了民间法与国家法的互动

侨批是一个民间习惯与国家法律综合作用的领域。侨民、侨眷、侨批经营者和国家在侨批规制中相互配合,形成复杂的法律关系,国家权力与民间力量在互动中明确彼此的界限,形成了潮汕侨批民间法与国家法共同规制侨批运行的机制。

其一,在民间法与国家法的发展中形成了二者的分工。侨批民间法是乡土社会的法律秩序,其约束力来自潮汕浓厚的家族法文化,旨在为侨民承担家族义务提供保障。因此,无论是信款合一还是回批确认,规范的都是侨批在民间的收发传递,使侨民的问候与汇款能够及时、安全到达家乡。因此从内在价值上,侨批与传统法文化本质是一致的,都是维护传统社会的家族关系。但传统法文化中并没有"侨"的概念,作为"天朝上国"的中国,面对的皆为"外夷",导致的结果是,1840 年之前侨批在政府之外独立地发展起来,形成了自己的规范和秩序,以民间的力量进行约束和管理,满足侨乡的通信需求。而国家法律则在更高的层次上,对家族文化和宗法秩序予以保障,并通过潮州府的施政教化进一步推行传统文化,使侨批的根基越加稳固。

1840 年后,西方政治、法律和经济等传入,中国近代国家意识逐渐觉醒,侨批民间法与国家法开始交接。从清末《开办邮政章程》开始,到 1945 年修订《批信事务处理办法》,国家法律围绕主体资格、定价权、运输线路等核心问题,构建了一套不同于民间法的规范。这一阶段,国家法与民间法在侨批的不同环节有了明显的分工与合作。国家法的规制重点是侨批的经营秩序,国家法逐渐冲破传统法的边界,将规制的重点从伦理关系转向了现代的社会关系。《开办邮政章程》初步确定了民间信局的经营范围和运输途径;《批信事务处理办法》更是系统规定了侨批业的主体资格、经营范围和法律责任,在侨批活动中建立起了

① 参见潮汕历史文化研究中心编:《潮汕侨批萃编》(第 1 辑),公元出版社 2003 年版,第 212 ~ 215 页。

现代法律秩序;而民间法则调整着侨批在乡间的收发传递,继续维系着乡土社会的家族法文化。在侨批保障上,国家法与民间法有着一致的追求,两者的分工有机结合起来,在一般的抢劫、盗窃案件中,同业公会利用自己的力量,发动乡村居民参与追缴,并积极为官方的调查提供支持;抗战时期面对巨大的压力,政府与侨批经营者相互支持,让侨批度过了艰难时期,为潮汕侨乡的近代发展提供了稳定的保障。

其二,民间法与国家法也在博弈中确定彼此的界限。当国家权力介入侨批规制中时,国家法与民间法的分工不可能一蹴而就,两者来自不同的知识传统,有不同的价值追求,在发展中必然要通过不断博弈和互动,来确定彼此的边界。在近代历史上,侨批民间法与国家法之间的博弈主要围绕着两个内容进行:(1)侨批的独立性。侨批规制的首要问题就是侨批的独立性。国家在规制侨批时,面对的是一种完全由民间掌控、兼具邮政与汇款特点的通信活动。侨批的特点决定了它既不能在传统法中找到依据,也无法从西方法制中得到经验。清末政府对自身的管理能力和官办邮政的服务能力有清醒的认识,因此采取了接受与吸纳的立场,承认了侨批的独立性,用温和的措施进行管理。民国初期政府一度尝试取缔侨批业,但由于侨批在潮汕民间的深厚基础,取缔政策在多方抵制下终告失败。1947 年政府再次尝试将侨批定性为金融活动,变相取缔批信局经营信件业务的资格,但依然在反对声中作罢。① 在围绕侨批独立性的多次博弈中,潮汕民间社会展现出强大的力量,国家出于地方治理的考量,最终维持了侨批的传统。(2)侨批流转环节的规制。在侨批的流转环节中,国家法逐渐加大了调控力度,侨批的流转环节涉及港口和海关这两个民间法难以介入的领域,清政府和国民政府在管理上有共识,要求批信局通过官办邮政运输侨批,并接受国家的监督,国家法得到了贯彻,侨批民间组织只能在费用标准上争取利益;随着国家法在调控侨批规制方面的日益成熟,考量更多的是国家的整体秩序,而不仅仅是迁就潮汕侨乡的利益,邮政总局为了限制侨批走私和外汇黑市

---

① 参见汕头市档案局、汕头市档案馆:《潮汕侨批档案选编》,潮汕历史文化研究中心 2011 年版,第 263 页。

而设置的检查监督程序，影响了侨批收发，遭到多方反对，但依然有限度地得到推行，为国家邮政与金融秩序的建立提供了保障。①

三、潮汕侨批规制的演变折射了中国法律近代化的轨迹

侨批民间法是潮汕乡土社会的内生秩序，在国家法律介入前就已经形成了较成熟的行为规范和活动准则。由于农业社会安土重迁的特点，民间的人员流动和迁移并不频繁，国家长期不重视民间的通信活动。而相比于普通信件，侨批又涉及海外的侨民，是一种跨国通信，更超出了传统文化的语境。侨批与国家法来自不同的知识传统，因而在 1840 年之前，国家很少干预民间的侨批活动，侨批民间法在政府之外独立地发展起来，形成了一种独特的传统。但侨批的外洋特性与清代海禁政策不相恰，民间法与国家法在分工之外也存在抵触，最典型的就是顺治三年（1646 年）《大清律集解附例》中明确禁止出海活动，“凡官员、兵民私自出海贸易，及迁海岛居住、耕种者，均以通贼论处斩”，以及顺治十三年（1656 年）《申严海禁敕谕》中对私自出入国境的人“一经拿获，即行正法”的规定。② 但清政府在岭南地区的管理能力有限，在潮汕多依赖地方的宗族力量，因此侨批的规制权力仍然掌握在民间团体手中，在政府接受了近代国家理念，开始行使管理职能时，侨批已经与潮汕社会紧密交织在一起，成为潮汕文化的一部分。

晚清以降，中国开始了痛苦而漫长的现代化进程。清末国家初次介入侨批规制时，由于缺乏足够的经验与资源，国家权力与民间权力实际上是一种竞争关系。税务总司筹办邮政时考察西方经验，“查此时在欧美各国皆有邮政官局，其邮政事宜皆归官办，不准本国商民私设信局”，但面对邮政基础薄弱、国家规制能力有限的现实，大清《开办邮政章程》只能采取“各处华商信局仍听其便”的立场。但近代国家是一个有机的整体，清政府一旦取得了侨批规制的主体地位，就可以在价格、邮路和出入海关等问题上制定规范，从其他方面予以规制。

---

① 参见张洪林、薛锐：《从习惯调整到国家规则：潮汕侨批中的法律文化透析》，载《华南师范大学学报（社会科学版）》2018 年第 1 期。

② 参见《敕谕沿海督抚镇申严禁海事》，载《郑成功档案资料选辑》，第 169 页。

由于清末国内局势动荡,清政府的治理日渐衰微,没有过分触及批信局的利益和侨批民间法的运行,侨批的国家规制与民间规制矛盾并不突出。

国民政府时期,近代国家体系建立,国家法将侨批纳入管控之中。以近代法制的观念来看,国家法律规制的主要内容是侨批业中的商主体与商行为,在主体上承认或规制主体资格的取得,在行为上强制民营局经营依附官办邮政。但民间主体并没有放弃维持侨批独立性的努力,当国家规制触及侨批的根基时,以同业公会为代表的侨批民间团体就会联合华侨力量,极力抗争,侨民是国民政府重要的国际资源,维系侨民与国内联系的侨批团体借此拥有了与政府谈判的资本,无论是国民政府的取缔、限制还是日本军方的军事管制,在侨批民间力量的抵制下都没能完全实现。由于潮汕侨批深入乡土的特点,国家权力始终难以触及侨批活动的终端,收发、投递都由民间自理。因此,国家法律与"信款合一""回批确认"的民间法在各自的领域发挥作用,半官半民的商业行会则在两者之间扮演着沟通协调的角色,形成了近代特色的大小传统分工与合作。

但在这一分工与合作中,一直伴随着两者之间的博弈,而其趋势则是国家法在与民间法的分工中逐渐占据主导地位。从清末《开办邮政章程》到民国《批信事务处理办法》,立法不断完善使私营批信局日益受到限制,1945 年后,国家基本掌管了跨国邮政线路的控制权和出入边境的检察权,使侨批无法再游离于国家规制之外。侨批从清末的官民合作,演变成官办邮政的特殊分支,侨批规制的主导力量逐步向国家法倾斜,而经营管理规制的完善,则将批信局的经营资格完全纳入国家管理,更凸显国家权力对民间法的替代。法律的转型意味着国家在公共领域的责任越来越大,国家法在社会公共领域逐渐取代民间法是法律近代化的必然,侨批涉及的邮政在现代社会中是公共服务的核心,必然要通过国家立法的严格限制来实现转型,潮汕侨批从民间法规制到国家法规制的历程,折射了中国法律近代化的轨迹。

潮汕侨批法律规制的变迁,见证了中国法律近代化的发展历程。在中国传统社会中,潮汕法律文化是一个独特的存在。一方面,潮汕家族法文化是中国传统法律文化的典型代表,身份等差、尊卑有序的伦理纲常在潮汕社会有强大的影响,潮汕侨批中处处体现着伦理纲常的痕迹;另一方面,潮汕法律文化又是安土重迁的传统社会中的异类，有庞大的华侨群体和浓厚的商业气息，潮汕地区地处广东、毗邻海外，是中国近代化的前沿地带，近代文化多由广东开风气之先，潮汕侨批就是这种家族伦理与商业经营融合的奇妙产物，在近代化的背景下展现了中国传统法律文化转型的独特图景，潮汕法律文化中诸多抽象与具体的规定，以及潮汕民众实践中的意识与观念，通过潮汕侨批这一载体留下了丰厚的法律文化遗产，潮汕侨批法律文化的发掘，拓宽了对潮汕法律文化认识的视野。[①]

① 参见张洪林、薛锐：《从习惯调整到国家规则：潮汕侨批中的法律文化透析》，载《华南师范大学学报（社会科学版）》2018 年第 1 期。

第六章　潮汕官吏的法思想与实践

正所谓一方山水养一方人，潮汕地区人杰地灵。自古以来，这片土地孕育了一代又一代潮汕人，在各行各业当中都有众多杰出的代表。回顾过往，有很多杰出的官吏生于潮汕，虽在外为官，但心系家乡；也有很多虽然不是潮汕人，但在潮汕为官，他们都在潮汕留下了丰功伟绩。仔细考究这些与潮汕息息相关的先贤，他们的众多事迹时至今日仍被民众广为传颂，他们的法思想与实践，仍对现代社会有很大的影响，值得传承和借鉴。

第一节　清官祭祀与信仰

一、皇帝与官吏的潮汕风范

多神崇拜在潮汕地区很普遍，寺庙道观遍地。更有甚者，潮汕民妇每年中约有一半时间都耗费在对神鬼的虔诚跪拜上。潮汕民众既有自然神崇拜、物灵神崇拜、祖灵神崇拜，又有人物神崇拜等，如妈祖崇拜，代表着对和谐的祈求与悲悯情怀的关注；韩愈崇拜，表达着对儒家文明和文化秩序的景仰倾慕；关公崇拜，预示着对传统中国忠义的虔诚和诚信的谨守，这些信仰无不与潮汕质朴、务实和逐利的商帮文化精神相关。[①] 与法律文化密切相关的当属人物神崇拜，最具有代表性的是清官崇拜。潮汕人的祭祀信仰首先体现在对汉族皇帝的崇拜上，这当然是中原文化感召的遗留情感。南宋崖山之战的宋帝赵昺和明代崇祯

---

① 参见黄挺、陈利江：《潮州商帮》，暨南大学出版社2011年版。

帝朱由检是潮汕地区民俗节庆活动崇拜的对象。例如,每年的四月初八相传为太子爷神诞,即用来祭祀赵昺。现今汕头市潮阳区天台古庙中也塑有赵昺及左右丞相陆秀夫、文天祥和组织义兵助文天祥抗元的乡贤陈梦龙的神像。每年的三月十九日是明崇祯皇帝在煤山自杀的祭日,潮汕百姓便将此日作为太阳神诞之节加以纪念。潮汕区对这两位帝王的祭祀信仰与流行的说法"崖山之后无中国,明亡以后无华夏"①的中华文明历史记忆紧密相连。从帝王到将相的宗教信仰,实际上反映了潮汕人对中华传统儒家文明秩序的由衷信仰。因此,履职潮汕的历代名宦先贤均被潮汕人所祭祀。对父母官的勤政廉洁的向往期盼成为这种祭祀文化的当然理由。而清官崇拜向来在中国传统法律文化中占据着重要的地位,潮汕地区也不例外。② 潮汕人对韩愈的崇拜不言而喻,自宋以来,尊韩成风,韩祠林立,尚有韩庙,江山道路里巷书院以韩冠其名者甚多。韩愈的儒者风范也曾被树立为神灵。澄海县樟林古港曾建有庙宇祭祀韩愈神像,并赋予韩愈教人食萎叶,除瘴疠之病的传说以强化韩愈神的形象。此外,潮州城隍神的原型也是潮汕名宦郭春震和吴均等人。郭春震,字以亨、菊坛,江西万安人,官至云南按察副使。嘉靖二十四年(1545 年)任潮州知府,嘉靖二十六年(1547 年)因修潮州府志被广为推崇,其在潮州府任上尊韩(愈)尊陆(秀夫),倡导文明教化,疏通韩江,畅通水运,繁荣闽粤经贸。并且极力平倭,加固黄冈镇城垣,卫内安外,遂"盗贼、倭寇有除,刁讼有惩,四维得正,六行得修,驱倭安民骎骎奏效"③。吴均,字云帆,浙江钱塘人。嘉庆二十四年(1819 年)举人,历署揭阳、惠来、嘉应、海阳。曾署潮州知府。吴均治潮最久,诛盗尤严,严以治官,宽以待民。"巡乡辄以二旗开导,大书曰:'但原百姓回心,免试一番辣手。'化莠为良,保全弥众。从役有取民间丝粟者,立斩马前,民益畏服。"④吴均在潮州的主要政

---

① "崖山之战"即宋元战争。自公元 1235 年全面爆发至 1279 年崖山之战宋室覆亡,持续近半个世纪。据史料记载,1279 年 2 月南宋残军与元军在新会崖门海域(今属广东省江门市)展开了一场历时 20 多天的大海战,双方投入兵力 50 余万,动用战船 2 千余艘,最终宋军全军覆没。

② 有关清官崇拜的司法文化研究,参见赵晓耕、赵启飞:《中国传统司法中的清官崇拜批判》,载《湖湘论坛》2009 年第 3 期。

③ 许继发:《潮州知府郭春震》,载《潮州日报》2009 年 9 月 30 日,第 C3 版。

④ 《清史稿 · 吴均传》。

绩是围剿匪患,但他在潮汕农业发展上也大有作为,“在潮阳以滨海地咸卤,开渠以通溪水,筑堤六千馀丈,淡水溉田,瘠土悉沃”①。其后因积劳成疾而死于任上。城隍神的形象塑造不仅需要保城安民的勇武,更需要经世济民的聪慧,唯有如此,才能被形象化为城隍神。明代的郭春震与清代的吴均均符合潮汕人对城隍神的神格期待。此外,城隍神的原型为本地极有作为的官僚,实际上与城隍神在中国传统法律文化中的地位十分相关。作为保护城镇百姓生命财产安全的神灵,城隍神实为古代中国司法之神。这样一种土生土长的神灵信仰,相当深厚地承载了中华民族世世代代对于安全、公平和秩序的认识和期待。②

实际上,潮汕各府县志中有载曾为其建祠坊者不下数百人。仅明清两代潮州城中累计建造的石牌坊就多达150多座,其中素有“牌坊街”之称的太平路就有40多座,以十相留声坊、昌黎旧治坊、四进士坊、三世尚书坊、状元坊最为著名。“十相留声”坊,顾名思义,“雁过留声,人过留名”。“十相”即曾先后贬至潮州的十大丞相,仅宋代就有陈尧佐、赵鼎、吴潜、文天祥、陆秀夫、张世杰等六位宰相来到潮汕,加上唐代的常衮、李宗闵、李德裕、杨嗣复等四位,合称“十相留声”。其他历代名宦乡贤列入祠祀之著名者,如唐代潮州刺史常怀德、宋代知州彭延年、丁允元、马发,明代知府王源。府以下各县祠祀之著名者,如海阳乡贤祠之祭明代状元林大钦;潮阳名宦祠之祭明代知县宋元翰;揭阳名宦祠之祭明代知县冯元飚;普宁名宦祠之祭清代知县蓝鼎元;澄海县名宦祠之祭清代知县王岱等。上述诸多祠堂均为官绅所为,不乏阿谀之心。然所选祭祀之官均对当时潮汕区的稳定发展做出过重要贡献,但随着时光流逝,并未在民众心中形成祭祀崇拜之风。此后,这些乡贤祠和名宦祠多已荒废。实际上传统的政治力量消退以后“官方庙宇”的衰落,并不意味着“国家”的观念在乡民的信仰意识中无关紧要。③ 即使民间崇拜持久的庙堂非民间自发奉为神灵者,如在潮汕沿海一带建立的周王公庙,但这些依然是“国家”作为一种政治和文化“正统”持

---

① 《清史稿·吴均传》。

② 参见范依畴:《民间司法公正观念的神话表述及其特征——明清文学中“城隍信仰”的法文化解读》,载《法学》2013年第1期。

③ 参见陈春声:《正统性、地方化与文化的创制——潮州民间神信仰的象征与历史意义》,载《史学月刊》2001年第1期。

续对潮汕地区文化秩序产生影响的证据,潮汕从未被边缘化。周王公庙,又称巡抚总督庙,以祭祀清代康熙初年两广总督周有德和广东巡抚王来任。"巡抚爷"和"总督爷"被潮汕人供上神坛,与清初实行的斥地政策有关。

斥地也叫迁界、迁海,是清初为防止郑成功反清的海禁政策,然海禁对沿海居民的生计造成了巨大的破坏。《广东新语》载:"三日尽夷其地,空其人,民弃资携累,仓卒奔逃,野外露栖,死亡者载道,以数十万计。""自有粤东以来,百姓之祸,莫惨于此"。[①] 嘉庆年间《澄海县志》追记到:"三次迁斥,城堕民散,全县几废。……村落蔓蒿,城郭为墟。"澄海秀才佘元晖因斥地作《迁海界怅望故里》诗一首:"咫尺天涯隔万重,道旁回首正春浓。燕辞故垒花争落,狐入空庭墓漫封。万灶烟深余废井,千山冷月照孤松。哀鸿遍地归何日,只索吞声说旧踪。"地方官员由于惧怕背上违抗皇命的罪责而不敢对中央斥地政策的危害如实上报,但广东巡抚王来任则是一个例外。康熙六年(1667 年),王来任经过实地考察,上疏《展界复乡疏》请求复界。由于此奏疏不仅替因禁海迁界而惨被荼毒的沿海百姓呼吁,还指责"折回田地之令"妨农病民,王来任遂因"自陈不职"而革职。康熙七年(1668 年),在身患重病弥留之际,王来任仍不忘展界复乡之事,遗疏中依旧宣称:"边界急宜展也。粤负山面海,疆土原不甚广。今概以海滨之地,一迁再迁,流离数十万之民,每年抛弃地丁钱粮三十余万两。……臣请将原迁之界悉弛其禁,招徕迁民复业耕种与煎晒盐斤:将港内河局撤去其桩,听民采捕;将腹内之兵尽撤,驻防原海州县,以防外患,于国不无小补,而祖宗之地又不轻弃,于民生大有裨益。……臣抚粤二年有余,亦未闻海寇大逆侵掠之事,所有者仍是内地被迁逃海之民相聚为盗。今若展其边界,即此盗亦卖刀买犊耳。舍此不讲,徒聚议,不求民瘼,皆泛言也。""欲使民不困苦,需将迁之界速解其禁,使迁民或复业耕种,或煎盐晒卤;并将内外河桩撤去,由民采捕。"时任两广总督的周有德在读罢王来任的奏疏后,感动之至,决定将王来任《展界复乡遗疏》上奏皇帝。康熙八年(1669 年)正月清廷下令允许部分地区展界。当奉旨钦差会同周有德到广东各地勘展边界时,百姓闻之跪迎,欢呼庆祝。于是,实心为民的

---

① 屈大均:《广东新语》卷二,《迁海》。

王来任与周有德开始成为潮汕沿海居民的神灵。①

二、汉法与官吏的潮汕机遇

潮汕地区民众信仰多元,以上列举的汉代帝王和能吏的信仰与传统中国政治文化乃至法律文化密切相关。对汉室末帝的宗教祭祀来自潮汕文化的华夏文明根基,是对中原文明记忆的一种提醒。虽然地处边陲小地,华夏文明之风依然在此持续影响,这是讨论潮汕法律文化或者潮汕法律秩序不可绕开的文化背景。而对为民请命、政举民安的清官廉吏和先贤能吏的崇拜祭祀出自潮汕民众务实性格。对勤政爱民能吏的膜拜和期盼幻化成无数的庙宇祠堂,神灵般的信仰不仅为潮汕官员的后来者带了一种无言的榜样提醒和无形的律法掣肘,也同时为中央在选择潮汕地方官员时必须给予慎重的考虑提供了一个必要的选官理由和充分的参照系统,无怪乎潮汕地区的赴任官员名垂青史者数量庞大。而不可忽视的是,潮汕地区作为远离政治中心的偏远之地,常常成为贬谪官员之地。根据嘉靖二十六年(1547 年)潮州知府郭春震主持编纂的八卷本《潮州府志》和顺治十八年(1661 年)潮州知府吴颖主持编纂的十二卷本《潮州府志》统计,谪潮官员唐代有 10 人,宋代 8 人,明代多达 28 人,清代 1 人。其中明代中叶曾有九尉贬潮,即神宗万历十四年(1586 年)至二十三年(1595 年)的 10 年时间里,有 9 位朝廷官员被贬到潮州各县当典史(知县属下尉官)。九尉贬潮,十载之内,无邑无之,将朝廷能吏全部安置潮汕地区的各县。谪潮贬官大多因敢于直言进谏或秉公行事而受贬谪,到潮任上依然能够坚持正义,造福百姓。大多遭贬官员都会在潮地励精图治,东山再起,从此意义上,中央将名人儒士能吏降级到潮州任用,多数官员均能为贬谪地潮汕积极行政,如兴学传道、铺路修桥、防贼反盗、富民安城等。这些饱受儒学礼义教化熏陶的知识精英,为潮汕地区的文化繁荣和风气提升所做出的贡献是无法估量的。据不完全统计,潮汕之地的古代名宦乡贤颇多,其中唐宋 9 人(陈元光、大颠、赵德、王大宝、郑南升、郭

---

① 参见沈玮玮:《古代边陲治理:潮汕地区法文化透视》,载《人民法院报》2017 年 2 月 17 日,第 5 版。

叔云、马发、张达和陈璧娘）；明代 10 人（薛侃、翁万达、林大钦、林大春、郑曼、林熙春、萧端蒙、唐伯元、郭之奇、林阿凤）；清代 5 人（郑大进、郑昌时、丁日昌、方耀、曾习经）；[1]民国潮汕籍人士更是英雄辈出，多达 28 人（张永福、许雪秋、邹鲁、张竞生、杜国庠、郑正秋、许地山、翁俊明、罗卓英、许甦魂、蔡翘、徐光英、方方、许涤新、陈波儿、冯铿、马大猷等）。[2]

在下面的具体阐述中，我们只是从潮汕的众多官吏中选择了唐宋时期的韩愈和彭延年；明清时期的翁万达、萧端蒙、周光镐、林熙春和蓝鼎元。这些官吏要么是被贬官到潮汕，在潮汕任职时其法思想与实践对潮汕产生了重大影响的，如韩愈；要么是潮汕人，通过科举到中央或其他地方做官，且其官职与国家的军政法制相关，有相关的法思想与实践也对潮汕有重要影响的，如彭延年、翁万达、萧端蒙、周光镐、林熙春；要么是潮汕人在潮汕任职，在其职位上法思想与实践有较大影响力的，如清朝的蓝鼎元。其实，即便是从上述条件来看，符合这些条件的官吏也很多的，但因篇幅所限，并考虑到与其他章的衔接，[3]因此我们把重点也是放在明朝的。

第二节 唐宋时期潮汕官吏的法思想与实践

唐代中期以后，由于战乱，使社会风气和吏治风气日渐败坏，佛教、道教乘势而起。为了匡救时弊，一些思想家提出应坚持儒学的正统思想，韩愈就是其中的代表人物。彭延年生于北宋中期，其法思想在理论上虽然并不系统，但为官 35 年，在中央刑部和潮州地方都任过职，政绩颇为突出，是北宋时期对于法的实践较有代表性的人物。

---

① 参见郑智勇等编著：《潮汕古代名人》，暨南大学出版社 2011 年版。

② 参见沈玮玮：《古代边陲治理：潮汕地区法文化透视》，载《人民法院报》2017 年 2 月 17 日，第 5 版。

③ 本编第四章，也是以明朝为重点。

一、韩愈

韩愈(768~824年),字退之,号昌黎,河南河阳(今河南孟县)人,唐代的思想家,文学家。韩愈历任监察御史、刑部侍郎、吏部侍郎等,也曾遭贬斥外放做地方官,其中在潮州任职8个月,对当地影响很大——"令潮州山水皆姓韩",作品编为《韩昌黎集》。

韩愈的法思想与实践主要体现在以下方面。

(一)"道统"论:儒家正统的传承

韩愈的"道统"论是在面对道教和佛教的挑战时,为维护儒家的正统地位而提出的。"道"这个范畴首先是道家阐发的。但韩愈提出,儒家的"道"与道家的所谓"道"是不同的。韩愈在《原道》中释"道"曰:"博爱之谓仁,行而宜之谓义,由是而之焉之谓道。"在韩愈所阐发的"道"中,其核心是"仁"和"义"。

韩愈对"仁"的理解,源于他对人性的认识,其理论源于孟子。韩愈在《原性》中曰:"其所以为性者五:曰仁,曰义,曰礼,曰智,曰信。"韩愈以仁、义、礼、智、信为人性的内涵,将人性的本质归结于道德理性,相较于孟子以仁、义、礼、智四德作为人性的构成,韩愈增加了一个"信"字,变"四德"为"五常"。"四德""五常"都属于道德理性,是人类区别于动物的本质属性。以五常论性,最早在班固的《白虎通义》中就有,其《礼乐篇》称:"人无不含天地之气,有五常之性。"《五经篇》《谏诤篇》则明确地以仁、义、礼、智、信称"五常"。《汉书·刑法志》中也有所谓"人宵天地之貌,怀五常之性",《汉书·地理志下》所谓"凡民函五常之性",与《白虎通议》所指相同。《论语·为政》"殷因于夏礼",马融注:"所因,谓三纲五常。"宋邢昺疏引《白虎通》云:

> 五常者何?谓仁、义、礼、智、信也。仁者不忍,好生爱人;义者宜也,断决得中也;礼者履也,履道成文;智者知也,或于事,见微知著;信者诚也,专一不移。故人生而应八卦之体,得五气以为常,仁、义、礼、智、信是也。(《论语注疏》卷二)

韩愈认为"五常之性"与生俱来,是人类固有的本性。《原性》称"性也者,与生俱生也”,就揭示了这一性质。如果进一步追溯,人性正是源于天性。《尚书·洪范》“阴骘下民”,王肃注:“阴,深也。言天深定下民,与之五常之性。”(《尚书正义》卷十二)《尚书·汤诰》“惟皇上帝降衷于下民”,孔传:“皇上帝,天也。衷,善也。”《正义》:“天生燕民,与之五常之性,使有仁义礼智信,是天降善于下民也。”(《尚书正义》卷八)韩愈论性,往往与天命相通,如《论语·为政》“五十而知天命”,孔传:“知天命之终始。”《论语笔解》云:“天命深微至赜,非原始要终一端而已。仲尼五十学《易》,穷理尽性以至于命,故日知天命。”《论语·公冶长》“夫子之言性与天道不可得而闻也”,孔传:“性者,人所受以生也;天道者,元亨日新之道深微,故不可得而闻也”。《论语笔解》云:“韩日孔说粗矣,非其精蕴。吾谓性与天道一义也,若解二义,则人受以生,何者不可得闻乎哉。”《论语·尧日》“不知命无以为君子”,孔传:“命谓穷达之分”。《论语笔解》云:“命谓穷理尽性以至于命也,非止穷达。”由人性、天性而至于天命,韩愈的人性论,也由此被提升到终极关怀的高度。

韩愈对孟子心性构成理论的改造,最重要的不是增加了一个“信”字,而在于提出了一个“仁”字。在孟子的体系中,四德作为人性的组成部分,其地位是平行的。而在韩愈的体系中,“仁”是五常的核心、纲维,具有统御其他四德的地位和作用。孙汝听注“主于一”云:“主于一,谓主于仁也。”具体说来,道德高尚的人具有博大宽厚的爱心,这种爱心表现于行为规范,就是义、礼、智、信,这就是“主于一而行于四”。一般的人,仁爱之心不是有所缺乏就是有所违背,所以表现于行为规范,义、礼、智、信,或有或无,时强时弱,亦正亦邪。至于本性邪恶的人,完全背离了仁爱之道,当然就是不义不礼不智不信。以“仁”为纲维的五常在人性构成中的有无、强弱,构成不同品类的人性,这一心性构成理论,事实上得到了宋明道学家的全盘接受。程颢所谓“义礼智信皆仁”“仁者全体,四者四支”(《二程遗书》卷二),显然出自韩愈。

韩愈对儒学发展最重大的贡献,是选择孟子而不是荀子作为儒学的正统。《送王秀才序》明确宣称:“求观圣人之道必自孟子始。”这一选择,决定了韩学的根本走向,也影响了此后宋学的根本走向。宋明道学的绝大多数流派都选择性善而不是性恶作为人性理论的基本取向,这其中应该有韩愈的影响在内。[①]

人性本善的实质是众生平等。因此,明白了韩愈"性善"的伦理价值取向,就可以知道,《原道》的"博爱之谓仁",《原人》的"一视而同仁",已经超越了"亲亲"的等差之爱,达到了"泛爱""兼爱"的高度,这种博大的爱心,也就是《礼记・礼运》所说的"不独亲其亲,不独子其子"的人类之爱。

关于"义",韩愈在《原道》中云:"行而宜之之谓义。"这里的"行",指行为。"宜",为当、恰如其分。"行而宜之"的"宜",指矫正、修饬、整饬、裁制、品节,都具有强制性。"宜之",使之合宜,即矫正人性使之恰如其分。《原性》论"七情",要求"动而处其中""求合其中"。所谓"处其中""合其中",也就是"宜之"。从外在行为规范的角度理解,"义"强调行为的合理性,即《荀子・大略》中的"义,理也,故行";从内在道德理性的角度理解,"义"强调行为的恰如其分,即《礼记・中庸》中的"义者,宜也"。《周易・系辞下》:"天地之大德日生,圣人之大宝日位。何以守位?曰:仁。何以聚人?曰:财。理财正辞、禁民为非日义。"韩愈之说,兼内外而言之,溯源其始,应出《系辞》。归纳起来说,博爱是人的本性,遵循这样的本性而前行就是正道。这就是韩愈所阐述的"道"。[②]

"道统",就是韩愈所阐释的儒家思想在历史上的传授谱系。韩愈在《原道》中云:"由周公而上,上而为君,故其事行;由周公而下,下而为臣,故其说长。"道统的担当者,自周公而上,其身份为君主;自周公而下,其身份为臣下。周公本人虽然不是君主,但实际执掌政权,其身份介于君臣之间。《礼记・祭法》:"有虞氏禘黄帝而郊喾,祖颛顼而宗尧;夏后氏亦捕黄帝而郊鲧,祖颛顼而宗禹;殷人稀喾而郊冥,祖契而宗汤;周人禘喾而郊稷,祖文王而宗武王。……夫圣王之制祭祀也:法施于民则祀之,以死勤事则祀之,以劳定国则祀之,能御大灾则祀之,能捍大患则祀之。是故厉山氏之有天下也,其子日农,能殖百谷。夏之衰也,周弃继之,故祀以为稷。共工氏之霸九州也,其子日后土,能平九州,

① 参见刘真伦:《韩愈"性三品"理论的现代诠释》,载《山东师范大学学报(人文社会科学版)》2004 年第 4 期。

② 参见刘真伦:《性、道、教三位一体:论韩愈〈原道〉内圣外王的国家治理学说(下)——兼与亚当・斯密〈道德情操论〉比较》,载《周口师范学院学报》2016 年第 4 期。

故祀以为社。帝喾能序星辰以着众,尧能赏均刑法以义终,舜勤众事而野死。鲧鄣鸿水而殛死,禹能修鲧之功。黄帝正名百物,以明民共财,颛项能修之。契为司徒而民成,冥勤其官而水死,汤以宽治民而除其虐。文王以文治,武王以武功,去民之菑。此皆有功烈于民者也。及夫日月星辰,民所瞻仰也;山林川谷丘陵,民所取财用也。非此族也,不在祀典。"自尧舜禹到商汤文武的祀统,唐初也已经确立。

《旧唐书·礼仪四》:"显庆二年六月,礼部尚书许敬宗等奏曰:谨案《礼记·祭法》云:'圣王之制祀也,法施于人则祀之,以死勤事则祀之,以劳定国则祀之,能御大灾则祀之,能捍大患则祀之。'又:尧、舜、禹、汤、文、武,有功烈于人,及日月星辰,人所瞻仰;非此族也,不在祀典。准此,帝王合与日月同例,常加祭享。"以周、孔、孟子尤其是孟子上接尧舜禹汤文武,则为韩愈首发。韩愈构建的道统自尧舜禹汤文武下延至周、孔、孟子,有两大意义值得重视:一是内圣与外王兼重;二是学统与治统分立。

道统代表民族国家的法统,但君主并不是道统当然的担当者、守护人。"由周公而上,上而为君,故其事行;由周公而下,下而为臣,故其说长。"这就意味着:周公以前,即尧、舜、禹、汤、文王、武王的时代,道统的担当者是君主;从周公开始,下及孔子、孟子,道统的担当者不再是君主,而是士人。也就是说,体现民族文化传统的道统已经与体现现实政治权力的治统分离。

道统与治统的分离具有三个方面的含义:(1)道统的传承世世不绝,具有永恒性,对于民族国家,它是至高无上的存在,不会因为政权的更替而发生变化。(2)君主的权力是有限的,后代的君主要使自己的政权得到合法性,就必须遵循民族国家的法统也就是道统。换言之,君权只能在一定的限度内合法有效。[①](3)道统为士人提供人格独立的依托、精神皈依的家园,在这一意义上,道统已经具有终极关怀的高度。从此以后,人不再是社会的附庸,而是社会的主人。因为人效忠的顶点,是内在的道统,而不是外在的朝廷与君主,相反,君主也必

① 关于君权有限合法的思想,参见邓小军:《唐代的中国文化宣言——韩愈〈原道〉论考》,载《孔子研究》1991 年第 4 期。

须服从道统。韩愈之所以高度推崇伯夷、徐偃王，原因就在这里。[①]

韩愈在《太原王公神道碑铭》曰："生人之治，本乎斯文。有事其末，而忘其源，切近昧陋，道由是堙。"此处"斯文"，狭义地理解，即指志道之文；推而广之，应指先王之道。以"道"拟"斯文"，并尊之为"生民"之"本""源"，始见韩文。赵德《昌黎文录序》："昌黎公圣人之徒欤？其文高出，与古之遗文不相上下。所履之道，则尧、舜、禹、汤、文、武、周、孔、孟轲、杨雄所授受服行之实也，固已不杂其传。由佛及聃、庄、杨之言不得干其思、入其文也。是以光于今、大于后，金石燋铄，斯文粲然，德、行、道、学、文庶几乎古。"看来，赵德真正读懂了"斯文"。宋人论学首重"斯文"，当即肇源于此。

（二）"政统"论：君、臣、民"相生相养"的权利义务关系

韩愈在《原道》篇中还讲到了君、臣、民关系的"政统"，他指出："君者，出令者也；臣者，行君之令而致之民者也；民者，出粟米麻丝，作器皿，通货财，以事其上者也。君不出令，则失其所以为君；臣不行君之令而致之民，则失其所以为臣；民不出粟米麻丝，作器皿，通货财，以事其上；则诛。"此段文字"君""臣""民"并列排比，规范三者的权利与义务：君出令，臣行君之令而致之民，民出粟米麻丝、作器皿、通货财以事其上。不能履行自己的义务，"则失其所以为君""则失其所以为臣"，所以末段"以事其上"下，按文义应有"则失其所以为民"一句。这一判断并非凭空猜测，下文用"民焉而不事其事"规范"民"的社会义务，正是对上文的补充。所以这段文字的完整意义应该是："君不出令，则失其所以为君；臣不行君之令而致之民，则失其所以为臣；民不出粟米麻丝，作器皿，通货财，以事其上，则失其所以为民。则诛。"可知"则诛"二字，应覆盖"君""臣""民"三者，谓"失其所以为君""失其所以为臣""失其所以为民"者，均当受到责罚。因与下句"则"字重复，遂承上文省略了"则失其所以为民"七字。诛，意为责让、责备。后人误解"诛"为诛杀，而诛杀君主为大逆不道，遂删去"则失其所以为臣"七字，三个并列的排比句改变为一个单句、两个排比句："君不出令，则失其所以为君。臣不行君之令而致之民；民不出粟米麻丝，作器皿，通货财，以

① 参见刘真伦：《君、臣、民的权力分割：韩愈的政治思想》，载《周口师范学院学报》2019 年第 1 期。

事其上;则诛”。于是“则诛”二字只能覆盖“臣”“民”二者,“君”被开脱出“则诛”之外。实际上,韩文中诛责君主的文字比比皆是,删削“则失其所以为臣”七字不符合韩文原意,当从苑本等早期文献保留此七字。阅读这段文字,有可能出现两个误解:在文字诠释方面,将“诛”误解为诛杀;在异文校勘上,误脱“则失其所以为臣”七字,将“君”置于“则诛”之外。这样的理解,就和韩愈原文的旨意背道而驰了。就“行宜”而言,“君君,臣臣,父父,子子”(《论语·颜渊》),是孔子为“义”设置的分寸;“无欲害人之心”“无穿逾之心”“无受尔汝之实”(《孟子·尽心下》),是孟子为“义”设置的分寸;“限禁人之为恶与奸”(《荀子强国》),是荀子为“义”设置的分寸;“君者,出令者也;臣者,行君之令而致之民者也;民者,出粟米麻丝,作器皿,通货财,以事其上者也”,则是韩愈为“义”设置的分寸。突破了这一分寸,就应该受到责罚:“君不出令,则失其所以为君;臣不行君之令而致之民,则失其所以为臣;民不出粟米麻丝,作器皿,通货财,以事其上;则诛。”韩愈诛责君、臣、民的标准明确无误,这就是他们各自承当的“相生相养”的社会义务,不能履行自己的社会职责,就应该受到诛责。君、臣、民一视同仁,概莫能外。[①]

(三)“性三品”:“教”可以“化性起伪”

韩愈以儒家的仁、义、礼、智、信作为“五常”,以人性中所具有“五常”的多少为依据,将人划分为上、中、下三等,即“性三品”之说。他认为“上焉者,善焉而已矣;中焉者,可导而上下也;下焉者,恶焉而已矣”[②],并指出“上之性就学而愈明,下之性畏威而寡罪,是故上者可教而下者可制也”[③]。意为上品之人,天生善良,通过学习更加明辨事理。中品之人,根据教化、刑罚的实施情况;也许可弃恶从善,成为上品之人;也许放任成为下品之人。下品之人,本性恶劣,只有用刑罚来扼制。这就既强调了儒家道德教化的作用,也强调了刑罚的不可缺少,为正统法律思想提供了比较系统的理论基础。

韩愈认为,可以通过德教“化性起伪”。《原性》:“上之性,就学而愈明;下

---

① 参见刘真伦:《韩愈的义利观及其历史影响》,载《平顶山学院学报》2007 年第 1 期。

② 《韩昌黎文集·原道》。

③ 《韩昌黎文集·原道》。

之性,畏威而寡罪。是故上者可学,而下者可制也。"《论语笔解 · 阳货篇》释"性相近也习相远也""惟上智与下愚不移";云:"上文云'性相近',是人可以习而上下也。此文云'上下不移',是人不可习而迁也。二义相反,先儒莫究其义。吾谓上篇(《季氏篇》)云:'生而知之上也,学而知之次也,因而学之,又其次也,困而不学,民斯为下矣。'与此篇二义兼明焉。"按韩愈的理解,解决"相近"与"不移"之间的矛盾,必须将《论语 · 阳货篇》的两段文字与《论语 · 季氏篇》这段文字结合起来才能够"兼明"。换言之,《论语 · 季氏篇》的这段文字是解答"相近"与"不移"的一把钥匙。也就是说,所谓"移"与"不移",其关键在于"学"与"不学"。"困而后学"尚且可移,何况"学而知之"者?至于"困而不学"者,其品不移,也在情理之中。这样看来,韩愈所谓的"不移",也是有条件的。说得更明白一点,所谓"不移",就是指"困而不学"者,身陷困境仍然不肯学习,他又怎么可能"移"?当然,如果他愿意学习了,他就成为"困而后学"的人,仍然是可以"移"的。人是否能够向善自新,取决于他自己是否愿意学习。"移"与"不移","足乎己无待于外"。化性起伪的手段就是学习,学习的目的就是改造自己的心性,提高自身的素质。这样看来,存养正性与化性起伪,是"为己"之学的一体两面,二者相反而相成,共同构建起儒家"为己"之学的教育思想体系。① 通过教化可以使人向善的思想,韩愈在潮州任职时就进行了实践。他在潮州"驱鳄"和"兴学"②开启了潮州正统思想的教化,苏轼认为,韩愈是潮地王化的肇始者,对潮州宋以后教化的发展有重大的影响。

二、彭延年

彭延年生于北宋大中祥符二年(1009 年)三月,江西庐陵(今吉安)人,字舜章,号震峰,是大文学家欧阳修的远房表弟。彭延年与其族兄彭思永于北宋年间后先知潮。彭延年"幼勤学善文,六经子史,研究甚精",于《易》更有独到见解,认为其意无须疏注,"但塾读则见"。皇祐元年(1049 年)登进士。彭延年为

---

① 参见刘真伦:《传道、授业、解惑:韩愈的教育思想》,载《西华师范大学学报(哲学社会科学版)》2016 年第 2 期。

② 参见本书第四章第一节的相关内容。

官35年,在中央刑部和潮州地方都任过职,政绩颇为突出,虽然其法思想在理论上并不系统,但其却是北宋时期对于法的实践较有代表性的人物。

彭延年的法思想与实践主要体现在以下方面。

(一)“勤于案牍”公正办案

据载,彭延年中进士后,皇上曾“召问”,并曾召至隆儒殿,后授福州府推官,主管一州司法,专掌推勘、刑狱、诉讼。彭延年到任之后,“勤于案牍”,即他在办案中秉承以案件事实作为办案的基本依据,在弄清事实的基础上公正裁判。正是因为坚持这种理念,他在办案中“颇能详察闻见”,就是深入实际对案件事实进行调查,就是“穷民贱胥”,也得以转达衷曲。在福州任推官时,即有重囚犯亲属要“置酒宴”,请他在州守面前代为说项。他坚决予以拒绝,并喻之以理,使“走后门”的人“皆悔惧”。有一豪强横行乡里,强夺民田,连州守也不敢过问,彭延年“怒置于理籍”(理籍亦称理所,刑狱之所),终使该豪强将所夺园归还于民。由于他秉公执法,政声上达,被提拔为大理寺评事。

(二)“好生恰民”为政以仁

彭延年在大理寺任职期间,其职责是“出则‘承诏’推鞫罪案,入则参议寺内疑狱”。他在办案中,秉承着“好生恰民”传统观念,慎重刑罚。“好生恰民”是源于儒家的“仁政”思想,在《论语》中“仁”字出现了百余次。孔子在多个场合对仁作出解释,他的仁的含义就是“亲”和“爱”。孟子也说:“仁者,爱人。”孔子认为,爱人是一种泛爱,即“泛爱众”,包括君子和小人,在《论语·乡党》里就有记载:“厩焚。子退朝,曰:‘伤人乎?’不问马。”这里人和马是相对称的,表明孔子所关心的人更可能是处于社会底层的“小人”。孔子的仁是以己为出发点的,所谓己包括一切人。君王有君王之仁,臣民有臣民之仁,父亲有父亲之仁,儿子有儿子之仁。《礼记》引孔子语曰:“君子之道四,丘未能一焉。所求乎子,以事父,未能也;所求乎臣,以事君,未能也;所求乎弟,以事兄,未能也;所求乎朋友,先施之,未能也。”这段话正反映了不同的主体,或者说处在社会关系不同位置上的人,都有其仁,都可以不同的方式表达或实施自己的仁。孔子的仁既可作为一般社会成员为人处世的要求,也可以作为为官治政者的行政治民原则。它既是道德的信条,也是法的精神。一般人行仁,表现为一般的爱人;而统治者的仁则表现为德。“为政以德”(《论语·为政》)就来自统治者的仁。“为政以德”也成了孔子以及后世儒家学说中最为基本的政治和法律原则,并被后世所传承。彭延年在为官的职业中,将“为政以德”转化为“好生恤民”的思想并贯彻到实践中,主要表现如下:

其一,富民养民是为政之本。彭延年深谙富民与强国的辩证关系,把“扰民”当成大流弊,特别注重不要“扰民”,以让人民在灾害之后,减轻负担,安定生活,发展生产,恢复元气。例如,他知潮之后,潮之茶、盐两宗已逐年递增收入,从二万缗累增至八万缗。有人建议鼓励“告讦”以增赋税,他认为这是“扰民之举”,断然表示,“吾不为也”。他还曾在疏奏中说“利民之惠有限,不扰民之惠无穷”。朴实而深刻,充分体现了他重视休养生息,以期民富而后国强。

其二,体恤农民的疾苦,祛弊赈灾。彭延年十分清楚,天灾是农业社会的大敌,若不能安置好灾民,而任其流离失所,田园荒芜,社会就会动荡不安。为此,他每到一地,每遇天灾人祸,总会挺身而出,毅然为农请愿,竭力为民解悬,尽快让灾民复业,恢复生产。在福州,曾遇天旱,州吏秉承监司之命,仍然要农民交纳田赋。彭延年愤怒地说:旱情如此严重,“民食已绝,尽倾谷仓犹不够赈灾,怎么还可以强要租赋?”数日后朝廷派使臣到来赈灾,彭延年即大诉民间疾苦,深得朝廷重视。与此同时,对于当地陋俗,则多方予以废除。民习于“暴柩”,则“以理谕葬”;僧尼众多,则“悉令婚配”;“尚气轻生”以“诬人”,则明断是非,煞住恶俗。督漕期间,他见江淮旱灾、蝗灾接踵而至,赶紧奏请朝廷派使臣巡视。有关官吏却迟迟未予转报。他不禁着急地奏道:“宫中半日不食如何?”在他的催促下,朝廷终于“遣使开仓赈恤”,使江淮灾民“归而复业者三千余户”。

元丰五年(1082年),韩江大水决堤,“溺民田舍”,灾民“弃家舍业以避”。彭延年赶忙组织修堤。筑堤所需费用,大半出自他自己的俸金。同时,他采取减轻赋税,赈济灾民,捐资送药等措施,救治贫病交困的百姓。于是,“民遂复业”。

其三,修武备,安民心。宋代设知州为一州之长,主持军政事务,全称为知军州事。潮州远在东南海隅,军事防务是较差的。彭延年知潮,面对的不仅是天灾频仍,而且流寇海盗猖獗,战乱不断。对此,他修武备,安民心。为了百姓的身家性命，每当匪寇来犯，他都亲临一线，与士兵同生共死亲冒失石，决策制胜。元丰三年（1080 年），海盗侵扰东南沿海，潮、循（今龙川）二州受祸尤烈。彭延年从海盗多次进扰中，看清了“来船朋倭而力聚，去船协从而众”的实情，下令分头打击“来船”，以“锄根消萌”，在柘林、马头营等地“斩获甚多”。越二年，邕州（今南宁）史一郎引交趾海盗人犯循州，进而窜扰潮州的赤砂澳、大金门等处。刚好广东转运使王罕在潮巡察，乃协同剿贼。王罕率舟师，彭延年掌陆师，水陆夹击，大败进犯海盗。

元丰六年（1083 年），汀（闽西南）、虔（今赣州）二州流寇啸聚，劫掠循、梅二州，而后引海盗许益、黎贵进犯甲子门等处，意欲一举而吞潮、循。海陆大盗勾结在一起，来势汹汹，事态危殆。彭延年精简士卒，募集骁勇二千余人，严明军纪，早作防御，一俟贼众近城，即予以有力狙击。彭延年身先士卒，乘胜出城，于护城河桥上射杀一将，贼兵稍退。但贼兵恃其势众，过不了多久又将潮州城围住。时兵荒马乱，恶气四塞，“城中粮且尽，人无固志”。彭延年对众将校说：“士死志，将死鼓，臣死君，子死父，生人之大节也”，不然，“何以自立于世”。众将士为之感奋，“誓死以从”。城中水已汲尽，他令开掘义井 36 口；城中“民无半菽”，他亲自筹措煮粥，赈济百姓。腥风血雨，依然没忘人民。他曾说，贼兵虽十倍于我，但“兵在智，不在力”。他“躬犯矢石”，前后“凡四大战”。一次战斗中，他“被贼断一指”，仍忍痛指挥。他料敌如神，出奇制胜，曾预知贼兵将偷袭，即设伏于城西南，待贼杀至，伏兵骤起，尽杀其骁将。与此同时，他先挑选勇士，绕道奇袭，“焚其营”。至此，贼兵内外失利，终于落荒遁逃。

彭延年上述仁政的践行，深得民心，也得到了皇帝的褒奖，神宗皇帝亲赐“玺书褒谕”。

（三）恤刑慎罚重视法的实效

恤刑慎罚其实是传承了西周以来“慎罚”的法思想，“慎罚”就是指在使用刑罚时要谨慎。西周慎罚思想被徐祥民概括为：“（1）仔细审查案情；（2）王不干涉辞讼；（3）用刑施法不能感情用事；（4）定罪量刑要区别故意与过失、偶犯与惯犯;(5)慎中其罚;(6)世轻世重等要求或原则。"[①]彭延年在司法中遵循了慎刑思想,他在任大理寺评事时,泗州漕运押粮兵因漕粮受盗而将被处以极刑。该案评议时,他本着慎罚的思想,认为这个案件是有客观原因的,他指出漕运途遥险多,"盗者非一日",如此量刑,"杀人多矣",为此,他力为申辩,使复审之后,免除了五人死罪。

宋仁宗皇祐四年(1052 年)侬智高在广源州(原属交趾,今越南广渊)起兵造反,沿西江直下广州,连破十余州。朝廷严厉查处"弃城者数十人",按律当斩。彭延年参议此案,认为若城固兵足,当必如此治罪,但事实上岭南各地多无城垒,驻军又极少,"奈何以常法置之死(地)"。这番话很为宋仁宗所认可,怜恤之下,数十人皆免于死罪。后来,有关官员竟以此弹劾彭延年,彭引用先王"恤刑(按:慎用刑法)"之旨,理直气壮地予以反驳。在大理寺少卿任上,彭延年坚持践行慎罚思想,在奉旨复核囚案时,被他救活的死囚就更多了。如为父复仇的马保儿,受后母诬告的所谓不孝子等,他都"力为昭雪"。

在彭延年的法思想与实践中还有一点也是值得称道的,就是他十分重视法的实效,对王安石变法推行的"青苗法",他是反对的,但其反对的理由并不是反对改革,而是从法的施行的实效来考量的,这不仅体现了彭延年坚持实事求是的态度,也体现了他对法的认识。用法治的理论来看,就是"良法"的观念,良法就是不仅要看立法本身,还要看法实施的效果,如果"法"的实施会造成不好的结果,这"法"本身也就不是良法了。虽然彭延年还不可能形成现代"良法"的观念,但对"青苗法"施行的弊端,以是否"扰民"来考量法的实效,还是体现了他法观念的进步性。

治平四年(1067 年),宋神宗即位,改元熙宁,王安石参知政事,大力推行新法。王安石实行"青苗法":目的首在富国,也不失有为农民利益着想的主观意愿。但事实上,朝廷放贷,利息也高达二分,并不比高利贷者低多少,"救民"本意完全成为一句空话。而且,王安石绕过"三冗",企图以增收来达致民富国强,但执行起来,却要面对一大堆的问题:发贷之时,如何防止贪污受贿?会不会出

---

① 参见徐祥民、刘笃才、马建红编:《中国法律思想史》,北京大学出版社 2004 年版,第 19 页。

现强制抑配之事？钱到农民手中，如何防止妄用？到期之时，如何保证钱能归库？若归不了库，要不要动刑惩处，社会会不会动荡？总之，利民之措，会不会变成扰民之举？所有这些，当年从苏辙到苏轼、司马光、韩琦等都曾先后提出异议。遗憾的是，王安石在一片质疑声中，未能集思广益，从谏如流，使“青苗法”在执行中得到必要的调整、补充、完善。因王安石听不进不同意见，新法的弊端日见明显，最后终于走向失败。彭延年在奏议中也反对“青苗法”，虽不合时宜，而“语极剀切”。彭延年与诸多新法反对者一样，曾奏言“祖宗之制原无轻改”，其中当不无真情切切，衷心可表，故才引致神宗慰勉。在实践中，他一到潮州，农民都诉说受“青苗法”之困扰，他淡定地表示：“惟视民所欲，不强以必从。”他没有由此而公开反对新法，但明确地表明尊重民意，避免了由已凸显弊端的“青苗法”实施所带来的扰民，体现了他注重法律实效的思想。

第三节　明清时期潮汕官吏的法思想与实践

明朝王阳明的心学在潮汕传播，他的弟子及其他士大夫都受其影响，他们的法思想中传承和发展了王阳明的心学。明朝的边防形势复杂，因此官吏们都非常重视依法治军的思想和实践。此外，在慎重刑罚，依法裁断、直言上谏和依法治理潮汕等方面都有较为突出的思想和实践。清朝是封建社会的最后一个朝代，社会矛盾十分尖锐。我们选择了曾在潮州普宁县和潮阳县任知县的蓝鼎元，并结合他的《鹿洲公案》分析其法思想与实践，以便更直接透析潮汕地方的法律治理。

一、翁万达

翁万达生于弘治十一年（1498 年）农历六月二十八日，字仁夫，号东涯，隆庆年间追谥襄毅，揭阳人。翁万达出生于一个清寒的小知识分子家庭，从小就过着清贫艰辛的生活。父亲功名无望，不得不寄意于翁万达，对万达严加教诲，亟望其能光宗耀祖。嘉靖五年（1526 年）进士，授户部主事。再迁郎中，出为梧州知府。后因军事功绩突出,官至兵部尚书。作为一代军事家和政治家,翁万达是潮汕,乃至岭南先贤中事功最为卓著的人物之一。《明史》对其推崇尤高:"嘉靖中,边臣行事适机宜,建言中肯窾者,万达称首"①,或称为"岭南第一名臣"②,著有《翁襄敏东涯集》。

翁万达也是王阳明的弟子,他在理论中也有对"道"、"良知"和"情与法"的探讨,但他的学术思想比较重视外在事物,强调实行践履,以身殉国,行义终生是学人不可回避的责职,表现出经世济民的实践倾向,因此在军事法和靖边御寇的对策方面影响更大。

(一)"主静"与"君子之道"

翁万达作为王阳明的弟子,在传承王阳明的心学方面,也有自己的见解。他在《主静论》中说道:

> 或问主静,曰:主静者,恒定焉尔矣。恒定者,恒知也。知属念也。夫既有念矣,则谓之动亦可也。曷偏言之?曰:主静,所以一动静也。然则主静之静,与动静之静有以异乎?曰:动静以时言,谓其感与未感耳。主静之静以心言,心无动静而动静之理出,道之所以时中也。③

翁万达还认为,"主静"可以达至"良知",他说:

> 天之所以恒久而不已者,不曰乾以易知乎?人心之妙与天同,吾固不能外知而言静也。不达曰知,良知也,此道以良知为有外乎?此学以灭念去智为得其本体乎?心之本体,无内外,无终始,而虚通明觉之自然者,固未尝不在学,惟其精焉而已矣。不离乎物,亦不蔽于物;不外乎闻见,亦不牿于闻见。精之也,日缉熙焉,念念皆天理矣。寂然不动,感而遂通,动亦定,静亦定矣。合内外始终而一贯之,夫是之谓主静。故曰:主静者,恒定焉尔矣。④

---

① 《明史·翁万达传》。

② 大埔林达泉:《请保护名臣翁襄敏公墓书》。

③ 冯奉初辑:《潮州耆旧集》,吴二持点校,暨南大学出版社2016年版,第144页。

④ 冯奉初辑:《潮州耆旧集》,吴二持点校,暨南大学出版社2016年版,第144页。

在《言行录》中也强调，达致“至善”，最终也是“惟静”：

气之本体，理也，至善而已矣。动而后有不善，气为之也。是故理不凝，则为昏为欲。昏闭物也，欲逐物也。胜昏为明，胜欲惟静。①

翁万达对“心学”的认识是：“心之本体，无内外，无终始，而虚通明觉之自然者，固未尝不在学，惟其精焉而已矣。”只是用了“静”的概念来阐述罢了。

翁万达在《言行录》还论述了“道”，他指出：

翁子曰：用舍存乎时，伸屈存乎道；有见于进，而无见于退，君子弗能也。是故道而在，退亦伸也；道弗在，进亦屈也。

所贵于士大夫，必敦尚本实，温雅博大；通达治体，忠鲠有气质，敢于任事；不龌龊进退，与时浮沉相上下者。夫然后举所需而畀之，天下大平可恃。不然，吾惧其终也。②

表达了翁万达作为一个士大夫要坚持的气节和不随波逐流的思想。

（二）情与法

“情与法”的关系问题，其实是中国传统法律文化中“情理法”的传统理念。在正统理念中，“情”与“理”可以分开说，“情”，从主观上看，包括私人的意志和情感，也就是通常所说的“人之常情”；从公众的层面来看，就是“常识”“常理”。从客观来看，情可以指“情境”，包括“案情”“情节”“情况”等。“理”，通常是指“天理”，即社会生活中须遵守的最高法则。“法”，即“国法”。情理法观念是中国传统法律文化孕育的伦理理性，根源于中国古代自给自足的小农经济，并在古代的司法中被适用。情理法观念集中体现了中华民族关于法的价值的理念，即“法本人情”和“情法两端”。

在春秋战国时期，先秦的思想家们就开始探讨“法”与“情”的关系，《韩非子·八经》曰：“凡治天下，必因人情。人情者，有好恶，故赏罚可用；赏罚可用，则禁令可立；而治道具矣。”这就是说，法律内容的两大方面，赏与罚，是利用了

① 冯奉初辑：《潮州耆旧集》，吴二持点校，暨南大学出版社 2016 年版，第 144 页。
② 冯奉初辑：《潮州耆旧集》，吴二持点校，暨南大学出版社 2016 年版，第 143 页。

人们的好恶，而好恶本身就是人情。《慎子》中也强调："法，非从天出，非从地出，发于人间，合乎人心而已。"也表明法与人情密切关联。汉代确立了"德主刑辅，礼法并用"的主流思想后，"情"与"法"的关系也得到进一步探讨。汉代的晁错就曾说，"古圣人治天下""其法令也，合乎人情而后行之"。[①]《汉书·刑法志》也说："圣人既躬明哲之性，必通天地之心，制礼作教，立法设刑，动缘民情，而则天象地。"[②]他们都强调圣人治天下，法律要合乎人情。宋代韵文律书《刑统赋》开宗明义就说："法意虽远，人情可推。"在古人看来，法律与人情应当是协调一致的，"殊不知法意、人情，实同一体。徇人情而违法意，不可也；守法意而拂人情，亦不可也。权衡与二者之间，使上不违于法意，下不拂于人情，则通行而无弊矣"[③]。

在"情"与"法"的关系上，翁万达也是传承了历代的思想，认为"情"与"法"是一体的，两者"不可分为二"，他在《情法论》中说：

> 人皆曰：居官之道，惟情与法。而不知情也法也，不可分为二也。且如某事当行，我从而立法惟严，夫谁谓不可；然稽之人情，或未得通融之说，则法之当而严，严而不可犯者，终归于苛。又如某事便民也，我从而惟情是通，夫谁谓不可；然律之法守，或未得正中之防，则情之顺而达，达而不可御者，终归于流。苛与流，二之过也。是故法用情，通之以就规也。情丽法，约之以就矩也。规主圆、矩主方，方圆之至，仁义而已矣。仁义之道，互为其根，故曰：情与法，不可分为二也。[④]

翁万达关于"情"与"法"不可分为二的思想，论证了"情"与"法"之间的互补，两者结合，就像"规"与"矩"一样，是故法用情，通之以就规也。情丽法，约之以就矩也。翁万达还阐述了两者结合可以实现"仁义"，"规主圆、矩主方，方圆之至，仁义而已矣。仁义之道，互为其根，故曰：情与法，不可分为二也"。这

---

① 班固撰、颜师古注：《汉书》，中华书局 1999 年版，第 1747 页。

② 班固撰、颜师古注：《汉书》，中华书局 1999 年版，第 917 页。

③ 中国社会科学院历史研究所宋辽金研究室点校：《名公书判清明集》，中华书局 1987 年版，第 311 页。

④ 冯奉初辑：《潮州耆旧集》，吴二持点校，暨南大学出版社 2016 年版，第 144 页。

个认识比之前的人，又是有所发展的。

“上苍有好生之德，而君子治狱以仁。”翁万达在治狱中践行了他关于“情”与“法”不分的思想，做到法意与人情的圆融。对奸恶之人，考虑其对社会的恶劣影响和民众的愤恨，用严法惩处。例如，宣府总兵郤永，副总兵姜奭，多年来与豪宗恶少，盘踞城中，以致多方盘剥，欲壑难填，致万军茹苦。对此，翁万达毅然上书进行弹劾，直至罢其官，撤其职。又如，大同和川王府奉国将军充灼一伙，通敌谋反，约为内应，充当汉奸。翁万达发觉后，一面秘密地按名捕获反者，一面发兵埋伏于各关隘，等待如约进犯的敌兵，终大获全胜。

但对于普通小卒，翁万达却知人善任，惜才恤卒，因而每每“得士死力”。史载，翁万达常亲执小卒手谈心，幕客常数十人。张达、张凤、王邦直辈，都为之感奋，誓以死报，即大将周尚文之健斗，有赖于翁万达的驾驭得法。如滴水崖之役，“既严檄之，复趣援之”①，真是恩威俱得，将“仁义”用得恰到好处。明代文学家唐荆川（唐顺之）说他“用三败将立奇功”，就是他这种仁义的生动写照。②

（三）治军的法思想与实践

翁万达作为明代重要的军事家，不仅有过人的军事才华，还具有较为科学进步的军事法思想。他身居兵部尚书的要职，深得世宗皇帝的倚重，他“片言每系当世之安危，决庙堂之得失，断袍泽之功过，定旦夕之祸福”③，因此，他“每一疏入，上辄抚几听之”④。翁万达遗著半数以上的奏疏中是有关军事的，体现了他非常丰富的军事思想，我们择其依法治军的思想加以阐述。

其一，严边备，明赏罚，申号令。翁万达认为，只有“饬边备，整军实”，才能“御强暴而绝觊觎”⑤，因此一再督促部下：“彼者来亦备，不来亦备”⑥；“遇雨及

---

① 潮州翁子光（翁辉东）按唐荆川（唐顺之）《塞下曲赠翁东涯侍郎总制》诗。

② 参见黄赞发：《翁万达的典边韬略》，载《学术研究》1995 年第 5 期。

③ 林建翰：《先贤翁公万达文献勘版书后》。

④ 莆阳郑絅：《刻东涯集书后》。

⑤ 叶恭绰：《稽愆集序》。

⑥ 翁万达：《答赵总兵东溪书》，载冯奉初辑：《潮州耆旧集》，吴二持点校，暨南大学出版社 2016 年版，第 174 页。

天阴之时，尤须戒严”[①]。翁万达还规定了法律措施。(1)明赏罚。他指出，“谨侦候，明赏罚”。一发觉擅离哨位者，“归辄缚”，因而没有敢“离次者”[②]。其还对如何饬边备，整军实提出了八大措施：谨防秋、并兵力、重责成、量征调、实边堡、明出塞、计供亿、省财用。[③] (2)申号令。根据他的筹划，每防秋，都严格按布防计划分布兵力，严申号令。他号令森严，职责分明：总兵官不许择地拥兵自卫，务要往来调度，注重经常操练，振扬兵威；防秋之兵，步军登城住宿，日夜巡防；马军挨墙列营，联络声势。如果由于疏于防守，以致敌兵侵入，则要查明地界，追究责任，按失陷城堡之律治罪；如果遇敌自分彼此，观望、推避，不立即赴援，那么，无论主兵还是客兵，一律治罪。[④]

其二，修边城，重固守。在整饬边备的过程中，翁万达特别重视边城的修筑。他说：“山川之险，险与虏共也；垣堑之险，险为我专也”；“百人之堡，非千人不能攻者。堡有垣堑，则寡可敌众，弱可制强”。[⑤] 在他的努力下，前后两次修边城二段共千余里。他先奏准修筑大同以东至宣府以西一段 200 里。当时预算为 29 万两银子，限 87 天完成。由于翁万达临财不苟，精于治事，结果节省了 9 万余两，并以 51 天提前竣工。紧接着，他又奏准修筑大同以西，宣府以东边城共 800 里。在修边城的过程中，“万达精心计，善钩校，墙堞近远，壕堑深广，曲尽其宜”[⑥]。这样，不但敌人不敢轻易进犯，而且，边城之内，士卒也得以有空暇从事耕牧，从而节省了大量军费。[⑦]

修筑了边城，还必修重视固守。在翁万达看来，有了边城，也不能放松警惕，他指出：“险而不设，与无险同；墙而不守，与无墙同”；“防秋之兵，所以必带甲而登墙，列营而待敌者”。[⑧] 因此，他很重视边城的保护维修。他说：“遇有墙垣倒塌，壕堑淤浅，即时修补”，并将地界及维修事宜分段刻石，明确各部的职

---

① 翁万达：《与李晋西书》。
② 《明史 · 翁万达传》。
③ 参见翁万达：《集众论酌时宜以图安边疏》。
④ 参见黄赞发：《翁万达的典边韬略》，载《学术研究》1999 年第 5 期。
⑤ 翁万达：《集众论酌时宜以图安边疏》。
⑥ 《明史 · 翁万达传》。
⑦ 参见黄赞发：《翁万达的典边韬略》，载《学术研究》1999 年第 5 期。
⑧ 翁万达：《集众论酌时宜以图安边疏》。

守,以保证永不淤、塌,实现“内外乏险全,而中国之势壮也”。[①]

其三,重优抚,促融合。这是翁万达在边关与少数民族交战时提出的一个思想,具体为“重纳降,轻杀伐”,即与少数民族交战,想尽办法让他们投降,少杀戮,这是翁万达军事思想中非常精辟的一个方面。重优抚这一谋略使翁万达在军事上获得出奇制胜的主动权,并有利于民族的团结、融合,促进了中华民族的统一进程。

翁万达在长期的南征北战中始终坚持“重纳降,轻杀伐”。早在他任广西副使,参与讨伐莫登庸的战役中,他就上书兵部尚书毛伯温,说:“揖让而告成功,上策也;慑之以不敢不从,中策也;芟夷绝灭终为下策。”[②]他还审时度势,提出宜以中策取胜。毛伯温采用了翁万达的计策,传檄安南臣民,怵以“天朝兵威”,使莫登庸震惧,遣使到翁万达处哀词乞降。毛伯温“纳其图籍”,报准改安南国为安南都统使司,并以莫登庸为都统使,正所谓“不发一矢而安南定”。[③]

在宣、大总督任上,翁万达更针对以往“首功赏重,招来赏轻”,以致敌方归降的人也常常被杀以邀功,使想归附的北人“南望号泣,不敢近塞”[④]的情况,提出了“严杀降禁、违辄抵死”的禁令,并颁布了招降赏格,以至“得降人抚之如所亲,以是益知敌情”。[⑤] 当年,唐荆川即对此大加颂扬,诗赠翁万达:“得一胡儿如爱子”,并生动地描述了当年边关上胡汉相通的情景:“边人大半能胡语,胡骑年来亦汉装。”[⑥]

(四)边关通贡互市

所谓通贡互市,就是蒙古族首领接受明王朝的封号,按规定向明王朝进奉贡物,然后由明王朝按贡品多少给予蒙古族首领的酬赏,这就是翁万达在奏疏中所指出的,“获贡则利归其长”[⑦]。故也称封贡。在通贡的前提下,双方设定

---

① 翁万达:《集众论酌时宜以图安边疏》。
② 《明史·翁万达传》。
③ 《明史·毛伯温传》。
④ 《潮州耆旧集·翁襄敏集·杂录》。
⑤ 《明史·翁万达传》。
⑥ 参见黄赞发:《翁万达的典边韬略》,载《学术研究》1999 年第 5 期。
⑦ 翁万达:《集众论酌时宜以图安边疏》。

场所,在明朝官吏监督下,由蒙古族首领按定数派若干贡使,并按规定时间、物品进行货易货的贸易交往,以互通有无。

实际上,这种贸易交换活动,早在明初就已开始了。它对蒙汉两族人民都是有好处的。到明世宗嘉靖年间,鞑靼部的俺答汗继小王子之后成为蒙古族最为强大的一支。正如翁万达所说:“俺答,夷狄之雄者,并西虏,吞海寇”,“又以兵临朵颜,挟宁福”①,横行北方四五十年。但是,由于蒙古的鞑靼、瓦剌各部,互不相属,各部之内,又分成许多各自为政的小股势力,争夺激烈,就是俺答这样的雄者,也无法凝聚各部,形成真正可以问鼎中原的力量,所以对明王朝一直存在畏慑心理,从而一直选择求贡之路,以避免因交战而受到的损失,并通过通贡来获取比战争所获还要多的物质利益。嘉靖二十年(1541 年),俺答及其属下阿不孩派遣使者石天爵向大同巡抚史道请求通贡,但惜朝议不纳;第二年,俺答再次派石天爵等抵大同求贡。时巡抚已换为龙大有。龙大有竟将石天爵缚献于朝廷,并胡说是用计诱擒的。明世宗信以为真,一面将龙大有提拔为兵部右侍郎,另一面将石天爵磔于市。俺答盛怒之下,联络各部大举进犯,深入太原以南。龙大有虽终被罢官,但蒙汉却也绝信使五年。嘉靖二十五年(1546 年)俺答和阿不孩又派使者到大同左卫求贡,又为边将家丁董宝杀之邀功。尽管如此,俺答仍未放弃通贡希望,于嘉靖二十六年、二十七年又再而三地请求通贡,但都得不到允纳。

在俺答三番两次要求明王朝通贡互市的过程中,作为统率三边的封疆大臣翁万达,一直采取十分积极的态度。一方面,他以高度的警惕性,提出“臣谬典封疆,所知者惟战与守而已,贡亦备,不贡也备,时时戒严,俾无可乘之隙”②。另一方面,他本着民族和解的愿望,一再上书明世宗,剖析俺答求贡的诚意,力主接纳其通贡互市之请。查看翁万达的遗著,关于“夷人求贡”这一专题,至少有一议三疏,另还有“虏中走回人口”三疏。如在嘉靖二十五年的《虏中走回人口疏》中,他痛彻淋漓地说:“迩年石天爵之事,大失夷心,横挑巨衅。臣每痛恨当

① 翁万达:《笃赵总兵东溪书》。

② 翁万达:《夷人求贡疏》。

时边臣区划之失策。”今复“讲和求贡”,即不许,“犹当善其辞说,遗之使还”,“诱而杀之,此何理也?”坚决提请速诛董宝等人,并出榜于边塞,示朝廷德意,解俺答蓄怨。可惜明世宗一直听不进翁万达的正确主张,拒不接纳俺答通贡互市之请求。

《明史·翁万达传》上就有记载:

> 万达更事久,帝深倚之,所请无不从。独言俺答贡事,与帝意左。先是,二十一年,俺答阿不孩,使石天爵求贡。朝议不纳。天爵等复至,巡抚龙大有执之,磔于市。寇怒,大入屠村堡,信使绝五年。至是,俺答复遣使款大同塞,边帅家丁董宝等,狃天爵前事,复杀之,以首功报。万达言:“北敌宏治前岁入贡,疆场稍宁。自虞台岭之战,覆我师,渐轻中国,侵犯四十余年。石天爵之事,臣尝痛边臣失计。今复通款,即不许,当善相谕遣。诱而杀之,此何理也?请亟诛宝等,榜塞上,明告以朝廷德意,解其蓄怨构兵之谋。”帝不听。
>
> 未几,俺答复奉印信番文,欲诣边陈款。万达为奏曰:“今届秋,彼可一逞,乃屡被杀戮,犹请贡不已者,缘入犯则利在部落,获贡则利归其长。处之克当,边患可弭。若臣等封疆臣,贡亦备,不贡亦备,不缘此懈也。”上切责,不听。屡请屡却。①

世宗皇帝不采纳翁万达通贡互市主张的后果是,嘉靖二十九年(1550年)翁万达南归奔丧之后,乃有俺答溃大同,造成直逼京师的“庚戌之变”。

翁万达纳贡互市的主张终因没有得到明世宗的首肯而未能付诸施行,但这一主张与他的“重优抚”的战略思想一样,有着极其积极的历史意义,是促进民族融合和团结的政策。令人欣慰的是,翁万达的这一卓识为后来的张居正、高拱辈所接受,在隆庆五年(1571年),他们在内阁力排众议,力主纳贡,使明王朝与俺答部通贡互市的关系得以确立,使北疆“自宣大至甘肃不用兵者二十

① 冯奉初辑:《潮州耆旧集》,吴二持点校,暨南大学出版社2016年版,第104页。

年”[1],促使了蒙汉两族的融合、团结。[2]

二、萧端蒙

萧端蒙,广东潮阳人,生年不详,卒于嘉靖三十三年(1554 年),字曰启(有的典籍载为日启),号同野。他生于一个书香世家,故而“自少沉静,通五经,熟史迁、老泉之学”。萧端蒙于嘉靖十九年(1540 年)得中举人,翌年一举成名,考取进士,召试于文华殿,选为翰林院庶吉士,更因才华出众,“行文修雅有度”,深得嘉靖赏识,由翰林改授山东道御史,后又出任贵州巡按,浙江道御史,江西巡按。著有《同野集》。

萧端蒙并未在潮州地方任过职,但因他是潮州人,十分关切乡人疾苦。嘉靖二十五年(1546 年),他告归“养病家居”,强撑病体,“询诸父老,参与舆情,即所见闻,条为六议”,以《条陈远方民瘼六事疏》上达嘉靖,阐述了依法治理潮汕地方的建议。而且因其在江西巡按任上,不畏权贵,与炙手可热的江西藩王进行了尖锐的斗争。江西王素来骄纵,独霸一方,连“制抚大臣”都怕他三分,不惜屈膝媚事,为之嬉戏宴游,藩王的部下更是狐假虎威,为非作歹,甚至强抢“民间俊秀”,污辱府县“长吏”。萧端蒙察得实情,毅然上书弹劾江西王不道,并下令捕其横行不法的部属严惩,使“诸司望风伏慑”,并设计打死了江西王,江西“境内肃然”,使得萧端蒙深得民心。这个故事后来被编为潮剧“一棒打死江西王”,在潮汕长期流传,因此萧端蒙也是在潮汕有较大影响的官吏。

他的法思想与实践有以下方面。

(一)法随时变的思想

萧端蒙关于法的思想,有一点是值得注意的,他认为,法应当与时代相适宜,并因时势的变化而变化,否则,即使起初是善法,但时势变化了,如果不作相应的变化,就会成为“畏法”。他在《论时政书》中指出:

> 政有必于革,不必于因;法有宜于前,不宜于后。故象魏之法,易岁改

---

① 《明史·鞑靼传》。

② 参见黄赞发:《翁万达的典边韬略》,载《学术研究》1995 年第 5 期。

悬，贵通变也。昔者三代之刑，世轻世重，圣人岂乐是纷更哉！盖以法不从权，则无以宜民；政不宜民，则无以保世。因时损益而适之中，此圣人所以治天下也。当今之政，咸正无缺。子孙世守，足以为治矣。然其间岂无不宜于今，而必于革者乎？则损军之罚是已。

夫损失军之罚，固善法也。国初之时，承平未久，将有绛灌之风，士皆淮濠之旧。衽革之余习未亡，而脱颖之锐心未厌也。容有挑功生事，轻心于一逞者。故为之法，以损军多寡为差。所以抑侥幸之途，而养安静之福也。乃今则有不然者矣。何者？纨绔之子，世授节钺非复国初之将也；市井之民，冒充行伍，非复国初之卒也。一遇寇警，其不褫魂而落胆者鲜矣，况敢轻战也哉。今辕麾之间，动以完守为上策，坚壁纵寇，以自保全。或有奋不顾身，决于一战。其以全取胜者，固可以觊区区之赏。万一少丧师徒，则文法之吏，随而议其后。故虽有鹰扬之略、敌忾之心者，率掣肘而不敢为。往岁虏寇中原，六支之战，至环戈而莫救焉。闻之边人，皆曰将官畏法，而不敢战也。①

故此只有随时势而变化的法，才是善法。

（二）依法治军的思想与实践

嘉靖二十三年（1544年），萧端蒙奉旨到畿内治军，针对军异屯难以聚集的问题，他在《陈末议以裨军政六事疏》中提出：

臣奉敕清查直隶等处都司卫所京操旗军。自受命以来，于凡所以害军及凡所以恤其贫苦者，并军政应行事宜，悉心询访，略得其故。谨条为六事：曰更队伍；曰申条令；曰处粮饷；曰定员额；曰禁侵克；曰严勾补。虽不敢自谓得经久之法，或可以救弊于万一也。②

萧端蒙的治军思想，主要体现在以下方面：

其一，“更队伍”。重新整编军队的队伍，并严明处罚。萧端蒙针对直隶等处的军队“各队旗军，名虽同卫，居则异屯。每遇上班，不能约集。先后参差，莫

① 冯奉初辑：《潮州耆旧集》，吴二持点校，暨南大学出版社2016年版，第203～204页。
② 冯奉初辑：《潮州耆旧集》，吴二持点校，暨南大学出版社2016年版，第191页。

得而齐。逃窜纷纭,无所穷究”[1]的状况,提出要统一人心,整肃战事,应当采取“以同屯同所为队,居则比屋为邻,行则共事为伍。其赴班也,既便于约率;其逃班也,复易于清查”的管理方式,并提出了具体整编军队的办法。整编以后,在管理上再出现问题,就应按职追责,“若队内欠军,罪及管队;所内欠军,罪及管解。千百户俱照欠军多寡,轻则量加惩治,重则送问发落”,以保障整编措施得到更好的落实。

其二,“申条令”。萧端蒙认为,治理军队“庶法令严明,人心畏警”。因此,他在重申“兵部题准事例”规定的基础上,针对“各卫旗军,散处各屯。各该千户所官通同作弊,纵容不赴班操。掌印指挥虽行督率,而地方分隔,无如之何?”的情况,提出了更有针对性的法令:

> 各处少军,将各千户所掌印千户,俱以原额十分为率,照依掌印官事例问罪。领班官脱班者,追取盘费入官,问罪发落。若四班以上不到者,量加降级调卫。其解补户丁别余,并免送灌问。逃操及不到,正身应决打者,兵部径自决打。应罚班者,兵部查明的,决罚班,俱不必送问。其脱逃官员,仍照旧例送问发落。各著为定例。[2]

其三,“处粮饷”“定员额”“禁侵克”。萧端蒙对军队管理中的“粮饷”、“员额”和“侵克”的具体问题也提出了改革的措施。其粮饷筹集应“多方处补,务足数年未给之数”,只有粮饷有了保障,才能使“庶士免饥色,人存固志。”[3]

至于因官兵员额不足,存在吃空额的问题,萧端蒙提出了“合无量为之制,五百人之上,以指挥领之;一百名之上,千百户领之;不及百名者,以总小旗领之。额制一定,永为遵守。其随操官,旧规已久,或不可废。将各该管解千百户,分拨各营操练,班一更替。庶规制不紊,劳逸得均”的解决办法,并提出对官军“侵扣”军士侵犯军士权益和克扣军士月粮的行为予以严惩。[4]

萧端蒙治军中,突出了依法治军的思想,说明萧端蒙重视用法律的手段来

---

① 冯奉初辑:《潮州耆旧集》,吴二持点校,暨南大学出版社 2016 年版,第 191 页。
② 冯奉初辑:《潮州耆旧集》,吴二持点校,暨南大学出版社 2016 年版,第 191 ~ 192 页。
③ 冯奉初辑:《潮州耆旧集》,吴二持点校,暨南大学出版社 2016 年版,第 192 页。
④ 参见冯奉初辑:《潮州耆旧集》,吴二持点校,暨南大学出版社 2016 年版,第 191 页。

治理军队，在具体措施上，纠正了军官吃空额，克扣士兵薪贴等不正之风，也保障了军饷的筹集，在一定程度上解决了治军难的问题。

（三）治理民族地方的思想与实践

嘉靖二十四年（1545 年），贵州发生民族骚乱，萧端蒙奉旨巡按贵州。他经过调查，发现贵州在吏治方面存在的问题是“贵州之患，莫急于吏治不足，干办无托，机事坐乖，因循不理”①。针对其民族杂处、文化不发达的实际情况，提出“置督臣，增试额”，选拔当地贤良者参政，恰当地处理了民族矛盾，稳定了局势，收到了一定的成效，深得嘉靖皇帝的称许。

（四）治理潮汕地方的法思想

萧端蒙十分关切乡人疾苦。嘉靖二十五年（1546 年），他告归“养病家居”，虽然有病在身，但还“询诸父老，参与舆情，即所见闻，条为六议”，以《条陈远方民瘼六事疏》上达嘉靖皇帝，表达了他对潮汕地方治理的思想与措施。

其一，法的改革要与实践相符，否则就会滋生弊端。萧端蒙认为，“盖其法之立也，徇其名若甚便民。而其法之行也，曾莫知其害之至此耳”。在“议均平”中，萧端蒙针对“潮阳县里甲，每遇见年份，凡有大月杂办勾摄等项，俱是照依丁粮朋办。近年始议增添均平，放民归农。于是甲首执此为词，率不赴役。里长在官，势不能脱。凡百差使，皆其独办。负累破产，比比而然”的情况，具体列举了新法在潮阳县实施的三大弊端：（1）对里长来说，负担太重“今使千家之差萃于一户，其何以堪？况里长之家非尽富实，多有虽或罄产，犹不足以当岁费之数者。而乃忍令竭泽而渔，坐使倾踣乎？此其不便一也”。（2）对里户来说，也是不堪重负，“及至该年，又复使之尽出一里之费，岂人情所堪乎？夫里长、甲首同为王民，均受王土，差役之间岂宜偏重至是？此其不便二也”。（3）官吏增多，民众的负担也会加大，“吏习营私之便，民受重科之累，此其弊已非一日。若更增多其数，未免累民益多。况官数虽增，民费如故。增者自增，办者自办，曾不因是而有所减损也。就使再加倍增，其弊固自若耳，亦何益之有哉？此其不便三也”。因此建议：“今宜急复旧法，使里甲派办如故；或照丁粮分日听差，照多寡

① 冯奉初辑：《潮州耆旧集》，吴二持点校，暨南大学出版社 2016 年版，第 187 页。

出银朋办,立为定制。其均平之数,减如旧额,或尽蠲除,听民自办,尤为省便。"①

其二,针对在征收钱粮中代输后引发的问题,建议采用法律措施来解决。(1)对代输钱粮的人,可以追偿,也可以请求官府帮助追偿,务于正数之外,照依年月追其利息,不得少贷。仍将顽户问罪,枷号示警。(2)对于逃避不交赋税的人,即令赔户查其田业所在,给帖准其收租。通追完日,造册送抚按查考。若虚瞒苟且者,事发即坐委官以罪,且注下考。至于近年逃役里长,致累他户者,亦照此条施行。②

其三,潮阳当地有一种陋习,即当出现人命的时候,就聚众闹事,"呼集亲党百十为群,持执凶器,扛抬身尸,径至所仇之家,打毁房屋,搜括家财,掠其男妇,肆意凌虐。或行反缚,或加乱棰,或压以死人,或灌以秽物。极其苦楚,几于踣毙。必使供应酒食,打发钱银。满足所欲,然后闻官。及至勘鞫,类皆诬赖"。这些行为使无辜的弱者受到很大的伤害,也严重扰乱了社会秩序,造成很坏的社会影响。萧端蒙针对此情况,提出了治理的办法:"乞行府县官,以后但有扛尸图赖,因而抢夺者,务为之追究。仍出略节告示,沿村晓谕。凡有人命,必先告官。但扛尸至人家者,即坐以罪。人命虽实,其所抢夺毁害赃物,仍要尽数追给赔还。"这样不仅可以扶善抑强,也可以移风易俗。③

其四,针对潮阳县每岁审编均徭,往往不得其平。萧端蒙认为,不能均平的原因在于,"所以然者,非特有司能否不齐,抑亦法制经画未备,故役难于取平,而吏易于为奸"。他提出了解决之策,"窃以为欲徭之均,莫若明轻重之等,定画一之法,以为之制",并提出了具体征收的办法。

三、周光镐

周光镐,字国雍,号耿西,潮阳人。出生书香门第,隆庆辛未进士。后被授予浙江宁波府推官的职位,其间,还先后兼署府属象山、奉化、慈溪三个县的县

① 冯奉初辑:《潮州耆旧集》,吴二持点校,暨南大学出版社 2016 年版,第 195 页。
② 参见冯奉初辑:《潮州耆旧集》,吴二持点校,暨南大学出版社 2016 年版,第 196 页。
③ 参见冯奉初辑:《潮州耆旧集》,吴二持点校,暨南大学出版社 2016 年版,第 196 ~ 197 页。

事;周光镐还任过南京户部主事、吏部郎中、承德郎、顺庆(今四川南充市北)知府、四川右参政等职,并受皇帝之托去巡抚宁夏,让宁夏一带的面貌焕然一新。万历二十一年(1593年),周光镐被晋升为大理寺卿,著有《明农山堂集》。

周光镐从政经历较为丰富,尤其是在四川和宁夏的职业生涯,使他对依法治军有较深刻的认识,提出了依法治军的必要性和治军的具体举措。此外,周光镐还结合自己治理地方的实践,对韩非的思想提出了自己的观点。

(一)依法治军的必要性及治理措施

其一,依法治军的必要性。周光镐编辑《兵政集训》,为依法治军提供读本。编辑"集训",起因于他在督兵西南少数民族地区时,"既暇,率所辖戍卫武弁子弟,属有司群而教之。问古之兵政书,云边鄙地无有,且不知田穰苴与孙、吴诸家为何物。即其书在矣,太史公谓'其文少闳廓深闳',故且未暇用也"。也就是说,他在军队有闲暇的时候,想教授兵士们军法,但交流中才知道,这些兵士对春秋以来的兵书一无所知。且感叹于汉代的兵书就比较少为人知了,而唐以后,多伪书。因此,周光镐"间阅经传子史诸家,凡有切于兵戒之事者,摘其要,汇为三卷,名曰《兵政集训》,出而梓之"。但周光镐要编辑"集训",是在于他对依法治军的思想,他认为:"夫兵非易谈也,上将用之以道,中将用之以法,下者用之以幸。《阴符》言:'天生天杀,道之理也。法则本之道,以施于用。'奉此以行,亦可以知胜负矣。"周光镐还用形象的比喻说,让不懂兵法的人带领打仗,就像将心爱的儿子交给庸医治疗是一样的结果,"下者"想要在战场上靠侥幸取胜是不可能的。当然,周光镐强调依法治军,也强调治军之"道",并且认为"法"可以通过学习掌握,"道"要通过悟才能理解,但"习法"是"悟道"的前提,由此也可知周光镐编辑《兵政集训》的良苦用心。

其二,治军的具体举措。周光镐在具体治军举措上有较多的思考,写过很多的奏疏,如《为冲边乱后恳俯赐定议以安危疆疏》①《为官兵防秋以伐虏谋

① 冯奉初辑:《潮州耆旧集》,吴二持点校,暨南大学出版社2016年版,第358~359页。

疏》[1]《陈边务疏》[2]《为虏众人犯内地事疏》[3]《征南平建越记》(司马中丞宣城徐公属纪事)[4]等,大多数内容都是有关边关军事治理的。在此以《陈边务疏》为例进行具体分析。该奏疏以宁夏的边政为例,提出了具体治理的措施:(1)修边政,明法纪。"而不知有法纪可畏也,不知约束部伍为何事也。为士卒者,惟见偷惰以成习,鼓噪以成风而已。不知何者为纪律,不知亲上死长为何义也。故畏心胜者,日纵而日怯;玩心胜者,日狎而日骄。无威之恩,但呴呴于平时;难继之惠,遂嚣嚣于一逞。则其弊岂尽在下哉!今当人心乱后思治,正宜昭然以法示之。"[5]执法要区别对待。对广大的普通士卒要以"抚"为主,保障他们的粮饷,征输可缓则缓,从而聚集军心。但是,对于违纪犯法之人,则严加惩处:"于吏之恣睢者,法必加之;卒之骄悍者,法必加之。干纪偾事者必问,作奸犯科者必问。使彼昭然知所趋避向往,则庶几心志服习,罔有变渝。而反邪归正之机在此也。"[6](2)"慎边备""恤边氓"。周光镐认为,边疆的贮备是边疆军队物质保障的根本,但由于以下三种原因,"一则责成不专而关支之无法也;一则正额不征而挪移之任意也;一则岁派逋负而隔属之难追也",造成边疆储备不足,要解决该问题,可采用以下举措:"专责成布政司严督各属,依限征解,分别参题。庶几责成严切,民粮可望多完,而边饷庶几乎日充矣"。[7] 对于边氓,由于天灾加战祸,税累沉重,周光镐呼吁皇上体恤边氓,免除他们的税赋。(3)"练边兵""罢边戍"。在练边兵方面,周光镐强调,也是要先严明法纪,操以技艺,才能"使内有一其心志,外有以习其耳目手足",并提出了要提供马匹、武器装备、督查训练效果等具体措施。在边戍方面,周光镐认为,存在的问题是,这些发往边戍的人,"矧此等充发之军,非垂老待毙之人,则亡命凶猾之夫。不闲武艺,不习水土,徒充数耳。夫老者既不任征战,而壮者尤作奸犯科"[8]。因此周光镐建议

---

① 冯奉初辑:《潮州耆旧集》,吴二持点校,暨南大学出版社2016年版,第360~361页。
② 冯奉初辑:《潮州耆旧集》,吴二持点校,暨南大学出版社2016年版,第361~363页。
③ 冯奉初辑:《潮州耆旧集》,吴二持点校,暨南大学出版社2016年版,第364页。
④ 冯奉初辑:《潮州耆旧集》,吴二持点校,暨南大学出版社2016年版,第370~374页。
⑤ 冯奉初辑:《潮州耆旧集》,吴二持点校,暨南大学出版社2016年版,第361页。
⑥ 冯奉初辑:《潮州耆旧集》,吴二持点校,暨南大学出版社2016年版,第361页。
⑦ 冯奉初辑:《潮州耆旧集》,吴二持点校,暨南大学出版社2016年版,第361页。
⑧ 冯奉初辑:《潮州耆旧集》,吴二持点校,暨南大学出版社2016年版,第363页。

“将前议发填实宁夏新军,文到俱行停止。庶几军有定额,而钱粮得以少节矣”。

从上述治理边疆军队的措施可以看出,周光镐是很重视用法律的手段来治理的,在实践中,成效也是比较显著的,据《明史·周光镐传》记载:

> 光镐轻骑飞渡,传呼所至,贼众惊匿。抵越嶲,部署诸军,三路并进,所向无前,直捣贼巢,擒获贼酋安守。大小三十余战,斩首四千有奇。壬辰,宁夏哱拜告变,全陕震动。朝廷以临巩为彝夏咽喉,擢臬司,移驻贺兰。值岁饥,帅属赈济,活者万计。诸首亦贴然,无敢乘衅构祸。洎宁夏平,城郭残破,奸人反侧。非声望大僚,不足以资弹压,晋镐佥都,驻节宁夏。先抚绥,修城堡,简卒乘,备刍粮,规模一新。

他以文官奉敕监军西南,轻骑飞渡,传呼所至,贼众惊匿。继而运筹帷幄,三路并进,大小三十余战,所向披靡,一举平定了西南夷。后又受命以臬司而住贺兰;稍后由分符而总宪,以佥都而住宁夏,重抚绥,修城堡,简卒乘,备刍粮,巩固了根本,功绩显著。因此也证明周光镐的依法治军思想是有实践价值的。

(二)对韩非理论的认识

周光镐在《(韩子)选钞》叙中对班固所说的“法家者流,盖出于理官,乃刻者为之,至于残害少恩,伤亲薄厚。则申韩法术之书,宜其摈而不使之行于世也”表示不认同。他认为,法家的“法”与“术”相结合是一种好的治理方法“故法者整齐画一之具,攻邪救弊之需。术则察虚实、审缓急,明标本之妙用。法其方书,术乃医者之意也”。还举例说圣人在治理鲁国和治理西周的方法都是有区别的。如果只用“仁柔”是治理不好国家的。周光镐还认为,法家“至于惨刻少恩,舍仁爱而一任刑辟,卒使元气凋残,身为大戮者,则岂尽法术之故哉,良由所用意非也”,这并不是法家的本意。他还赞赏韩非“务本实,明赏罚,督耕战。君操其权,臣矢其虑,尽破当时诈欺怠谩之习,不深刺切中不止,盖隔一垣而洞见人五脏腑者”。[1]

周光镐生活在明代晚期,当时的社会矛盾十分尖锐,只是用儒家的礼仪教

---

① 参见冯奉初辑:《潮州耆旧集》,吴二持点校,暨南大学出版社 2016 年版,第 387 页。

化来治理社会,所能发挥的作用已经很有限了,就像他在《(韩子)选钞》叙中举例说的,“越人有母病者,其子不以医视,而奉母以呼西方摩诃之号,谓慈悲可以济苦度生也,此大谬不然矣”。因此他认为,对一个已经重病的社会,“一以仁柔呵煦为之,则亦佞佛而望母瘳,日进粱肉于沉疴者之前,必无愈矣”。这也能让我们理解了周光镐为什么赞赏法家的观点了,而且在上述治军方面,其也很强调依法治军。

四、林熙春

林熙春,字志和,号仰晋,生于嘉靖三十一年(1552 年),海阳龙溪(今潮安庵埠)宝陇村人。万历癸未进士,初授巴陵令,清浮粮,豁差役,以内艰归。起补将乐县,修学宫,建杨龟山祠。行取擢户科给事,历礼、兵二科,至工科都给事,多所建白,如止东封、减织造、停采回青,皆于国体有关。后因直言上谏,惹万历皇帝恼怒,被降调湖南。林熙春称病在家居住,直至万历去世,前后 24 年闲居家中。光宗即位,改元太昌。庚申泰昌元年,恩诏起废,林熙春以南仪曹转光禄少卿,厉升太扑少卿、右通政、太仆寺卿、太常寺卿、大理寺卿。著有《赐闲草》《赐还草》《赐传草》《城南书庄草》《掖垣出山疏草》等。

林熙春的职业生涯中,在户部各科给事任上和大理寺任上都与法律密切相关。明代的给事中,分为吏、户、礼、兵、刑、工六部,掌侍从规谏,有纠察六部弊误、驳正章奏、封还制敕之权,也就是掌监察权的机构。林熙春在各科给事中任上,“多所建白(按:建议)”,的确是“格心而致主也”。在大理寺卿任上,林熙春针对大理寺案牍如山积的情况,力为厘剔,尽快加以清理,使弊绝风清,并及时上《申饬法纪疏》,疏中本着重民命,保太和,特为“拟民约者八条”,“拟官约者八条”,使有关官民都有约可依,有章可循,林熙春的法思想与实践都比较丰富。告老返潮之时,林熙春虽已是年逾古稀的 72 岁老人,仍然关切地方民生,致力于潮汕地方的治理。

林熙春的法思想与实践,主要有以下方面。

(一)民为邦本

“民为邦本”是源于民众的民本思想。孟子继承西周时期的民本思想和春秋以来的重民思想,提出了“民为贵,社稷次之,君为轻”。(《孟子·尽心下》)民是国家之本,民心向背是国家和君主的安危所系,得民者得天下。这一思想成为后世传统儒家思想的根基。林熙春饱读经书,对儒家思想了然于心,也传承了“民为邦本”的思想,他在《请蠲畿辅加派并练乡兵疏》中就极力强调“民为邦本”的思想,反对官府对民众“加派”不断,深刻地指出:畿辅之民“朝不保夕者已十室而九”,现又加上“马匹之征调无已;器甲之缮修无已;车辆之缔造无已;豆粟之买运无已”。以至于“援兵绎骚,鸡犬靡宁”,“鱼惊鸟窜”,而且“益加保甲乡兵之役”,那么,“民无乐生,业已思乱”,情势将越来越严重了。为此,他再次强调:“民心断不可失”,他引宋儒的话“莫柔于民心,而不可以威劫;莫强于民心,而可以德感”来表达想要安民心的想法,建议应“将加派蠲免,仍发帑金以练乡兵”。这的确是既解民瘼,也纾君忧的建言。

(二)重俭戒奢

潮汕是海滨邹鲁,受儒家礼教影响较大,“往先辈父老恒言,吾乡曩时好耕稼而乐樵采,有古先民遗风”。但到明正德嘉靖年间,由于商品经济和海外贸易的发展,潮汕地方出现了奢侈之风,“水陆争奇,第宅错绣。鲜衣丽裳,相望于道”。当地的士大夫们很是担忧,写了《俭约》,请林熙春为之作叙,为此,他写了《宁俭约》叙,并谈到了“俭”与“奢”的关系。他说:

> 天行之数,起乎俭,常卒乎奢;人心之趁,乐乎奢,常厌乎俭。况俭之途隘,而奢之途广。或服用侈靡,或土木烦兴,或结纳遍乎海内,或婚嫁而并弃田庐,或矜门第而系累乎子母,或以一人而荡诸父昆弟之业,或以一时而倾数百年之积。造化物力,只有此数,所当俭者,既如此乎?横肆决裂,而不可收拾。①

他认为天道的运行,是起于“俭”而终于“奢”,因为要做到“俭”比较难,而“奢”则比较“易”,途径很广,现实生活的各个方面,都容易“奢”,比如“服用”“土木”“婚嫁”“门第”等。但是,如果我们不能戒“奢”从“俭”,后果也是很严

① 冯奉初辑:《潮州耆旧集》,吴二持点校,暨南大学出版社2016年版,第440页。

重的。

则所不当俭者,又焉能周旋绳墨,肃肃雍雍,日轨于礼度,而不屑越。甚至大坏极敝,即薄丧缓葬,废养失祀,自甘于悖仁孝而去伦纪,夫孰非知奢而不知俭贻之也。夫仁孝伦纪,生民秉彝。岂其旦暮沦亡,以至乎此。祗缘习俗移人,纷华易入,浸渍酝酿,而不自觉。①

他认为,如果不能做到"俭",官吏将不再清廉,民众将因攀比奢华而大行厚葬之风,朴素之风将不存。而要做到重俭戒奢,唯有做到"宁"。他说:

宁朴茂以宁神,无淫冶以伐性。宁留余乎身后,无取快乎目前。宁撙节以惜福,无暴殄以逆天。则简而易从,易亦可久。即天地之道,何以加焉。自是而推之天下,人人而亲亲长长,人人而乐乐利利,天下不足平矣。②

林熙春也希望他家乡的父老乡亲民能按照他的倡导去做:

礼无贵贱,亦无今古。古之失礼者,求之于野。吾乡野也,野人先进,夫子道之,吾乡果能穆然深思。③

林熙春对礼教其实是一直都很重视的,他在福建任将乐县令时,因为将乐县是北宋著名学者杨时(号龟山)的故乡,杨时是程门四大弟子之一,在将乐县当然影响颇大。林熙春到任后,特为创建杨龟山祠,为杨龟山文集作序;同时整修学宫,十分重视文化教育。这也是他践行礼教的体现。

(三)直言上谏

在中国古代社会,管理体系是一个自上而下的单向作用系统,这种系统运行的基本信息就是垂直的政令旨意的传递,这种体制能使君主牢固地掌控着权力,但因远离统治对象而付出了沉重的代价,因此,创设了监察制度。其监察组织作为"天子耳目之司",其职能是监督法律和法令的实施,对违反朝廷纲纪的官吏进行弹劾,监督中央司法机关对重大案件的审判活动,在全国或特定地区,

① 冯奉初辑:《潮州耆旧集》,吴二持点校,暨南大学出版社2016年版,第440页。
② 冯奉初辑:《潮州耆旧集》,吴二持点校,暨南大学出版社2016年版,第440页。
③ 冯奉初辑:《潮州耆旧集》,吴二持点校,暨南大学出版社2016年版,第440页。

对地方司法机关进行监督和检查。中国古代的监察制度，发轫于西周，《周礼·春官》："御史掌邦国都鄙及万民之治令以赞冢宰。"春秋战国时，也有"御史记事"的记载。[①] 当时御史的地位较低，职权与后世也不同，据传周的御史只是冢宰的属官，春秋战国的御史为史官。御史作为专职的监察机构是随着秦朝统一的中央集权国家的建立才发展起来的。秦始皇为了加强对中央和地方各级官吏的监督以保证封建国家机器的正常运转，提高了御史的地位，在中央设御史大夫，位高权重，为三公之一，其职权是掌法令，监督法律和法令的实施；对违法官吏进行弹劾并参与重大案件的审理。汉承秦制，以御史大夫为副丞相，"凡丞相有阙，则御史大夫以次序迁"[②]。汉武帝时期开始由单一监察变为系统监察，即御史府系统、丞相司直系统、司隶校尉系统；分别监察地方、行政机关内部、京师近郊郡的违法者。至唐朝，监察体系和法律已臻完善。御史台为专门的监察机关，以御史大夫为长官，职责是弹劾百官、参与重要案件的审理，对朝廷重大活动的礼仪、府库开支进行纠察。唐玄宗时，御史台体制更加趋于完善、规范，御史台设台院、殿院、察院三院，其中台院是御史台最基本的组成部分。御史台三院共同行使监察权，但又各有所侧重。台院侍御史以弹奏为基本职责，重点在纠弹职位较高的官员，殿院殿中侍御史以"知班"为主要职责，即在百官朝班时，殿中侍御史列于阁门之外，"百僚班序有离立、失列、言嚣而不肃者，则纠罚之"[③]。察院监察御史则以出使巡按为其主要职责，一般出巡的目的是纠察地方官吏贪赃不法的行为及受理地方重大刑狱和上诉案件的复审。

到明朝，监察机关由中央监察机关和地方监察机关组成。中央监察机关是由都察院系统和六科系统组成。都察院是从唐宋时期的御史台发展而来。其职责是"专司纠劾百司，辩明冤枉，提督各道，为天子风纪之司。大狱重囚会鞫于外朝，偕刑部、大理谳平之"[④]。按照《纠劾官邪规定》，都察院的职权主要有四个方面：(1)"凡文武大臣果系奸邪小人，构党为非，擅作威福，紊乱朝政，致令

---

① 参见《史记·廉颇蔺相如列传》。
② 《历代职官表》。
③ 《通典》卷二四《职官六·御史台》。
④ 《明史·官职志》。

圣泽不宣者";(2)"凡百官有司,才不胜任,猬琐阘茸,善政无闻,肆贪坏法者";(3)"凡在外有司,扰害善良,贪赃坏法,致令田野荒芜,民人受害者";(4)"凡学术不正之徒,上书陈言变乱成宪,希求进用,或才德无可成述而挺身自拔者"。①洪武十五年(1382年)废中书省,提高六部地位后,改为监督六部,创设独立监察系统六科给事中。六科即吏、户、礼、兵、刑、工六科,每科均设都给事中一人,掌本科印。六科的共同职责包括复奏封驳权(凡六部奏请施行之事必经给事中审查,如有不当可以驳回);纠劾权(朝廷百官有违法行为,给事中均有权上疏弹劾);稽核权(六部奉旨执行的事项,也要在给事中处登记,六科有权检查其实际执行情况)。六科独立于都察院直接向皇帝负责。

明朝在监察立法方面已制定了较为完备的监察立法体系,对监察机关的职权范围、施行细则等作了较全面的规范,如《宪纲》《出退相见礼仪》《巡历事例》《宪纲条例》《大明会典》。《大明会典》中所载都察院的法规,体例庞大,内容复杂,其中与司法监督有关的有:宪纲总例凡10条;出巡事宜凡27条;照刷文卷凡6条;问拟刑名,追问公事、附申冤,审录罪囚、附审决,巡按七祭,监官遵守条例凡20条;监察9条等。清朝的监察组织体系基本上沿袭了明制。② 从上述中国古代监察制度的演变我们可以看出,历代统治者都非常重视监察制度,并赋予了监察官非常大的权力。因为古代统治者认为,监察官的权力是源于天道,所以监察官要对上级负责、对皇帝负责,更要对天下的苍生黎民和国家社稷的根本利益负责。因此,监察官责任重大,但其职权也很大,他们依法行使职权,可以对高官显贵进行监察,甚至也可以对皇帝进行劝谏,谏官就职掌匡正君主违失、封驳失当政令。古代的监察制度在中国古代的政治中发挥了巨大的作用,封建社会的盛世往往也是监察制度运行得很好的时代,如唐朝的"贞观之治",就出现了著名的谏官魏征。

在明朝,监察制度运行怎样?朝廷有阉党专权,也有昏聩的皇帝,却能统治270余年,其中也不乏监察制度之功劳。我们从林熙春这个曾任监察系统的六

---

① 《明会典·都察院一》。

② 参见张洪林主编:《中国传统法律文化》,华南理工大学出版社2018年版,第173~175页。

科给事中之职的监察官履职的实况,也可见一斑。

一方面,对国家大事进行监察并提出建议。林熙春向皇帝上奏疏,建言献策:

(1)重视民瘼。他上《元旦风霾摘陈时政疏》,指出当年无岁不荒,无处不荒,以致“骨肉无亲,人畜相食,疾疫枕藉,恶少揭竿”的严重情况,劝告皇帝“一下箸,必思有啼饥之赤子,而减膳常殷;一授衣,必思有冲寒之将帅,而赐貂一切;一驭仆从,必思有野伏之贤人,而弓旌宜勤”。(2)对国家的重大工程进行监督,并提出建议。他针对导淮(淮河)分黄(黄河)之难,以及中央与地方官员种种不同见解,连上《河工宽限加敕疏》《河工参道府疏》,实事求是地陈明利弊,力主“宽限勘议”,以制止“接臣(按:指巡按崔邦亮)谋国过急,巡河请遣非宜”,并恳切请求皇上“天语丁宁(按:叮咛)河道诸臣,各以宗社为重,毋以祖陵、民生、运道而稍分歧,同以公事为心”;他见内承运库传旨发下花样,着工部行文山西布政司“织造潞由一万三千余疋”,又上了《请省织造疏》,严肃指出“潞由至一万三千余疋,工费当不下二十余万金,而竟责备于禾谷半登之山西”,那是“疮痍未起加派难堪”,进而坦痛地“伏望皇上,垂慈念一丝一缕,尽属闾阎膏脉;一铢一两,足活灾疲数命”,从而下令工部暂停执行;他见内承运库管库事太监孙顺等着工部行文西北地方,从速采买回青(颜料,石青中之最贵者,瓷器用以为釉),即上《请免入回采买回青疏》,恳切陈言:“青六百斛,值当数万”,进入吐鲁番也好,深入回回国也好,都无疑是“以厚资而探豺狼之境”,“以华语而人侏离之乡”,“以天朝而徼绝域之物”,“焉知其不我侮乎”?然后建议通过甘肃抚按向吐鲁番、回回国宣威布恩,以待其“真诚上供”。(3)对关涉“倭情”“贼情”的军事进行督察。他审阅蓟辽总督顾谦虚报“倭情”以及朝鲜国王李公有关“贼情”报告,上《参东封疏》,以明代历朝的教训,说明倭情多变,“创之则中国安,款之则中国不安”,东封断不可行。上述奏疏监察的内容“皆关宗社大计”,提出的积极建议都是符合实际情况的。林熙春作为可以直接向皇帝进言的给事中确实尽职尽责。

另一方面,谏官如果对国家的军政大事缄默,也是失职。万历二十三年(1595年),万历皇帝因为谏官们不敢对当时的军政大事进行评议,贬斥了34

名谏官。其他因这件事而上疏皇帝的官员也遭"降调"。"万历乙未,军政事起,上怒不测,一时斥言三十四人,阁臣疏救不允。台中具疏不敢上,熙春毅然率同官上之,其疏曰:'陛下怒言官缄默,斥逐三十余人,臣等不胜悚惧。今御史马经纶慷慨陈言,窃意必温旨褒嘉,顾亦从贬斥。是以建言罪耶?抑以不言罪耶。前所罪者,既以不言之故;今所罪者,又以敢言之故,臣等安所适从哉?陛下诚以不言为溺职,则臣等不难进忧危之苦词,诚以直言为忤旨,则臣等不难喑默之成习。但恐庙堂之上,率谄佞取容,非君上之福也。臣等富贵荣辱之念,岂与人殊?然宁为此不为彼者,毋亦沐二百余年养士之恩,不负君父且不负此生耳!陛下奈何深怒痛疾,而折辱至是哉!'上益怒,降调家居一十六年,未尝只字入长安。"①

从这个事件中我们也可以看到,古代的监察体系,对皇帝能起到一定的约束、规谏的作用,但约束最高权力的监察制度功效的发挥,却要受到皇帝个人的影响,甚或是当时皇帝情绪的影响。但是,从林熙春在谏官职位上的作为来看,明朝在万历时期监察制度的运行较为有序,并发挥了一定的积极作用。

(四)明法裁断

林熙春在任大理寺卿时,以"臣,天下平也。苟不奉法持平,谓溺职何坐?",以大理寺是掌天下太平、是公平正义的体现的职责担当,对因法律规定不合时宜而在司法中引发的问题上《循职掌以明法守疏》,②期望修改律条规定,改善司法状况。根据《会典》规定,凡在京衙门,大小词讼,非由通政使司准行,各衙门参送不许准理;非由本寺评允,不许发落。这个规定对案件的审理是做到了慎重。但随着时事的变化,按这个规定执行起来可能造成"以故一案而连十余人,一招而动数千语者,每每而是。倘一出一入,生死攸关;一重一轻,军徒立判"③。林熙春具体提出了三种规定,即"苏牵累""省繁文""酌参驳",并在奏疏中具体分析了律条规定在司法中存在的弊端。如对"苏牵累"的分析:

其所谓苏牵累者何?盖《会典》载:"一应囚人犯,该死罪徒流者,具写

① 冯奉初辑:《潮州耆旧集》,吴二持点校,暨南大学出版社 2016 年版,第 410 页。
② 参见冯奉初辑:《潮州耆旧集》,吴二持点校,暨南大学出版社 2016 年版,第 422 页。
③ 冯奉初辑:《潮州耆旧集》,吴二持点校,暨南大学出版社 2016 年版,第 422 页。

奏本发审。笞杖罪名者,行移公文发审。”诚谓罪有重轻,必经评允,乃无枉纵耳。臣视事未久,见有罪仅笞杖,而证佐若而人,随审若而人,累累胥靡,不堪菜色。缘人众难拘,不无迟滞。衙门多历,使费不少,即因而累毙者,未必无也。臣见在外有司,笞杖之罪,且不申道府。今刑部有司,审有堂审,两经庭鞫,玉石自分。合无以后,量其无干免提,并量其无干免解乎?①

林熙春还指出,以上三款修改后,在前一款,则就成宪中而稍为通融;在后二款,则就成宪中而互相恪守。

从林熙春上的修改律条的奏疏,既可以看出他在法律职业上的专业,也可以体会到他的勇敢和为国为民之心,“徇法司之掌,不敢以一死一生而拂刑章。体圣明之宽仁,不忍以匹夫匹妇而干和气耳”。

林熙春在大理寺卿任上,还针对司法中存在的一些问题,造成司法混乱的情况,上《申饬法纪疏》。奏疏中本着“申饬法纪,重民命,保太和”的目的,特为“恭拟民约者八条”和“恭拟官约者八条”,使官民都有约可依,有章可循,对治理和维护司法秩序有积极的作用。

恭拟约民者七条:②

一、人命自有正法,不许移尸抢财;

二、盗情未入监即审,不许攀及良善;

三、有男子可告,不许告及妇人;

四、告词须真正乡贯,不许冒籍匿名;

五、一人止告一词,不许更名,图准多插党与为证;

六、原告不出,即便立案,不许躲闪拖累;

七、事已经结,不许听唆,希图翻案斟。

以上数款,民有犯者,依律重究。③

从上述规定可以看出,是针对民众在社会生活中出现的比较典型的案件而

① 冯奉初辑:《潮州耆旧集》,吴二持点校,暨南大学出版社 2016 年版,第 422 页。

② 上文说八条,这里实际只有七条,原文如此,仅在此说明。

③ 冯奉初辑:《潮州耆旧集》,吴二持点校,暨南大学出版社 2016 年版,第 423 ~424 页。

提出的,按约施行可以减少讼累。

恭拟约官者八条:

一、检验三日内,正官亲行,不许委及佐领;

二、鞫盗须正官隔别自鞫,不许听捕衙拷讯;

三、牌票须用堂印,不许擅出私刻条记;

四、词讼须奉堂批,不许擅受民词,并私置监簿;

五、罪有正条,不许律外罚纸罚谷折银入己;

六、监为囚设,不得已方收,不许轻寄仓铺,致有滥枉;

七、纸赎只纳粟备赈,原差带比,不许收监;

八、结审沉滞,即直亦累,不许经年累月。

以上数款,官有犯者,轻则提吏,重则听参。①

上述约定,对整肃吏治,树立清风有较大的作用。

(五)潮汕地方治理

林熙春告老返潮之时,已是72岁的古稀老人,但他仍然关切地方民生,致力于地方治理。主要有如下方面:

其一,为地方争利益,减负担。为潮州争盐税,减里役,使龙溪一地减少里役十之四,维护了民众的利益。

其二,加强地方基础设施建设。他倡议修筑炮台于海口,加强海防边防;倡议修建龙头、东集等桥,建许陇堤桥,浚三利溪,强化交通设施。在古代的潮汕,交通设施的建设与民生密切相关。明朝正统元年(1436年)潮州人洪孝生写了一篇《筑堤记》,指出韩江堤防的重要性。他说:

其堤以尺计者,长六百余万丈有奇。障水田以亩计者,不知其几千万顷。编氓朽腹待哺,以户计者,不知其几千万室。官府帑庾,仰给赋税,不知其几千万斛。民沿堤上下以居,牲畜必资蕃以息。但众流暴涨,堤决而田庐人畜半沉重洲。民之休戚,所系甚大。②

---

① 冯奉初辑:《潮州耆旧集》,吴二持点校,暨南大学出版社2016年版,第424页。

② 郭春震:《潮州府志》卷一《地理志》。

林熙春重视修堤浚溪，既反映了他对民瘼的关系，也体现了他对基础设施建设重要性的认识。

其三，修筑文化设施，资助科举。倡修潮州文庙、贤良祠、龙溪文昌阁，玉简峰塔；倡建凤凰台、三元塔；捐修赎佛寺田百亩作为秀才科试资费；创建龙溪会馆，促进了地方的文化建设和教化深入。

五、蓝鼎元

蓝鼎元（1680～1733 年），字玉霖，别字任庵，号鹿洲，福建漳浦人。蓝鼎元“少孤力学通达治体”①，喜谈兵，年轻时曾对浙闽粤海防进行过实地考察，康熙六十年（1721 年）随兄蓝延珍（时任南澳总兵）入台征战，显露才华。雍正三年（1725 年）奉调入京编修《大清一通志》，后经大学士朱轼引荐，上奏雍正经理台湾、河漕兼资海运等六事，深受雍正器重，②随授广东普宁知县兼摄潮阳知县。雍正十一年（1733 年）任广州知府，上任不到一个月便去世，终年 54 岁。身后留下《鹿洲初集》《平台纪略》《鹿洲公案》《东征集》等著作。其中，《鹿洲公案》，原名《公案偶纪》，又名《益智新书》，是蓝鼎元于公元 1728 年年底至 1729 年（清代雍正六年底至雍正七年）在牢狱中回忆记述其任职潮州府普宁县、潮阳县期间审判的经典案例汇编。③

关于《鹿洲公案》的由来，清代旷敏本在为《鹿洲公案》所撰写的序文即有记载：“鹿洲先生独坐土室，日夜读书著述……先生追思往事，择其案情稍异者，笔之成书，为《公案偶纪》二卷。”④清代张维屏在《国朝诗人征略》中亦曰：“鹿洲公案二卷，蓝任庵先生自述其领县时所谳之狱也。”⑤《鹿洲公案》总分为上下两卷，即“偶纪上”与“偶纪下”，共有 24 篇，上卷为 13 篇，下卷为 11 篇。与这 24 篇相对应的 24 个案件，均是蓝鼎元在潮州府普宁县、潮阳县担任县令时亲自经办的。换言之，它是作者所办案件亲身经历的记录。

---

① 赵尔巽等撰：《清史稿》卷四百七十七，列传二百六十四，循吏，中华书局 1976 年版。

② 参见《鹿洲初集·行述》。

③ 参见王强、刘正刚：《从〈鹿洲公案〉考察潮州社会犯罪现象》，载《广东史志》2002 年第 4 期。

④ 参见蓝鼎元：《鹿洲公案》，群众出版社 1985 年版，“序”。

⑤ 参见张维屏：《蓝鼎元》，《国朝诗人征略》卷二十三，清道光十年刻本，第 208 页。

蓝鼎元“在官有惠政,听断有祁”[①],被称作包公在世。治理普宁两月,就出现“四境大治”的景象,“地方恶贼搜除净尽,深山大海数十年漏明匪类至是无遗,平狱法,治豪强,凡襄时为民害者皆俯首帖耳,渐化仁让之风”[②]。他深受民众的爱戴,在地方治理中政绩突出。[③]

综合蓝鼎元在地方治理和《鹿洲公案》中反映出的法思想与实践,可以归结为以下方面。

(一)用法律手段来治理地方秩序

蓝鼎元在潮州任职时间不长,仅“一载有余”,但每天接待“告诉者一二千人,日收词状最少时也有一千褚”上。[④] 说明潮州地区当时的社会矛盾比较尖锐,秩序较为混乱。

清代潮州地区社会矛盾尖锐、秩序混乱,除了因为地理环境——“人稠地狭,田园不足于耕”,如遇自然灾害,更是雪上加霜,为了生存民众也许会破禁入海为盗,或上山占山寇;还清朝的社会环境——吏治的腐败,豪强不法以及潮州地区的讼师包揽词讼,把持公堂,更是加剧了潮州社会秩序的混乱。蓝鼎元治理地方时,注重用法律来治理地方秩序,通过司法,对官吏和讼师的不法行为严加处置,成效较为显著。

例如,在《鹿洲公案》《西谷船户》中记载,雍正五年督抚请示朝廷,发西谷十万石平均分给潮属各县仓库以备赈济,但押运粮食的各船都延误了交货日期,谎称海上遇盗。后经查问才得知是押运人与船户沿途自盗贩卖,是一个官吏衙役监守自盗,营私舞弊的案件。在该案中负责押运谷粮的主要官员之一招宁司巡检范仕化监守自盗,并因其为惠潮现察楼公的心腹要员而狐假虎威,搬弄是非,而惠潮观察楼公亦有意对其偏袒庇护,可谓“押运官役,猫鼠同眠”。[⑤]在案件的办理中,蓝鼎元明知自己作为一个小县令职权有限,对于上司漠视纵

---

① 赵尔巽等撰:《清史稿》卷四百七十七,列传二百六十四,循吏,中华书局 1976 年版。

② 《棉阳学准·陈华国序》。

③ 参见王强、刘正刚:《从〈鹿洲公案〉考察潮州社会犯罪现象》,载《广东史志》2002 年第 4 期。

④ 参见蓝鼎元:《鹿洲公案》,群众出版社 1985 年版。

⑤ 参见蓝鼎元:《鹿洲公案》,群众出版社 1985 年版,第 185 页。

容让主犯逍遥法外,他有些无可奈何,但他仍秉公办案,羁押了船户,阐明了案情,申请依法追究。案件结果中对官吏追责的诉求最终因各种因素未能如愿,“令君平日决断,不肯轻易追详,益有以知爱人掣肘之难也”[①]。但在办案中蓝鼎元试图对官吏追责,依法办案,对改善吏治也起到了一定的推动作用。

清初潮州地区社会秩序混乱另一个重要的因素是由讼师包揽词讼,把持公堂。这些讼师与衙役相互勾结,使潮州地区的司法秩序混乱不堪。蓝鼎元在审理案件中,一旦发现讼师有不法行为,即严格依法处置。在《鹿洲公案》中就记载了多宗严惩讼师不法行为的案例。在《三宄盗尸》案中,讼师陈伟度因与胞弟陈天万在继承祖业上有矛盾,遂指使王士毅、王爵亭诬告陈天万嫡妻许氏毒死王士毅从弟阿雄。蓝鼎元审理案件中查明了真相,便依法惩处:“因将王士毅、王爵亭、陈伟度,各于满杖,制木版一方,大书其事,命乡民传擎偕行,桃号四乡,周游示众。”[②]即将王士毅、王爵亭、陈伟度三人予以腐杖,并戴枷示众,周游各乡,且将此三人的恶劣事情写在木牌上让乡民传阅,让人尽知,以知警戒。还有“死丐得妻子”案,南董坊保正郑侯秩因“纵盗殃民”而畏罪潜逃,讼师陈阿辰怂恿郑妻陈氏与其子认定一无主丐尸为郑侯秩,诬告萧邦武等与人匿契抗税,将郑侯秩打成重伤投河自尽。蓝鼎元在审理该案中查明真相后,“因究出造谋指使之讼师陈阿辰,并拘坐罪,潮人快之”。[③] 还有在“林军师”案[④]、“政甲册”案[⑤]中也有对讼师不法行为依法处置的记录。[⑥]

蓝鼎元依法严惩讼师,其缘由,一方面是他自身有很强的法律观念,依法治理地方本就是地方官吏的职责。依《大清律例》规定:“凡教唆词讼及为人作词状增减情罪诬告人者,与犯人同罪。”[⑦]也就是说,凡是教唆民众词讼,以及在代人书写词状中增减情罪从而诬告他人的,构成犯罪,与犯人同罪。而且清律还

---

① 参见蓝鼎元:《鹿洲公案》,群众出版社 1985 年版,第 25 ~ 26 页。

② 参见蓝鼎元:《鹿洲公案》,群众出版社 1985 年版,第 25 ~ 26 页。

③ 参见蓝鼎元:《鹿洲公案》,群众出版社 1985 年版,第 83 页。

④ 参见蓝鼎元:《鹿洲公案》,群众出版社 1985 年版,第 243 页。

⑤ 参见蓝鼎元:《鹿洲公案》,群众出版社 1985 年版,第 143 页。

⑥ 参见王强、刘正刚:《从〈鹿洲公案〉考察潮州社会犯罪现象》,载《广东史志》2002 年第 4 期。

⑦ 三泰:《大清律例》卷三十,载《文渊阁四库全书本》,第 258 页。

规定了地方官员如果对于讼师教唆词讼因为过失不知而没有查缉,或者因为明知而故意不报,均要按照律例担责,即“讼师教唆词讼,为害扰民,该地方官不能查拿禁缉者,如只系失于责察,照例严处。若明知不报,经上司访拿,将该地方官照妒棍不行查拿例,交部议处”①。另一方面是我们还观察到,蓝鼎元在审理这些讼师“教唆词讼”的案件中,注重法律宣传,将案件的处理结果公之于众,既能起到警戒的作用,也是一种很好的法制宣传方式,通过案例,教育民众守法,对治理当时潮州地区混乱的社会秩序,不失为一种较为有效的法律治理措施。

此外,蓝鼎元还提出了从根本上整治潮州地方秩序的措施,他在《鹿洲初集》卷《论南洋事宜书》中主张“宜大开禁网,听民贸易,以海外之有余补内地之不足,此岂容缓须臾哉!”,即开放海禁,只有让民众可以自由贸易,才能解决其基本的生存问题,基本的生存问题有了保障,民众才能安居乐业,地方的社会秩序才能有序运行。

(二)情理法相结合

情理法相结合在司法审判中的运用,源于中国传统法律文化。蓝鼎元所处的清朝仍然是一个建立在小农经济、宗族文化以及乡土社会基础上的国家,沿袭了中国一千多年来的君主专制、中央集权的统治模式,国家权力仅至州县一级,但州县以下有众多以家族为中心的乡村所组成的乡民社会,对乡民社会的治理则采用“家长式管理”模式,并形成“谨奉孝道,崇拜祖先,尚古非今,事法古制”的法律传统。受这种“家长式管理”模式的影响,在州县官员中形成了“父母官”的理念,他们在司法中以一副为人父母的态度对待民众,对民众进行教化,劝导无讼。蓝鼎元也是一个深受儒家思想影响的基层官员,他在处理民众细故纠纷时,往往也采取“大事化小”的从宽方式,体现了情理法结合的原则。

例如,在《鹿洲公案》的“三山王多口”案中,陈阿功将其已嫁给林阿仲的女儿陈勤良转卖给李家,并诬告林家嫁卖或杀害其女儿,后来蓝鼎元查清了案情,并作出判决:将陈阿功杖打三十并戴枷于市,以及经赎回女儿后予以释放。“郡将陈阿功痛杖三十,枷于市,命之曰:‘赎还释汝,不赎还,枷死乃已。’于是阿功

① 三泰:《大清律例》卷三十,载《文渊阁四库全书本》,第258页。

使其妻王氏往惠来求赎。李姓勒令倍偿财礼，王氏鬻一牛及幼女得六金赎之。林阿仲闻有六金，怼勤娘失节，遂私与王氏议和，得金更娶，而勤娘们归李矣。陈阿功荷校两月，几毙命。……王氏以其京来告，余笑而释之。”[①]

在“兄弟讼田”案中，陈阿明、陈阿定作为亲兄弟争夺其父的遗产七亩田。蓝鼎元在审理中，对他们讲授兄弟情谊，并勒令他俩将各自一只脚绑在一起，继而令他们共同饮食起居，以及将他们的儿子带到双方面前予以劝教，最后判令陈氏兄弟对该田轮年收租以祭拜其父，终使兄弟和睦。蓝鼎元说：“……为兄则让弟，为弟则让兄，交让不得则还汝父。今以此田为汝父祭产，汝弟兄轮年收租备祭，子孙世世永无争端，此一举而数善备者也。”[②]

蓝鼎元在《鹿洲公案》中还记载有其他按照情理法相结处理的案例，如“没字词”案[③]、“卓洲溪”案[④]等，都是依据情理法相结从宽处理的。在判决中，蓝鼎元所依据的情理，既包括案件本身的情节、情形及当事人的心理情感，也包括超越案件本身的一般人之常情、伦理道德与生活常理等。如前所述“兄弟争讼”案中蓝鼎元所作的判决，就是依据了儒家“兄友弟恭”的伦常，并通过判决实现“家族和睦”，维护乡村秩序，体现了他对情理法兼容掌握得恰到好处，这也说明了蓝鼎元对世间百态、人情世故了然于心，对事情与人情相结合的习法理念自觉地遵从。蓝鼎元对细故案件的处理，也体现了他将礼法结合、礼主刑辅思想融会贯通至案件裁判中的一个基层官吏的素养。对细故案件大事化小的做法，蓝鼎元认为“乃知大事化小亦整顿地方之要着，不可以文化拘之也”。[⑤] 正是基于这样的法理念，蓝鼎元对于案件判决既不受限于案情本身，也不拘泥于律例的规定，而是结合情理，作出恰到好处的判决，得到民众的信服。

（三）用教化正人心变习俗

潮汕地区受地理环境和民族融合的影响，形成了好斗强悍的风俗，潮人“负

① 参见蓝鼎元：《鹿洲公案》，群众出版社 1985 年版，第 169 ~ 170 页。
② 参见蓝鼎元：《鹿洲公案》，群众出版社 1985 年版，第 125 页。
③ 参见蓝鼎元：《鹿洲公案》，群众出版社 1985 年版，第 64 页。
④ 参见蓝鼎元：《鹿洲公案》，群众出版社 1985 年版，第 134 页。
⑤ 参见蓝鼎元：《鹿洲公案》，群众出版社 1985 年版，第 134 页。

气喜争,好勇尚斗,睚眦小嫌,即率所亲而哄,至以兵刀相格”。而且,由于民族多元,信仰也是多元的,白莲教、天主教、无为教、后天教等无所不拜,“石或能京,树或能灵;厕间古柩,亦神亦仙,酒肉香纸,男妇趋若狂焉。……世家闺阁结群入庙烧香拜佛,不绝于途,于是邪诞妖妄之说竟起”①。由此也引发了一些案件,蓝鼎元在审理有关风俗信仰引发的案件时,不仅依法作出判决,还对民众进行教化,以改变他们的风习。

例如,在《鹿洲公案》的“邪教惑民”案中,林妙贵、胡阿秋等人以后天教为名装神弄鬼,从而蛊惑、奸淫、谋害民众。也就是说,“将林妙贵、胡阿秋满杖大枷出大门之外,听万民嚼齿唾骂、裂肤碎首,并归仙籍。其纵妻淫孽之詹与参及同恶、姚阿三等十余徒,分别枷杖创惩。余党一概不问,使由革面为人焉一足矣”。② 蓝鼎元查明案情后,将林妙贵、胡阿秋予以满杖,并戴大枷出城门供民众嚼齿唾骂、裂肤碎首,将詹与参及同恶姚阿三等十余徒分别予以杖打与戴枷,对于其余同党之人则一概不问,使之革面为人。还有“古柩作孽”案,潮阳城外两具暴露于外的棺材,被称为郭仙公郭仙婆,每天都有众多人去跪拜祷告,“每日自辰至酉,男子拥挤不绝,妇人半老者百十辈掺杂其中;自戌至卯,妇女拥挤不绝,则有年少无赖潜伏城隅,夺取簪珥,或竞相嬉戏暧昧不可知”。蓝鼎元认为这是一个有关破除鬼神迷信的教化事件,以此张贴告示,以所谓“伤风败俗之罪”警告灵柩之人的子孙们限期移葬,“即日大张文告,禁绝人踪,号召约保甲长,立查二柩有无子孙,限三日之内,速即择地瘗埋。三日不遵,则约保甲长各备来薪,以俟本县亲临勘讯,数其籍丛作孽,惑世诬民,败坏风俗之罪,将二柩各鞭一百,烈火焚之。投其灰于练江中流,为邑民除一妖害可也”③。判决了“古柩作孽”案后,蓝鼎元认为造成这种情况的原因是士习民风不正,因此,他上任伊始辄兴义等诏诸生课文励行,既然于士习民风之原,而有世道人心之虑也。④其还严惩妙贵仙姑之徒,改其教堂为棉阳书院,“命诸生读书讲学其中”,又把县

---

① 蓝鼎元:《鹿洲初集》卷十四,《潮州风俗考》。

② 参见蓝鼎元:《鹿洲公案》,群众出版社 1985 年版,第 37 页。

③ 蓝鼎元:《鹿洲公案》,群众出版社 1985 年版,第 283 ~ 284 页。

④ 参见《棉阳学准 · 陈华国序》。

东的义学修葺一新,每到朔望日,与诸生耆老宣读圣谕。于是,“正义盛,异端息,人心风俗蒸然一变”。

蓝鼎元在担任普宁知县和治理潮阳县的短短一年中,勤政惠民,秉公断案,既坚持依律例裁断,又将情理法很好结合,并致力于用教育教化来改变地方陋习,政绩卓著。同时,我们也可以通过蓝鼎元《鹿洲公案》记录的案例,较为全面地了解清朝一个权力最低层级的官员是如何施政和司法的,对于普宁、潮州等地的地方政务、经济情况和社会风俗也有了较具体的了解。① 从而也较深入地知悉了潮汕地方依法治理的经验。

第四节　结语:潮汕法律文化的意义

潮汕文化对中古中原文明的完整保存,以及怒海而生所形成的特殊海洋性格,使潮汕法律文化颇具特色。在历史上身处南国边陲之地的潮汕,中心文化一般将其归属为蛮荒之区,被中心文化所边缘化的蛮荒之区往往是贬官流放之地。民风野蛮,尚未开化,而“文化”之意正是以“文”化之。潮汕在隋唐之后,因中原为躲避战乱的移民迁入和谪贬官员的精心治理,发展精耕农业,鼓励商业经济发展,使潮汕之地成为鱼米富足之乡,潮商也经由“海上丝绸之路”走向海外,使潮汕文化具有了国际化的视野和格局,也体现了中原文化强大的“同化”作用。

潮汕的地理和人文环境深刻地影响了潮汕法律文化。如潮汕对官吏尤其是清官能吏的多神崇拜,是对原有潮汕神灵祭祀文化的改良,在以中华儒家文明为代表的清官信仰中又独树一帜。又如引礼入法,清官崇拜、婚姻家庭程式礼俗、社会治安治理,甚至情理法兼容的断案技巧,从立法、执法和司法等方面,均通过日常生活载体如潮语、潮剧、潮绣、潮瓷等表现出来,自语言、行为、心态

① 参见张秀蓉:《从〈鹿洲公案〉看清初潮汕地区的社会生活》,载《“国家、地方、民众的互动与社会变迁”国际学术研究会暨第九届中国社会史年会论文集》,2002 年 8 月。

到文艺装饰等,儒家法律文化无孔不入地浸润着潮汕儿女。从地方习惯法的研究视角,以潮汕方言俗语、婚俗、侨批等媒介为载体,以官吏的法思想和实践为标本,探析潮汕的法律文化又可以看到潮汕法律文化的另一面,有其独特的意义:

(一)潮汕方言民俗中法律文化的意义

语言是文化非常重要的载体,也是潮汕文化的重要表征。从潮汕语言、生活习惯以及行为制约乃至宗教信仰和日常耳濡目染所见的各种文化媒介,潮汕法律文化的底色便是以儒家礼义秩序文明所构建的规范体系。通过对潮汕文化日常载体法律文化意义上的分析,我们发现潮汕人无处不在的禁忌避讳和礼数规矩,以及多神崇拜和无数节庆,使潮汕之地的文化呈现典型的"乡土中国"①特色。这正是研究潮汕法律文化载体之于中国传统法律文化改良的重要意义。如果我们刻意地去留意在潮汕地区富有神韵的潮汕话中,以通俗易懂而又饱含深意的俗语歌谣所反映出的爱憎情感,会更加深刻地体会到潮汕人的法文化魅力以及对理想秩序的追求。② 正在这种乡风民俗的长期浸润下,潮汕人在待人接物、为人处世上显示出一种圆润异常的温情来,具有浓厚传统意味。然而,一旦潮汕文化失去了自我更新和外部约束机制,便能催生出最浓厚的非理性,这种非理性的冒险体现在潮汕俗语"识字者摸不到虾"中,此句同"撑死胆大的,饿死胆小的"意思相同。因此,在传承潮汕法律文化的精粹时,也要警惕潮汕法律文化中特有的非理性观念对法律秩序的冲击。③

(二)潮汕婚俗中法律文化的意义

潮汕作为岭南文化区中的汉族文化群落,在婚姻风俗上与中华传统婚姻法律文化一脉相承,又发展出自己独特的民间婚俗。潮汕婚俗中,无论是嫁娶的

---

① 费孝通在代表作《乡土中国》中撰写了乡土中国的以下内容:差序格局;维系着私人的道德;家族;男女有别;礼治秩序;无讼;无为政治;长老统治血缘和地缘;名实的分离。这些传统的乡土中国特性在潮汕地区依然存在。参见费孝通:《乡土中国》,上海人民出版社 2007 年版。

② 有关潮汕方言歌谣的汇集研究参见林朝虹、林伦伦:《全本潮汕方言歌谣评注》,花城出版社 2012 年版。

③ 参见沈玮玮、刘盈辛:《潮汕日常媒介中的儒家法律文化》,载《人民法院报》2017 年 4 月 7 日,第 5 版。

仪式还是夫妻的身份、地位，都有着儒家伦理的深刻烙印。入宋以后，潮汕人崇尚理学，而对朱学之取资，大部分是对儒经之注解与演绎，《家礼》是宋代潮汕人习礼之要典。婚姻中的六礼确定了夫妻不平等的地位。无论是问名、纳采还是请期、送聘，都要求由男方主动提出。虽然女家有选择的权利，因为女家不同意，则纳采不必继续进行，但这种选择权的实质并非女性的权利，而是女子家长的家长权。还有，纳吉也体现了“夫方本位”，因为一旦成婚，女子需加入男方宗族，故婚姻是否合宜，必卜之于男家宗庙，以便“得吉而纳之”。“夫为妻纲”是封建社会夫妻关系的一贯原则，在潮汕，特别是农村的婚俗中，结婚的婚宴一般都只宴请男主人，很少有看到男主人带着女性一起出席宴会，即使有女性收到邀请也羞于抛头露面。不仅在身份关系存在依存，妻子在婚姻存续期间财产上也不存在独立的权利，如果改嫁就不享有财产继承权。潮汕婚姻观念中所塑造的理想妻子符合男耕女织的传统文化，潮汕文化对妻子的要求是在家中隐忍贤惠，能够相夫教子。《潮州府志·民风》中记载：“妇女多勤纺织，凡女子十一二龄即为预治嫁衣故织布刺绣之功虽富家不废也”，又载有“女红针刺纺织，鲜抛头露面于市面”。经过几百年的文化传承，潮汕女性被塑造成温柔贤惠，含蓄内敛的形象。即使在现代广东，民间也一直流传着“要娶老婆就娶个潮汕女人”的说法。以潮汕歌册《百鸟名》中“令女”的故事为例，歌册记载“弟楮成群宿竹篱，令女割鼻喜家妻，立志守节孝义存养子代夫传宗支”①故事里当丈夫因政治斗争而身处不利境遇时，女子竟选择割去自己的鼻子表示自己会跟随丈夫，不离不弃。这种妻子对丈夫的忠诚显然已经超过了儒家传统文化对“仁”的要求。这种文化熏陶很容易导致女性认同这类“女性角色”而对自己的人生不闻不问，显然这种女性从属于男性的身份文化已经不能适应今天强调婚姻自由和男女平等的社会生活，提倡夫妻地位平等早已是当代婚姻家庭法的基本原则，强调夫妻间的互相忠诚而不是妻子一方的忠诚也是当代婚姻家庭法的原则要求。

(三)潮汕乡约宗法中法律文化的意义

在地方治理中，强化家族权，沟通中央与地方，是封建时代基层治理的有效

---

① 吴奎信：《潮州歌册》，花城出版社1999年版，第71页。

方法。社会个体只有获得族谱,才能进入共同体,宗族的一员,而宗族也须凭借族谱才能组织个体而成为宗族共同体,从而实现对宗族的网格化理。正是在国家和地方的互动之下,宋明时期乡约宗法盛行,形成了潮汕地区独特的法律文化。乡约族规首先在宗族内适用,因此一般是道德的律法化,是民间效仿国家律法的具体体现。例如,族谱都在族规中规定"族人如有盗卖祠田,一经查出,除勒令备价赎还外,公同家法治处"。严厉惩治侵犯祠产。族人发生纠纷时,必先经过祠堂解决方能告官。通常的处理程式是首先在祖宗牌位前论曲直、剖是非,之后再按照族规处置。但凡族人有违抗者,族长便可在祠堂召开宗支主事人,商定处罚细节。宗族的惩处方式多样,主要包括身体罚和财产罚。体罚如责打、祠前示众、向祖先长跪悔过等。财产处罚主要是针对损坏祖业者,罚钱用以敬祖置业祭祀。最为严厉的处罚方式当时削籍除名,禁止入祠、入谱,直至逐出宗族。如果情节更为严重者则以宗族名义送官惩治。通过乡规民约来实现基层的自治在当代的乡村基层治理中也有一定的借鉴价值。在党的十九大报告中就明确提出了实施乡村振兴战略,加强基层基础工作,健全自治、法治、德治相结合的乡村治理体系,在建设这一治理体系中潮汕乡约宗法中的法律文化也可为我们提供某些借鉴。①

(四)潮汕侨批中法律文化意义

侨批是海外侨民与家人联系时使用的特殊家信。由于土地贫瘠,潮汕居民不得不到海外谋生,将赚到的钱附于信中一并寄回家乡,逐渐形成侨批这种信款合一的特殊信件。随着潮汕侨民数量增加,传递侨批成为一种重要的民间活动,潮汕侨批的发展植根于民间,带有浓郁的地域文化属性。潮汕侨批的发展植根于民间,带有浓郁的地域文化属性。在侨批的撰写与传递中,由民间法发展而来的规范逐渐成为规制侨批的基础,而不同时期国家对侨批的法律规制,又使其纳入了国家法的管控之下。潮汕地区以规制侨批为中心,形成了民间法与国家法的互动,孕育了内容丰富的法律文化,潮汕侨批档案的发掘,拓展了我

① 沈玮玮:《古代边陲治理:潮汕地区法律文化透视》,载《人民法院报》2017年2月17日,第5版。

们认识中国传统法律文化近代转型新的视角。① 潮汕侨批是侨批文化的重要组成部分,家族文化的沁润奠定了潮汕侨批产生的基础,也为侨批纠纷的调处提供了保障。家族文化中的商业诚信理念和规则为纠纷预防提供了特有的文化资源;自力救济、侨批行业公会调解、公堂调解、盟神查案、适用无过错赔偿原则等调处纠纷的方式,在当下仍有一定的借鉴价值。在中国特色社会主义进入新时代之际,坚持德法共治,弘扬侨批文化,发挥其在基层治理中化解纠纷的功效,具有一定的现实意义。潮汕侨批历时久远,业务繁多,但其间因侨批发生的纠纷却不多见,即便纠纷产生,调处也相对简单。究其缘由,实乃潮汕侨批承载着浓厚的乡情,发轫并兴盛于民间,家族文化沁润着侨批的根基,构筑了侨批纠纷化解的独特方式。② 潮汕家族文化构筑的纠纷调处方式的探寻,揭示了潮汕侨批产生的文化根基,从法律文化的视角展示中原地区法律思想对偏远地区的影响,凸显了潮汕地区与中原文化之异同,这也成就了研究潮汕法律文化特色的又一路径;潮汕家族文化构筑的侨批纠纷预防和化解方式的解析,具有挖掘地方特色法制资源、丰富中华法文明内涵的重大理论和现实意义,也可为实现中国共产党十九大报告提出的推动中华优秀传统文化创造性转化、创新性发展提供借鉴。

（五）潮汕官吏法思想与实践的意义

潮汕地区人杰地灵。自古以来,这片土地孕育了一代又一代潮汕人,我们只是从潮汕的众多官吏中选择了唐宋时期的韩愈和彭延年;明清时期的翁万达、萧端蒙、周光镐、林熙春和蓝鼎元。这些官吏的法思想与实践,让我们清楚了封建社会后期尤其是明清,他们都重视法的思想,并践行依法治理。

其一,传承发展并实践儒家仁的思想。例如,唐朝韩愈的"道统"论,坚持维护儒家的正统地位,传承了儒家的"仁"学,发展成仁、义、礼、智、信为核心的"道",并选择了孟子的性善论作为儒家正统的基础,对宋朝即以后的儒家学术

---

① 参见张洪林、薛锐:《从习惯调整到国家规则:潮汕侨批中的法律文化透析》,载《华南师范大学学报(社会科学版)》2018 年第 1 期。

② 参见张洪林、朱腾伟:《家族文化构筑的潮汕侨批纠纷调处方式探析》,载《广东社会科学》2019 年第 2 期。

有重大的影响。韩愈还提出了"性三品"的理论,认为可以通过教化可以使人向善的思想,并在潮州任职时就进行了实践,对潮州宋以后教化的发展有重大的影响。又如,宋朝的彭延年就将"仁"阐述为"好生恰民"为政以仁,并贯彻到实践中,彭延年在大理寺任职期间,其职责是"出则'承诏'推鞫罪案,入则参议寺内疑狱";明朝的林熙春也秉承和实践了"民为邦本"的思想,他引宋儒的话"莫柔于民心,而不可以威劫;莫强于民心,而可以德感"来表达他想要安民心的想法,建议应"将加派蠲免,仍发帑金以练乡兵"。这的确是既解民瘼,也纾君忧的建言。

其二,传承发展并实践王阳明的心学。阳明学说在潮州地区的传播,开始于正德十四年(1519 年),他的潮州籍弟子们在潮州讲学,传播阳明学说,使古代正统思想的在潮州的发展进入高峰期,在潮州传播明阳心学有重要影响的人物有薛侃,翁万达等。薛侃在《阳明先生诗集》序中对"良知"与"性情"的关系进行了阐述。还用行动去实践自己的思想主张。在朝廷,他着眼于礼制,有《正祀典以敦化理》《复古制以新士习》《复旧典以光圣德》等奏疏①;在乡村,他投入到挖溪、修桥、筑堤,大举善行;订立《乡约》,希望借助礼教维护地方的社会秩序。还有翁万达,作为王阳明的弟子,在传承王阳明的心学方面,也有自己的见解。翁万达认为,"主静"可以达至"良知",表达了翁万达作为一个士大夫要坚持的气节和不随波逐流的思想。

其三,依法治军治边的思想与实践。明朝时期,边防是国家治理非常重要的内容,在治治边防的策略上,潮汕的官吏提出了依法治军的思想并加以实践。周光镐就提出了依法治军的必要性,他编辑《兵政集训》,为依法治军提供读本。还有萧端蒙,嘉靖二十三年(1544 年),萧端蒙奉旨到畿内治军,针对军异屯难以聚集的问题,他在《陈末议以裨军政六事疏》中提出了具体措施。在萧端蒙的治军思想,突出了依法治军的思想,其具体措施的实施,纠正了军官吃空额,克扣士兵薪贴等不正之风,也保障了军饷的筹集,在一定程度上解决了治军难的问题。这些依法治军的思想和实践对于保卫明朝的边防起到了积极的作用。

---

① 《薛中离先生全书·卷七》。

其四，情理法相结合。“情与法”的关系问题，其实是中国传统法律文化中“情理法”的传统理念。在正统理念中，“情”与“理”可以分开说，“情”，从主观上看，包括私人的意志和情感，也就是通常所说的“人之常情”；从公众的层面来看，就是“常识”“常理”。从客观来看，情可以指“情境”，包括“案情”“情节”“情况”等。“理”，通常指“天理”，即社会生活中须遵守的最高法则。“法”，即“国法”。情理法观念集中体现了中华民族关于法的价值的理念，即“法本人情”和“情法两端”。在关于“情”与“法”的关系上，翁万达也是传承了历代的思想，认为“情”与“法”是一体的，两者“不可分为二”，的思想，不仅论证了“情”与“法”之间的互补，两者结合，就像“规”与“矩”一样，是故法用情，通之以就规也，发展了对“情”与“理”关系的认识。清朝的蓝鼎元在司法中也运用情理法相结合的原则。蓝鼎元在《鹿洲公案》中就记录有他按照情理法相结处理的案例，在判决中，蓝鼎元所依据的情理，既包括案件本身的情节、情形及当事人的心理情感，也包括超越案件本身的一般人之常情、伦理道德与生活常理等。如在“兄弟争讼”案中蓝鼎元所作的判决，就是依据了儒家“兄友弟恭”的伦常，并通过判决实现“家族和睦”，维护乡村秩序。蓝鼎元对细故案件的处理，他体现了将礼法结合，礼主刑辅思想融会贯通至案件裁判中的一个基层官吏的素养。党的十八届四中全会提出了“依法治国与以德治国相结合”的原则，借鉴古代潮汕官吏在司法中运用“情理法”相结合的思想和原则，也是有一定的意义的。

其五，明法慎罚，重视法的实效。恤刑慎罚其实是传承了西周以来“慎罚”的法思想，“慎罚”就是指在司用刑罚时要谨慎。彭延年在任大理寺评事时，泗州漕运押粮兵因漕粮受盗而将被处以极刑。该案评议时，他本着慎罚的思想，认为这个案件是有客观原因的，他指出漕运途遥险多，“盗者非一日”，如此量刑，“杀人多矣”，为此，他力为申辩，使复审之后，免除了五人死罪。在大理寺少卿任上，彭延年坚持践行慎罚思想，在奉旨复核囚案件时，被他救活的死囚就更多了。如为父复仇的马保儿，受后母诬告的所谓不孝子等，他都“力为昭雪”。林熙春在大理寺卿的任上，以“臣，天下平也。苟不奉法持平，谓溺职何坐？”以大理寺是掌天下太平，是公平正义的体现的职责担当，对因法律规定不合时宜而在司法中引发的问题上《循职掌以明法守疏》①，期望修改律条规定，改善司法状况。还针对司法中存在的一些问题，造成司法混乱的情况，上《申饬法纪疏》，使官民都有约可依，有章可循，对治理和维护司法秩序有积极的作用。

其六，直言上谏。在中国古代社会，创设了监察制度。监察组织作为"天子耳目之司"，其职能是监督法律和法令的实施，对违反朝廷纲纪的官吏进行弹劾，监督中央司法机关对重大案件的审判活动，在全国或特定地区，对地方司法机关进行监督和检查。到明朝，监察机关由中央监察机关和地方监察机关组成，中央监察机关是由都察院系和六科系统组成。在明朝，监察制度运行怎样？朝廷有阉党专权，也有昏聩的皇帝，却能统治270余年，其中也不乏监察制度之功劳。如林熙春这个曾在监察系统的六科给事中之职的监察官履职的实况，也可见一斑。他对国家大事进行监察并提出建议，建言献策，其内容包括：(1)关心民瘼。他上《元旦风霾摘陈时政疏》，指出当年无岁不荒，无处不荒，以致"骨肉无亲，人畜相食，疾疫枕藉，恶少揭竿"的严重情况，劝告皇帝"一下箸，必思有啼饥之赤子，而减膳常殷；一授衣，必思有冲寒之将帅，而赐貂一切；一驭仆从，必思有野伏之贤人，而弓旌宜勤"。(2)对国家的重大工程进行监督，并提出建议。从林熙春在谏官职位上的作为来看，明朝在万历时期监察制度的运行较为有序，并发挥了一定的积极作用。古代的监察制度对我们当下完善党和国家的监察体系，强化对权力运行的制约和监督也有借鉴意义。

其七，潮汕地方的法律治理。潮汕的官吏们，在依法治理潮汕方面也有丰富的法思想与实践。例如，萧端蒙。嘉靖二十五年(1546年)，他告归"养病家居"，虽然有病在身，但还"询诸父老，参与舆情，即所见闻，条为六议"，以《条陈远方民瘼六事疏》上达嘉靖皇帝，表达了他对潮汕地方治理的思想与措施。又如，蓝鼎元。蓝鼎元提出了用教化正人心变习俗。潮汕地区由于地理环境和民族融合的影响，具形成了好斗强悍的风俗，潮人"负气喜争，好勇尚斗，睚眦小嫌，即率所亲而哄，至以兵刀相格"。而且，由于民族多元，信仰也是多元的，白莲教、天主教、无为教、后天教等无所不拜，由此也引发一些案件，蓝鼎元在审理

① 冯奉初辑：《潮州耆旧集》，吴二持点校，暨南大学出版社2016年版，第422页。

有关风俗信仰引发的案件中,不仅依法作出判决,还通过对民众进行教化,改变他们的风习。上述对潮汕的法律治理也可以让我们较深入地知悉潮汕地方治理的经验。

我们回到当代。自汕头成为特区以来,潮汕发展未尽如人意,多数人认为这是潮汕文化使然。比如,相对封闭的潮汕话成为难以融合外人的首要障碍,潮汕人特殊的社会结构使政府与市场家族化和血缘化随处可见,真正的市民社会缺乏,使潮汕人讲血缘、重亲情乡情、不讲规则和法制的性格与当代市场经济的发展格格不入。重商的文化传统产生的逐利心态,使潮汕人敢于冒险的优良品格较易转化为非理性的敢于违背规则的铤而走险的侥幸心态。而对家族宗教式的信仰则容易转变为利益抱团政治。如果潮汕人将以血缘关系尊卑秩序的传统儒家秩序文明的“糟粕”,同敢于铤而走险公然违法的海洋文化之“弊端”以及革命运动式的激情政治心态相结合的话,潮汕独领风骚的法制文明便成为制约潮汕地区社会发展的累赘。因此,我们在此讨论潮汕法律文化的当代意义,更在于“取其精华,去其糟粕”。“精华”意在强调潮汕法律文化所承载的儒家秩序文明的正效应,如重礼义、尚和谐、正清风等。而“糟粕”则意在指出潮汕法律文化同现代市场经济法治原则相抵触的负效应,如重宗族、拉关系、敢冒险等。唯有如此,才能冷静地将潮汕法律文化中的理性与非理性因素加以区分,为当下完善潮汕社会治理体系以及提高潮汕社会治理能力提供可资参考的学术文化建议。更重要的是,潮汕法律文化所体现的以儒家礼义秩序为核心的文化要义,在当前法治建设中具有样本意义。①

中国几千年来的社会生活与文化意识共同塑造了丰富的家族文化,由于中国地域广袤与发展不平衡,家族文化具有地域特色。历史上,潮汕地区家族文化观念浓郁,家族文化的作用凸显,家族文化对内是团结家族的精神力量,对外也规制着家族成员的诚信行为;家族文化不仅约束着家族及其成员,还影响着社会与国家。例如,潮汕家族文化构筑的纠纷调处方式表明,文化在纠纷解决

---

① 参见沈玮玮、刘盈辛:《潮汕日常媒介中的儒家法律文化》,载《人民法院报》2017 年 4 月 7 日,第 5 版。

中具有独特的作用,具有文化底蕴构筑的纠纷预防屏障,将人们的文化信念、社会规则、国家法律熔为一炉,以润物无声的方式预防和化解纠纷,也为纠纷调处提供了一个独特的地方治理范式,有其借鉴价值。在当下,家族文化仍传承并影响着社会和人们的生活。在中国特色社会主义进入新时代之际,坚持“依法治国与以德治国相结合”,德法共治有着现实的价值。[①] 习近平总书记指出:“历史是人民创造的,文明也是人民创造的。对绵延五千多年的中华文明,我们应该多一份尊重,多一份思考。对古代的成功经验,我们要本着择其善者而从之、其不善者而去之的科学态度,牢记历史经验、牢记历史教训、牢记历史警示,为推进国家治理体系和治理能力现代化提供有益借鉴。”“治理国家和社会,今天遇到的很多事情都可以在历史上找到影子,历史上发生过的很多事情也都可以作为今天的镜鉴。”[②]弘扬侨批文化,发挥其在社会基层治理中化解纠纷的功效,发掘法治的本土资源,从历史中寻找基层治理的经验,是贯彻习近平新时代中国特色社会主义思想,坚持“道路自信、理论自信、制度自信、文化自信”的重要方式。在习近平新时代中国特色社会主义思想的引领下,在基层治理中将传统文化与现代法治有机结合,充分考虑乡土社会的社会现实和文化基础,加强基层法治建设和精神文明建设,重视国家法律、自治规范、传统道德、礼仪风俗等不同社会规范的治理功能,充分发挥行政机构、司法机构、社会组织、民众等各类主体的作用,创建多层次、多领域的综合治理体系,发掘中国特色社会主义文化的底蕴,创造性地继承和发展中华民族五千多年文明历史所孕育的中华优秀传统文化,吸收地方法律文化在基层治理中的经验,基层治理自古就有“百里不同风,千里不同俗”的特点,现代的基层治理不仅要贯彻国家法律的统一性,也需要重视地域特性,重视地方文化的挖掘与传承,充分吸收和总结地方治理的智慧,为现实新时代“自治、法治、德治相结合”基层

---

① 张晋藩:《论中国古代的德法共治》,载《中国法学》2018 年第 2 期。

② 习近平总书记 2014 年 10 月 13 日在中共中央政治局第十八次集体学习时的讲话,《习近平在中共中央政治局第十八次集体学习时强调牢记历史经验历史教训历史警示为国家治理能力现代化提供有益借鉴》,载《人民日报》2014 年 10 月 14 日,第 1 版。

治理筑牢文化根基。[①]

如何更好地使中国传统法律文化中的精华同当代法治社会相结合，对潮汕法律文化的研究或许可以为此问题的深入分析提供一个颇具代表意义的地方性答案。这也可以说是从习惯法层面研究潮汕法律文化的重要意义。

① 参见张洪林、朱腾伟：《家族文化构筑的潮汕侨批纠纷调处方式探析》，载《广东社会科学》2019年第2期。

第 二 编

以连南瑶族民族文化遗产立法保护为中心

连南瑶族传统的风俗习惯、礼仪节庆、传统瑶族村寨是瑶族习俗的重要组成部分,也是瑶族文化遗产保护的重要内容。通过立法将连南瑶族传统的风俗习惯、礼仪节庆、传统瑶族村寨进行保护,是保护和传承瑶族习惯法的有效途径。高其才教授在《法律应当重视对习惯的认可》一文中指出:"习惯在当代国家立法中具有重要意义,在中国立法和法治建设中,应当重视当代习惯法的积极功能,在国家法律发展中合理吸纳习惯法,实现习惯法与制定法的融合、互补,探索具有中国历史渊源、固有文化特点和适应现代基层社会治理的立法理论和实践,寻求固有法资源在当代立法中的价值,从习惯法角度深入探索中国特色社会主义法治道路。"①我们在研究连南瑶族习惯法时,借助项目主持,深度参与制定《连南瑶族自治县民族文化遗产保护条例》《连南瑶族自治县村镇规划建设管理条例》的机缘,将连南瑶族传统的风俗习惯、礼仪节庆、传统瑶族村寨等民族习俗的内容内化为法条,使瑶族的传统习俗在新时代焕发出新的生命力。下面将从宏观和微观的视角进行探析。

① 高其才:《法律应当重视对习惯的认可》,载《学习时报》2017年1月25日,第7版。

第一章 少数民族非物质文化遗产的保护与传承

——以民族自治地方文化遗产保护立法为考察对象

党的十九大报告明确提出，要推动中华优秀传统文化创造性转化、创新性发展。加强文化遗产保护与传承，是坚定文化自信，推动社会主义文化繁荣兴盛的重要战略措施。民族自治地方的文化遗产是中华民族优秀传统文化遗产不可或缺的有机组成部分，保护和传承民族自治地方文化遗产是增进各民族团结、增强社会凝聚力的重要举措。在统筹推进“五位一体”(指“经济建设、政治建设、文化建设、社会建设、生态文明建设”)总体布局的进程中，城镇化率年均提高1.2%；文化事业和文化产业蓬勃发展，文化自信得到彰显，国家文化软实力和影响力大幅度提升。但也应当看到，发展不平衡不充分的一些突出问题尚未解决。在文化建设方面，一些民族自治地方在城镇化过程中，文化遗产的保护与传承工作力度不足，尤其是非物质文化遗产保护的真实性、传承性、整体性有待进一步加强，有的非物质文化遗产濒临消失的危机，亟待加强法律保护与传承。《非物质文化遗产法》对民族自治地方的非物质文化遗产保护提出了具体要求，应当通过民族自治地方的立法加强区域内非物质文化遗产的保护与传承，将文化惠民工程建设与非物质文化遗产的保护与传承有机融合，以文化的多样性厚植和丰富中华文化的底蕴和内涵，寓教于乐，充分调动各方参与非物质文化传承的积极性，并将非物质文化遗产保护纳入民族自治地方社会经济发展规划，实行整体性保护。

第一节　加强民族自治地方非物质文化遗产法律保护与传承的必要性和迫切性

在历史发展的长河中,中华民族创造了璀璨夺目的文化成就,留下了丰厚的文化遗产。党的十八大以来,习近平总书记高度重视传承和发展中华优秀传统文化,对保护文化遗产多次做出重要指示。他指出:“中华民族在几千年历史中创造和延续的中华优秀传统文化,是中华民族的根和魂。”①“要系统梳理传统文化资源,让收藏在禁宫里的文物、陈列在广阔大地上的遗产、书写在古籍里的文字都活起来。”②“文物承载灿烂文明,传承历史文化,维系民族精神,是老祖宗留给我们的宝贵遗产,是加强社会主义精神文明建设的深厚滋养。”③

民族自治地方非物质文化遗产是中华文化遗产的重要组成部分。在城镇化发展的进程中,由于发展不平衡不充分,在文化建设方面一些经济比较贫困的民族自治地方,将工作重心定位在脱贫致富,大力发展经济,但对非物质文化遗产保护力度不足,导致非物质文化遗产面临传承性危机;城镇化建设的加速发展,导致民族自治地方的人口流入城市,对社会文化环境也产生了显著影响。自然环境和社会环境的改变,使民族自治地方非物质文化遗产面临着“自然消失”的威胁和“人为消解”的挑战,非物质文化遗产值得重视,加强法律保护与传承具有必要性。

一、有利于增进民族团结

文化是一个民族的灵魂与血脉,是不同国家与民族独特的传统,是民族赖以生存、延续的条件。我国是统一的多民族国家,居住在中华大地上的各族人

---

① 2014 年 12 月 20 日,习近平总书记出席庆祝澳门回归祖国 15 周年大会暨澳门特别行政区第四届政府就职典礼上发表的重要讲话。

② 2013 年 12 月 30 日,习近平总书记在主持中共中央政治局第十二次集体学习时发表的讲话。

③ 2016 年 4 月 12 日,习近平总书记出席全国文物工作会议,对文物工作作出重要指示。

民共同缔造了绚丽多彩的中华文明,中华文明是各民族文化融合的结晶。在传统中华文化中,既有基于农业生产而形成和发展起来的农业民族的经济文化,又有基于狩猎和畜牧业生产而形成和发展起来的游牧民族的经济文化;既有在汉藏语系语言基础上创造发展起来的各种文字,又有在阿尔泰等语系语言基础上创造发展起来的各种文字;既有适应畜牧和便于游牧而创造的居住建筑形式,又有适应农耕和定居而创造的居住建筑形式,并根据气候地理条件使其多样化。[①] 各民族都以其具有浓郁特色的物质和精神增添了中华文化的异彩,是中华文化的重要组成部分,多元一体的文化,是民族团结的根基。

《非物质文化遗产法》第 4 条规定,保护非物质文化遗产"有利于增强中华民族的文化认同,有利于维护国家统一和民族团结",是保护与传承民族自治地方非物质文化遗产追求的共同目标。这一目标的确立具有重要意义,表明我国非物质文化遗产基本法通过法律增进民族文化认同和民族团结。

二、有利于适应城镇化快速发展的需要

城镇化快速发展对民族自治地方非物质文化遗产保护提出了挑战。城镇化是随着社会生产力的发展、科学技术的进步以及产业结构的调整,其社会由以农业为主的传统乡村型社会向以工业(第二产业)和服务业(第三产业)等非农业为主的现代城市型社会逐渐转变的历史过程。城镇化的进程中,民族自治地方非物质文化遗产的保护与传承面临以下新课题:(1)非物质文化遗产依存的自然环境发生着改变。随着基础设施建设,非物质文化遗产的物质载体,如民族村寨等面临着被拆迁、毁损的境况。(2)非物质文化遗产社会环境的变化。随着人口流动的增加,民族自治地方的群众受外界的影响使其民居、传统技艺、服装等具有民族特色的文化面临消失的危机。

例如,广东连南瑶族自治县。连南瑶族自治县是历史悠久的瑶乡,民族文化资源丰富,是中国乃至世界上唯一的保存完整的排瑶聚居地,以瑶族为主的少数

---

① 参见祁庆富、史晖主编:《少数民族非物质文化遗产研究》,中央民族大学出版社 2015 年版,第 2 页。

民族占53%。瑶族民众经过长期生活生产劳动,创造和积累了丰富多彩而颇具传奇特色的传统文化,留下了丰厚的文化遗产。连南瑶族自治县制定了一系列方针、政策等措施保护民族文化遗产,并取得了较大的成效。至2015年,“瑶族耍歌堂”“瑶族长鼓舞”等3个项目被列入国家非物质文化遗产名录,国家级项目代表性传承人1人;“瑶族服饰刺绣”“瑶族婚俗”“瑶族民歌”等9个项目被列入省级非物质文化遗产名录,省级项目代表性传承人10人;市级非遗项目代表性传承人19人。[①] 但是,由于发展不平衡不充分,连南属于广东的贫困县,在城镇化快速发展中,文化遗产的保护也面临着新的课题:(1)非物质文化遗产濒临消失危机。瑶族千百年来的历史文化传承都是通过民间民俗文化活动及故事、歌谣口口相传。但是由于城镇化的快速发展,瑶族传统文化所依存的自然环境和社会环境发生了变化,具有历史、文学、艺术价值的珍贵实物遭到毁弃,大量的文化遗产散存于民间,得不到有效的整理、修复与保存、保护,面临灭失的风险。(2)非物质文化遗产缺乏规范、系统的传承体系。民间文化传承后继无人,许多技艺属独门绝技,口传心授、因人而存,但由于传承人年老,年轻的民族文化技艺传承人缺乏而濒临危机;还有瑶族经书、历史故事和传说等,能唱、能说、能念的年轻一代传承的不多。(3)对文化遗产保护的重要性认识有待提高。瑶族居住在山区,经济环境较差,文化教育相对落后,对文化遗产的认识还有待提高,对传统民族文化遗产属于“不可再生资源”,不加以保护就会加速其消亡的紧迫性认识不足。

总之,在城镇化的大背景下,民族自治地方的经济有了较快发展,尽快摆脱贫穷,跟上城镇化快速发展的步伐,已成为民族自治地方的共识。然而,城镇化的扩张,给民族自治地方的传统文化也带来了冲击。“在发展过程中,许多少数民族都面临着传统与现代的两难选择:一方面渴求尽快实现现代化;另一方面又希望长久保持本民族的文化传统,担忧甚至恐惧传统文化消失。这个问题在人口较少民族中尤为突出。”[②]在“转型”过程中,民族自治地方非物质文化遗产法律保护与传承更具有紧迫性。

---

① 广东连南瑶族自治县非物质文化遗产保护中心:《关于我县非物质文化遗产立法的几点建议》,2015年5月12日。

② 祁庆富:《少数民族非物质文化遗产的抢救与保护》,载《光明日报》2005年6月17日。

三、有利于活跃民族自治地方的特色文化

民族自治地方非物质文化遗产丰富,从20世纪90年代以来国家采取了积极的法律和政策措施来加以保护和传承,以利于活跃地方特色文化。

国务院颁布的条例、发展纲要及国家法律中关于民族自治地方对非物质文化遗产的保护:(1)1997年5月,国务院颁布了《传统工艺美术保护条例》(于2013年修订),该条例的相关规定可以用于保护民族自治地方的传统工艺美术,传统工艺美术也是非物质文化遗产的部分。(2)2005年12月22日国务院《关于加强文化遗产保护的通知》指出:"加强少数民族文化遗产和文化生态区保护。重点扶持少数民族地区的非物质文化遗产保护工作。"首先提到少数民族非物质文化遗产的概念。(3)2011年6月实施的《非物质文化遗产法》除在对非物质文化遗产的定义、范围、保护的基本原则中包括了对民族自治地方非物质文化遗产保护适用外,还在第6条第2款规定:"国家扶持民族地区、边远地区、贫困地区的非物质文化遗产保护、保存工作。"

国家的政策和立法为民族自治地方非物质文化遗产保护和传承提供了基本的法律保障,为活跃地方特色文化奠定了基础。但在民族自治地方非物质文化保护与传承方面也存在一些亟须解决的法律问题,例如,非物质文化遗产法制对民族自治地方非物质文化遗产保护与传承的相关规定比较原则,针对性还不够强,保护措施还不够完善等。这些都制约了民族自治地方非物质文化遗产保护与传承工作,不利于民族自治地方特色文化的活跃,亟须进一步完善法制。

例如,连南瑶族自治县为保护与传承非物质文化遗产,促进民族地方特色文化发展,下发了《关于开展非物质文化遗产普查工作的通知》(南府办〔2006〕53号)、《关于印发连南瑶族自治县非物质文化遗产代表作申报评定暂行办法的通知》(南府办〔2006〕96号)、《连南瑶族自治县非物质文化遗产项目传承人认定与管理办法》等文件,在实践中也取得了一定的成效。但是要建立长效机制,制定地方性法规十分必要:一方面,民族文化遗产保护的政策法规不够健全,难以有效地建立起科学评估、认定、保护、管理、利用等文化遗产保护的法规体系,使自治县文化遗产保护在法治的轨道上运行,以取得更大的成效;另一方

面,通过地方立法明确民族非物质文化遗产的保护对象,构建完善的保护与传承机制,以使非物质文化遗产保护对象明晰,传承机制更系统,职责更明确。

故此通过地方立法更有针对性地保护好非物质文化遗产,活跃民族自治地方特色文化,是非常必要的。

第二节　民族自治地方非物质文化遗产法律保护的现实困境

由于历史渊源、自然地理环境以及社会发展条件的差异,各个民族在其生成和发展的历史过程中形成了各具特色的民族传统文化,因其民族传统文化的浸润,形成了各个民族在社会文化中的不同特点,民族自治地方的非物质文化遗产保护与传承是促进文化繁荣、彰显文化自信的基础。《非物质文化遗产法》对非物质文化遗产保护与传承提出了“应当注重其真实性、整体性和传承性”的要求。但是,由于城镇化的快速发展,民族自治地方非物质文化遗产依存的自然环境和社会环境都发生了巨大的变化;因发展不平衡不充分,民族自治地方要发展经济脱贫致富,非物质文化遗产要实现“真实性”“传承性”“整体性”保护与传承有较大的困难。

一、真实性保护面临困境

“真实性”一词源于希腊语“原真性”(Authenteo),1964 年 5 月通过的《威尼斯宪章》首次提出了文化遗产保护的原真性的含义,即将文化遗产“真实、完整地传承下去”。我国《非物质文化遗产法》规定了非物质文化遗产真实性保护原则。但是在民族自治地方,非物质文化遗产真实性保护在环境变迁中保持内涵与形式的统一、在经济发展中实现保护与利用相平衡确实是有较大难度的。

(一)环境变迁中真实性内涵与形式统一保护的困境

民族自治地方非物质文化遗产是具有真实性的。从民俗学的角度来看,每一种非物质文化遗产都具有独特性,有一个真实的本原,因为它处于濒危状态而需要保护。民俗学上的本真性,就是法律语言表达中所谓的真实性。民俗学家刘魁立指出:“我这里所说的本真性,是指一事物仍然是它自身的那种专有属性,是衡量一种事物不是他种事物或者没有蜕变、转化为他种事物的一种规定性尺度。文化是与特定人群相联系的,因此具有表征这个人群、代表这个人群的作用,反过来说,文化又见证这个人群,成为这个人群的身份标志。”①民族自治地方的传统文化是其非物质文化的精髓,具有鲜明的民族性、地域性,是民族特性的产物,与特定的主体相联结,由某一民族、部落或地域的民众集体创作,是该社会群体的文化或社会特性的体现,蕴含一套独特的不可替代的价值,是维系民族精神、增进民族团结的根基,是非物质文化遗产本真性的体现。

但是,民族自治地方的非物质文化遗产不具有传统意义上的固定形式,虽被称为遗产,却仍活在当下,是在动态中生存、在活态中发展,从而显现出它的灵魂。“这个灵魂,就是创生并传承它的那个民族(社区)在自身长期奋斗和创造中凝聚成的特有的民族精神和民族心理,集中表现为共同信仰和遵循的核心价值。这个灵魂,使它有吐故纳新之功,有开合应变之力,因而有生命力。”②尽管非物质文化遗产在不断变迁,但万变不离其宗,其提供民族认同感和归属感的核心价值,即真实性保护中的灵魂所在,法律所要保护和传承的,就是民族认同感和归属感的文化,也就是非物质文化的真实性。③ 对本真性的保护,可构建一个民族(或族群、社区等)自我的本真形象,活跃地方特色文化,增进民族团结。

然而,在城镇化快速发展的冲击下大多数传统乡民社会被现代社会所替代,民族自治地方非物质文化遗产的自然环境和社会环境均发生巨大的变化,本真性的保护和传承能否做到形式与精神的统一,使其内在精神保护和传承不至消解,是民族自治地方非物质文化遗产真实性保护所面临的困境。例如,连南瑶族的长鼓舞。长鼓舞是瑶族众民世代相传的民间传统舞蹈。每逢春节、三月三、十月十六盘王节,耍歌堂,或其他喜庆场合,瑶族的男子都跳起长鼓舞庆贺。长鼓舞最早起源于上古神盘古的传说以及瑶族人民对祖先的崇拜,自诞生

---

① 刘魁立:《非物质文化遗产的共享性本真性与人类文化多样性发展》,载《山东社会科学》2010 年第 3 期。

② 贺学君:《关于非物质文化遗产保护的理论思考》,载《江西社会科学》2005 年第 2 期。

③ 参见蒋万来:《从现代性和文化多样性看非物质文化遗产的法律保护》,载《知识产权》2015 年第 2 期。

起千百年来始终与瑶族的政治、经济、文化、民间信仰、民俗文化紧密相连，具有浓郁的民族特色，其独特的文化内涵经过千百年的传承与发展，形成了瑶族最为重要的文化符号。瑶族的长鼓舞与当地自身的文化、社会环境密不可分。但是，随着时代的变迁，瑶族长鼓舞表演的形式已发生了很大的变化，过去主要是基于祭祀、节庆、仪式等而表演；现在却可能是基于旅游、文化节等而表演。在不断的社会变迁中长鼓舞已渗入了现代的元素。但是怎样传承长鼓舞中民族文化内涵的原真性，使其在变迁中不失其民族文化精髓，的确是值得研究的。

（二）“保护”与“利用”平衡中真实性保护的困境

《非物质文化遗产法》第7条第1款规定：“国务院文化主管部门负责全国非物质文化遗产的保护、保存工作；县级以上地方人民政府文化主管部门负责本行政区域内非物质文化遗产的保护、保存工作。”但由于发展不平衡不充分，现实中的困境往往是，地方政府，尤其是经济欠发达的民族自治地方，他们可能还没有足够的财力支撑非物质文化遗产保护和传承工作，在法律实施中，地方政府希望通过非物质文化遗产保护与利用扩大地方的文化影响力，更期待利用市场、资本、旅游开发等带动地方经济发展，改善民众生活，脱贫致富。但当这些因素介入后，民族自治地方非物质文化遗产真实性保护可能会遭遇困境：开发的话语权往往更多地归属于资本，而资本追求的往往不是非物质文化遗产内涵的真实性，更可能是利润，其逐利本能使其目标诉求中的开发可能重于保护，导致的结果有可能是商业开发的成功，但并不意味着非物质文化遗产保护与传承的成功，因为民族非物质文化遗产内涵的真实性可能已被商业因素所消解。《非物质文化遗产法》第5条规定：“使用非物质文化遗产，应当尊重其形式和内涵。”在商业开发中如何做到民族自治地方非物质文化遗产保护形式与内涵的统一、保护与利用的平衡，确实是有较大难度的。

二、传承性保护面临危机

民族自治地方非物质文化遗产传承主要通过静态保护和动态传承两种方式：静态保护主要是对相关资料的收集、记录、成果保存等；动态传承则是使非物质文化遗产长远地活态存留，成为新的文化组成部分。无论是静态保护或动态传承,人都应当是保护中心。但在城镇化快速发展中,由于发展不平衡不充分,民族自治地方非物质文化遗产传承性保护面临如下危机。

(一)传统的传承方式瓦解、传承人年事已高

民族自治地方非物质文化遗产源于民众生产和生活方式,在漫长的农耕文化环境中产生、发展和传承,传统的传承方式受自给自足的小农自然经济环境影响,由于资源贫乏,传承者视其掌握的非物质文化遗产的技艺为安身立命的谋生手段,只有上一代传承人的直系血亲才具备传承资格,这种传统的传承方式与传承者所处的时代和社会环境变化紧密相关。但在现代社会,随着城镇化的快速发展,非物质文化遗产传统的传承方式所依存的社会环境已发生了巨大变化,传统的传承方式面临因缺乏传承人而消失的危机。例如,广东瑶族的长鼓舞,一般是家族传承,传承中本着自愿的原则,但随着瑶族年轻人走出瑶乡,愿意学习和传承长鼓舞的越来越少,长鼓舞的传承面临着老一辈艺人后继乏人的危机。

(二)法律实施对传承人保护的影响

法律实施需要一定的经济、文化条件。由于历史形成的原因,一些民族自治地方的传承人大多生活在最基层的村寨,虽然城镇化快速发展,但由于发展不平衡,一些基层的村寨仍然交通不便,信息相对闭塞;加之一些非物质文化遗产传承人年龄偏大、文化水平偏低,因而导致一些传承人没能成为项目代表性传承人。因为依据《非物质文化遗产法》的规定,项目代表性传承人认定大体经过申请、初评、审核、公示、公布等环节,整个程序是由申请开启的,而这些基层村寨的传承人要按规定的程序来申请是有很大困难的。截至 2012 年年底,文化部公布的 1986 名国家级非物质文化遗产项目代表性传承人中,民族地方的传承人 521 名,占 26% ,[①]这与民族自治地方有着较丰富的非物质文化遗产和传承人的实际情况是有差距的。《非物质文化遗产法》中规定的项目代表性传承人制度是保护传承人的重要制度,民族自治地方非物质文化遗产项目代表性传承人肩负着文化传承与增进民族团结的双重使命,且民族自治地方非物质文化

---

① 参见田艳:《非物质文化遗产代表性传承人认定制度探究》,载《政法论坛》2013 年第 4 期。

遗产的濒危程度相较而言又可能高于其他地方，加强民族自治地方非物质文化遗产传承人的保护应当是我国文化遗产事业的重点，而发展不平衡所导致的民族自治地方非物质文化遗产项目代表性传承人偏少的现实应当予以高度重视。

三、整体性保护面临挑战

民族自治地方非物质文化遗产整体性保护原则应当包含以下两个含义：一是保护文化遗产项目所拥有的全部内容和形式，这是从文化遗产项目的完整性角度而言的，它是整体性原则的内容观。二是将非物质文化遗产项目与遗产项目所处的自然环境、生态环境、人文环境和相关的制度、习俗等内容保护起来，这个整体是从文化与环境之间的和谐共存而言的。它是整体性原则的环境观。①

由于非物质文化遗产是特定文化生态环境的产物，是一个有机的文化生命体，因此非物质文化遗产的保护与传承就不能用某种具体文化形式孤立保护，而应当基于整体性的规划与设计，构建非物质文化遗产的文化生态系统，实现其与民众生活不可分割的联系。文化与环境关系密切，"如果脱离了整体文化生态环境单独谈论某种文化事象，就不能获得对其内涵的真切理解。如果我们进而将其剥离出去，置于不同的文化场域或使其游离于现实生活之外，也就割断了它与社会生活环境的血肉联系，失去了最为核心的生命力"②。

在民族自治地方非物质文化遗产的整体性保护中，对文化空间的重构与活化是其重要方式。联合国教科文组织在《人类口头和非物质文化遗产代表作申报书编写指南》中指出非物质文化遗产有两种表现形式：一种是有规可循的文化表现形式，如音乐或戏剧表演、传统习俗或各类节庆仪式；另一种表现于文化空间，即民间或传统文化活动的表现场所。"文化空间"即将生态性、总体性保护纳入民族自治地方非物质文化遗产保护与传承中。在《国家"十一五"时期文

---

① 参见王巨山：《非物质文化遗产保护原则辨析——对原真性原则和整体性原则的再认识》，载《社会科学辑刊》2008 年第 3 期。

② 刘志军：《非物质文化遗产保护的人类学透视》，载《浙江大学学报（人文社会科学版）》2009 年第 5 期。

化发展规划纲要》民族文化保护部分中提出要“确定10个国家级民族民间文化生态保护区”,将民族民间文化遗产原生态地保存在其所属的区域及环境中使之“活化”,是民族自治地方非物质文化遗产整体性保护的一种有效方式。从2007年启动国家级文化生态实验工程,至2017年我国已相继设立了闽南、徽州、热贡、羌族等12个文化生态保护实验区。文化生态保护实验区较为完整地保留了社会自然风貌、生产生活用品、风俗习惯等文化要素,重视自然与人文环境、物质文化遗产与非物质文化遗产、社区与居民之间的依存关系,重构“文化空间”生态区。

文化生态保护实验区体现了文化保护与总体性认知的发展理念,但也面临挑战,即回归原生态的文化是否可能?在城镇化快速发展的态势下,在民族自治地方划出一个非物质文化遗产依存的传统文化空间进行保护固然是可能的,但保护和传承非物质文化遗产的关键在于其是否拥有自我存续的文化生态环境,获得一种自力更生的内在发展机制,而这种内在的发展机制能否在重构的文化生态保护实验区中存活,其现实操作也是极具挑战性的。

第三节 完善民族自治地方非物质文化遗产法律保护的路径实现

一、更新保护理念

(一)树立“真实性”保护创造性转化、创新性发展的理念

民族自治地方非物质文化遗产的真实性保护与传承的困境根由是真实性是“活态”的。“人的变化,社群的变化带动着文化的变化,文化变化,正是在这一意义上才有文化保护的问题。本真性的理念是在承认文化变化的同时,保证文化的变化保持在一个同质限度之内。本真性的理念并不无视尤其并不反对文化的变化、创新,而是在承认社群自身有进行文化调适、文化创新的正当性的情况下,保证文化事象基本的一致性。文化的变化是不可避免的,只要变化不

失其本真性，只要文化事象的基本功能、该事象对人的价值关系不发生本质改变，就是可以正常看待的。”[①]民族自治地方非物质文化遗产是在历史的存续与积淀中形成的，具有历史性，如它所借助的各种物质性载体、媒介，表现的主体（人）和表现的对象（题材与内容），接受与影响的主体（受众）等，都是在历史演进中不断变化、发展和丰富的，但这种历史性又具有开放性的特质。因此，对民族自治地方非物质文化遗产要树立保护传承与发展创新并重的理念，在真实性与创新性之间寻求平衡，在发展中保护、在保护中创新，在保护与传承中，如墨守成规，只强调本真性，就只能将非物质文化遗产送进博物馆，如此则违背了非物质文化遗产作为活态文化的基本属性；除此之外，对历史性、创新性的强调也应当尊重非物质文化遗产在历史中积淀的民族文化精髓，尊重其代代承传与建构的形式与精神内在统一的核心价值，维护每项非物质文化遗产的独特性、差异性。

（二）将非物质文化遗产纳入民族自治地方立法加以保护

非物质文化遗产的真实性是与具体的民族和地域相关联的，体现在民族的传统文化中。《非物质文化遗产法》虽然规定了非物质文化遗产保护的对象，但比较抽象，不能将各民族自治地方体现非物质文化遗产精髓的民族文化都具体化。而借助民族自治地方立法，将民族的和地域的文化内容纳入法律保护，构建一套完善的民族自治地方文化遗产保护的法律体系，使非物质文化遗产保护走向规范化、法制化的道路。

广东《连南瑶族自治县民族文化遗产保护条例》在制定过程中根据自治县民族文化遗产的实际，细化了上位法关于保护对象的原则性规定，突出瑶族传统文化特色。《连南瑶族自治县民族文化遗产保护条例》第 2 条规定：本条例所称民族文化遗产包括：具有代表性的瑶族建筑物、设施、标识和传统瑶族村寨；瑶族经文、过山榜、民间传说、谚语、礼词、诗歌等传统文学以及作为其载体的瑶语；瑶族长鼓舞、民歌、口技等传统舞蹈、音乐；瑶族银饰、扎染、刺绣、食品、传统

① 刘魁立：《非物质文化遗产的共享性本真性与人类文化多样性发展》，载《山东社会科学》2010 年第 3 期。

服饰、生产生活器具等传统制作技艺;瑶族耍歌堂、香歌堂、众人堂、婚俗、传统体育等传统节庆、礼仪民俗;瑶族医药;其他非物质文化遗产、文物、场所等民族文化遗产。采用列举的方式,将瑶族文化遗产明确纳入法律保护范围,对于瑶族民族文化的真实性保护有重大的意义。

法本身的作用在于"通过对人们思想的影响,实现对人们行为的评价、指引、预测,实现对合法行为的保护和对非法行为的谴责,制裁、警戒和预防的作用"①。把民族自治地方非物质文化遗产的保护上升到法律的高度,使之具有刚性的约束,是非物质文化遗产真实性保护的重要措施。民族文化是影响国家发展和社会稳定的重要因素,通过民族自治地方立法管理文化事务,体现了全面依法治国的精神,也是增进民族团结的重要方式。

二、构建多元参与机制

民族自治地方的非物质文化遗产包含着一个民族或族群的智慧、心理诉求和价值观念,这种精神内质是民族文化的灵魂,是一个独特的精神世界。② 在城镇化快速发展中,民族自治地方的非物质文化遗产更是民族生活特性的体现,是植根于族群特殊的生活生产方式,而不单纯是本民族文化的历史遗存。因此,要更好地保护和传承民族自治地方非物质文化遗产,构建多元的参与机制,实现文化互惠。

(一)完善传承人保护与传承机制

民族自治地方非物质文化遗产传承中传承人处于核心地位,但在现实中,传承人面临多重危机:一是年老体衰后继乏人;二是经济境况较为窘迫;三是权利保障不够充分。因此,通过立法,给传承人合法的身份保障、物质保障和精神保障。有了明确的保障,才能有切实的保护。

连南瑶族自治县通过《连南瑶族自治县民族文化遗产保护条例》构建了较为完善的瑶族文化遗产保护与传承机制。(1)对濒危传承人的保护。将传承人

---

① 孙国华、朱景文等主编:《法理学》,中国人民大学出版社 1999 年版,第 54 ~ 55 页。

② 参见包桂荣等:《民族自治地方少数民族非物质文化遗产的法律保护研究——以蒙古族为例》,民族出版社 2010 年版,第 13 页。

年事已高且缺少年轻一代传承人的列入民族文化遗产濒危项目名录加以保护。(2)多重的资金保障。例如,规定对未获资助或扶持学艺者进行资助。学艺者是民族文化遗产传承的后续力量,重视对学艺者的资助或扶持,将学艺者与传承人均列入资助或扶持的范围;规定了代表性项目保护基金,包括企业和民间捐赠、上级政府及其部门经费资助等,专门支持民族文化遗产传承活动,扩大经费来源,动员全社会的力量共同推动民族文化遗产保护。(3)传承项目的知识产权保护。民族文化遗产属于传统文化的一部分,但传承本身也是蕴含了创新的因素。加强民族文化遗产传承项目的知识产权保护,有助于依法保护传承人的智力成果,增强民族文化遗产传承的积极性和创造性。(4)多样化的传承方式。民族文化遗产教育和传承应当获得青少年的关注,激发起青少年的兴趣,因此传承要与教育制度相衔接,制定具有针对性的教育管理制度,编制民族文化遗产课程,开展校园教育,是民族文化遗产教育的关键环节。民族文化遗产项目代表性传承人和民间艺人亲自到学校、传统瑶族村寨等地开展传承活动,是民族文化遗产教育的重要形式。宣传的形式既有官方主办的宣传交流、推介、展示,同时也包括民间文化团体、民间展演队伍等。民族文化遗产产品的开发是民族文化遗产保护与传承的重要拓展,既有助于推动地方经济社会发展、产生经济效益、改善传承人生活,同时也有助于打造瑶族文化品牌,提高瑶族文化遗产的知名度,更好地实现民族文化遗产的保护与传承。

(二)建设文化惠民工程鼓励全民参与

《非物质文化遗产法》确立了“国家扶持民族地区、边远地区、贫困地区的非物质文化遗产保护、保存工作”的基本原则,通过民族自治地方立法保护和加强区域内民族文化的保护与传承,采取各族群众喜闻乐见的方式将文化惠民工程建设与非物质文化遗产的保护与传承有机融合,寓教于乐,充分调动各方参与实现民族地方非物质文化的传承积极性。习近平总书记十分重视惠民工程与文化遗产保护传承相结合,将民众的生活纳入非物质文化遗产的保护与传承中。民族自治地方非物质文化遗产保护与传承是一项全民参与代代接替的、宏大的历史性任务,保护非物质文化遗产的民间根基,维护其可持续发展,需要政府的强力领导、社会各界的大力支持,尤其是广大民众的积极参与。而文化惠民工程能更好地做到兼顾各方利益,是实现民族自治地方非物质文化遗产保护和传承的长效机制。

三、制订保护规划

保护非物质文化遗产本质上就是保护优秀民族文化,其良好的效果不仅仅限于文化受益,且将大大丰富民众的生产、生活,增进民族的文化自信和民族团结,促进生态文明建设和经济社会发展,对自然、经济和社会等都具有明显的效益,民族自治地方非物质文化遗产的保护不能仅局限于文化内部,而应成为社会发展全局的重要组成部分,从遗产、环境、人等多方面因素综合展开系统保护,使其保护扩展到自然、经济、社会等各方面。因此,须将民族自治地方非物质文化遗产保护纳入国家经济和社会发展的总体规划,使各部门、各领域密切配合,共同保护与传承非物质文化遗产,实现其与社会、经济、文化的共同发展,有效实现非物质文化遗产整体性保护。

《连南瑶族自治县民族文化遗产保护条例》第5条第1款规定:“自治县人民政府应当将民族文化遗产保护工作纳入国民经济和社会发展规划,并将保护经费列入本级财政预算。”这也体现了整体保护的理念。为贯彻整体性保护的理念,《连南瑶族自治县民族文化遗产保护条例》第8条规定了专家对文化生态展示区的工作进行指导、评估和鉴定,第11条第1、2款还规定“自治县人民政府应当将体现瑶族优秀传统文化、具有重大历史、文学、艺术、科学价值的文化遗产项目列入名录予以保护,在民族文化遗产集中、特色鲜明、形式和内涵保持完整的核心区域设立民族文化生态展示区。在民族文化生态展示区内,应当确立与民族文化遗产表现形式关系紧密、内容系统完整的文化区域,实行区域性的整体性保护”,并对民族文化生态展示区的规划做了专门规定。民族自治地方立法的细化规定对非物质文化遗产的整体性保护提供了有力的保障。然而,实现非物质文化遗产的整体性保护,是一项复杂的系统工程,需合理地协调各方的利益诉求,将保护纳入科学、合理、有效的轨道,维护非物质文化遗产的整体性,实现对民族自治地方非物质文化遗产保护和传承的“治理体系和治理能力的现代化”,增进民族团结。

第四节　结　　语

民族自治地方丰富的非物质文化遗产是中华民族智慧的结晶,是中国传统文化的根基和重要组成部分,也是中华民族走向复兴的源泉。民族自治地方非物质文化是人们在生产生活实践中产生、发展和形成的,自然环境和社会环境是非物质文化遗产赖以生存的土壤。随着城镇化的快速发展,民族自治地方非物质文化遗产依存的自然环境和社会环境发生了改变,加之一些民族自治地方为尽快脱贫致富,对非物质文化遗产保护不足,导致其精髓有丧失的危机。民族自治地方非物质文化遗产要实现"真实性""传承性""整体性"保护,应当做到:(1)将民族自治地方非物质文化遗产保护与传承纳入法制轨道。在全面依法治国的背景下,建立和完善民族自治地方非物质文化遗产相关法律制度,完善法律保障体系,构建全国性立法与地方性立法相互衔接的非物质文化遗产保护体系,从法制层面更好地推动非物质文化遗产的传承和发展。(2)重视民族自治地方非物质文化遗产保护与传承的法治宣传教育。"天下之事,不难于立法,而难于法之必行。制定出来的法律只有被人民尊重,成为人民内心的信仰,才能真正实现法治追求的时时守法、事事用法的社会状态。"①民族自治地方非物质文化遗产保护的法律只有得到民众的内心认可和尊重,才能内化为民族自治地方民众爱护非物质文化遗产的社会行为,增强社会凝聚力。(3)建立文化惠民工程,寓教于乐,积极开展技能、技艺传承培训,创造民族自治地方非物质文化遗产民间自然传承和保护的空间,充分调动民众参与的积极性,营造一个良好的非物质文化遗产传承环境,建立起各族群众非物质文化遗产传承的自觉性,以文化的多样性厚植和丰富中华文化的底蕴和内涵,增强文化自信,实现中华民族伟大复兴梦。②

---

① 张舜玺:《习近平文物事业法治思想研究》,载《中国法学》2017年第4期。

② 本章内容参见:曾天然、张洪林:《少数民族非物质文化遗产的保护与传承——以民族地方文化遗产保护立法为考察对象》,载《学术研究》2018年第6期。

第二章　连南民族自治地方立法对瑶族文化遗产的保护

连南瑶族自治县是岭南地区历史悠久的瑶乡，瑶族传统的风俗习惯、礼仪节庆、传统瑶族村寨等是瑶族习惯法的重要组成部分，也是民族文化遗产的重要体现。但随着时代的发展，民族文化存续的环境受到城镇化浪潮的冲击，由于发展不平衡保护不充分的问题，致使民族文化遗产保护也陷入了困境，因此制定民族文化遗产保护立法，给民族文化遗产以法律保护是传承瑶族习惯法的重要途径。

连南瑶族自治县为了保护瑶族传统的风俗习惯、礼仪节庆、传统瑶族村寨等民族文化，制定了《连南瑶族自治县民族文化遗产保护条例》《连南瑶族自治县村镇规划建设管理条例》，通过立法保护瑶族的习惯，对于增进民族团结，传承和保护习惯法有重要意义。①

第一节　《连南瑶族自治县民族文化遗产保护条例》起草的背景

连南处于广府文化圈边缘，自古就是少数民族定居的地方。瑶族经过历史上多次大规模的迁入和定居，最终在连南形成了特色鲜明的地方文化。时至今日，连南瑶族自治县的部分瑶族居民依然保持着传统的生活方式。自治县境内

---

① 本章第1～5节参见张洪林主编：《民族自治地方文化遗产保护立法研究》，华南理工大学出版社2019年版，第57～74页。

大量的瑶族风俗、礼仪、节庆等非物质文化遗产和村寨、建筑、碑刻、饰品等物质文化遗产，都彰显着瑶族文化的活力。但与此同时，现代文明的发展也对瑶族传统文化造成了一定冲击。在城镇化的浪潮下，非物质文化遗产传承断档、传统瑶族村寨维护不当等问题日益突出，而我国的民族文化遗产保护法律体系对基层实际情况的针对性也存在不足，连南民族文化遗产保护受到了较大影响，通过制定民族自治地方的文化遗产保护条例，对自治县民族文化遗产保护具有重要的意义。

一、连南瑶族自治县民族文化遗产的保护现状

连南的民族文化遗产主要包括非物质文化遗产、物质文化遗产和传统瑶族村寨。由于瑶族文化的历史积淀深厚，自治县境内保存着大量瑶族风俗、礼仪、节庆等非物质文化遗产和传统瑶族村寨、建筑、碑刻、饰品等物质文化遗产，部分村寨仍然延续着传统的生活方式，具有较高的文化保护价值。

连南的非物质文化遗产主要包括瑶族传统文学、技艺、歌舞、服饰、节庆等内容，民族特色鲜明，保护价值较高。截至 2015 年，自治县成功申报国家级非物质文化遗产代表性项目 3 项，国家级非物质文化遗产项目代表性传承人 1 人；省级非物质文化遗产代表性项目 9 项，省级非物质文化遗产项目代表性传承人 10 人；市级非物质文化遗产代表性项目 9 项，市级非物质文化遗产项目代表性传承人 19 人。[①] 但在取得较为显著成绩的同时，非物质文化遗产保护也存在一些较突出的问题：一是传承人出现人才断档。在现代生活方式的影响下，连南的年轻人投身文化传承的积极性有限，部分非物质文化遗产出现后继乏人的情况。二是流散于民间的大量礼仪民俗、传统技艺、文学艺术等非物质文化遗产依然有待发掘整理。目前获批的非物质文化遗产项目是民族文化遗产的一部分，民间仍有大量的传统文学、曲艺、风俗等需要纳入保护范围。

---

① 参见《连南瑶族自治县文化广电新闻出版局 2015 年度工作总结》，载连南瑶族自治县人民政府 2015 年 11 月 18 日。

连南的物质文化遗产主要包括文物和历史建筑等内容。连南瑶族自治县建立了广东瑶族博物馆,通过收购、调拨、捐赠等方式,已经征集各类瑶族文物、实物共20,541件,包括生产工具、工艺饰品、石刻碑文等。[①] 部分建筑历史悠久,文化价值较高,也通过申报不可移动文物的形式加以保护,如南岗古寨建筑、涡水盘王庙、平瑶岭石刻等。但由于系统性的文物发掘整理工作启动较晚,目前依然有大量文物散落民间,需要进行进一步的文物调查。

连南传统瑶族村寨中,目前保存较完整的主要有南岗古寨、油岭古寨、三排古寨和大掌古寨。其中南岗、油岭2古寨被认定为广东省古村落,南岗、油岭、三排、大掌4古寨被认定为清远市传统古村落。但目前得到深层次开发的只有南岗千年瑶寨,其他传统瑶族村寨的保护与开发利用依然在推进过程中,保护措施尚不完善,需要加大保护力度。

二、连南瑶族自治县民族文化遗产保护面临的困境

(一)非物质文化遗产保护面临的困境

随着城镇化浪潮的冲击,连南的非物质文化遗产保护存在后继乏人、配套设施不到位等问题。在已经列入县级以上非物质文化遗产保护名录的项目中,部分项目传承人培养断层严重,民间艺术的传承人危殆,具体情况如表2-2-1所示。个别非物质文化遗产项目传承人年老体弱,如连南歌王唐买社公已经于2018年过世,鼓王塘桥辛二公也年事已高,这些非物质文化遗产项目都存在人去艺绝的危险。

表2-2-1 连南瑶族自治县濒危非物质文化遗产项目

序号	类别	名称	分布区域	传承人数量	濒危状况
1	民俗	瑶族耍歌堂	八排瑶居住的各村寨	2	严重濒危
2	民俗	瑶族婚俗	八排瑶居住的各村寨	2	严重濒危

① 《连南瑶族博物馆馆藏概况》,广东国际瑶族博物馆,2015年。

续表

序号	类别	名称	分布区域	传承人数量	濒危状况
3	民间舞蹈	瑶族长鼓舞	排瑶居住的三镇九寨	2	严重濒危
4	民间手工技艺	瑶族刺绣	八排瑶和过山瑶地区	2	严重濒危
5	传统音乐	排瑶民歌	八排瑶地区	1	严重濒危
6	传统技艺	瑶族银饰制作技艺	瑶区各村寨	1	严重濒危
7	传统技艺	瑶族长鼓制作技艺	瑶区各村寨	1	严重濒危

资料来源:《连南瑶族自治县非物质文化遗产名录》,连南瑶族自治县文化馆,2015 年。

在配套设施上,连南用于非物质文化遗产传播的基础设施相对落后,缺乏专业的展示平台和人才队伍。虽然连南瑶族自治县拥有丰富的非物质文化遗产,但县、镇用于非物质文化遗产展示的场所和设施数量较少,制约了民族文化遗产传承和发展。非物质文化遗产传承工作还严重缺乏专业研究人才,无法进行深入研究。

(二)传统瑶族村寨保护面临的困境

连南分布着大量历史悠久的瑶族村寨,但其对传统瑶族村寨保护投入的资源相对有限。

其一,传统瑶族村寨建筑物老化问题较为严重。南岗、油岭等重要的传统瑶族村寨建有民居、仓储房、牲畜棚、寨门、寨墙等建筑物,除作为旅游及服务设施的建筑外,其他大部分建筑物普遍缺乏有效的维护,大量房屋因无人使用常年弃置,年久失修,结构老化严重。加之传统瑶族村寨环境潮湿,不利于建筑物长期保存,加速了建筑物的老化,急需组织抢救性修缮。

其二,管理部门分工不明确。传统瑶族村寨的保护涉及多个部门,各部门的职权范围存在重叠,特别是文化主管部门、民族宗教主管部门和城乡规划建设主管部门之间的责权划分不够清晰,造成管理混乱,工作协调困难,加上档案资料重复等问题,制约了传统瑶族村寨的保护。

其三,保护经费和人才有限。连南瑶族自治县是广东省的贫困县,能够投入传统瑶族村寨保护的经费有限，上级财政拨款也难以覆盖全部工作内容。同时，作为基层单位，连南瑶族自治县的专业人才较为缺乏，传统瑶族村寨的勘察、修缮、维护和开发利用都缺乏专业人员指导。

其四，保护工作的宣传不到位。虽然连南瑶族自治县宣传、文化、广电等主管部门在传统瑶族村寨保护方面做了积极的宣传，但保护理念的普及仍然不足，连南瑶族自治县民众对村寨保护的认识有限，私搭乱建、破坏风貌的情况时有发生。主管部门和传承人对传统瑶族村寨作为传承场所的重要意义认识不够充分，导致传承工作与村寨文化生态建设结合不够紧密。

三、文化遗产保护的法律体系对民族自治地方文化遗产保护存在针对性不强的问题

目前，我国的文化遗产保护主要采用分别立法的模式，《文物保护法》、《非物质文化遗产法》、国务院《历史文化名城名镇名村保护条例》等法律法规，强化了不同种类的文化遗产，只是在《非物质文化遗产法》第 2 条、第 26 条比较明确地突出了整体保护原则。对此有学者指出："当前的文化遗产保护法律体系使《文物保护法》《非物质文化遗产法》和各类民族村寨保护法律法规之间存在明显的分别立法、分别实施、分别执法的情况。"①文化遗产保护分别立法的体例，对连南瑶族自治县这类基层的民族自治地方文化遗产保护缺乏较强的针对性。在实践中，连南的物质文化遗产保护与非物质文化遗产保护分属城住房和城乡规划建设局、民族宗教事务局、文化广电新闻出版局等不同主管部门。各个主管部门的工作宗旨和职责范围存在较大差异，缺乏明确的沟通协调机制，各类民族文化遗产的关联性难以在保护工作中充分体现。

民族文化遗产保护是一个有机的整体，物质文化遗产保护与非物质文化遗产保护存在一个复杂的"交集"，特别是在连南这类瑶族人口占比较高，民族性较为突出的民族自治地方，各类文化遗产往往蕴含于普通民众的生活中，物质

---

① 田艳、艾科热木·阿力普：《〈文化遗产保护法〉的统一立法模式考量》，载《西南民族大学学报（人文社科版）》2019 年第 2 期。

文化遗产是"躯壳",存在于其中的非物质文化遗产则是"血液",两者之间的关系,是一种深度依存的关系,这也是文化遗产保护整体性的体现。[①] 连南的民族文化遗产保护以瑶族文化为中心,各类文化遗产是其有机组成部分,是不可分割的整体。风俗、习惯与生活场所、生产工具等相互依存,具有极强的整体性。如民族节日、传统音乐、医药知识等,如果没有赖以生存的村寨文化土壤,没有展演场地、传统建筑的保护,没有乐器及其制作材料的保护,没有医药资源的保护,其保护的目的是不可能实现的。

第二节 《连南瑶族自治县民族文化遗产保护条例》起草的指导思想

《连南瑶族自治县民族文化遗产保护条例》起草的指导思想是制定条例的核心问题,立法工作组经过深入调研及多次研讨,确立了《连南瑶族自治县民族文化遗产保护条例》制定贯彻民族文化遗产统一保护和突出地方特色的指导思想。

一、民族文化遗产统一保护

条例起草要充分重视民族文化遗产的整体性,对各类文化遗产实行统一保护,建立全面、协调的保护体系。

其一,条例的保护范围要全面覆盖自治县的各类文化遗产。要对各类文化遗产统一保护,首先要在保护范围上做到全面覆盖。连南的民族文化遗产种类丰富,包括物质文化遗产、非物质文化遗产和传统瑶族村寨,各类文化遗产在性质、形式和分布范围上既有独特性又有关联性,是一个有机的整体。物质文化遗产主要包括石刻、建筑、饰品等;非物质文化遗产主要包括瑶族文学、技艺、曲

① 参见侯斌、周鸿彦:《少数民族传统文化保护相关立法现状与完善》,载《民族学刊》2011 年第 2 期。

艺等;传统瑶族村寨主要包括南岗、油岭等古寨,不同种类的文化遗产相互依存,具有极强的整体性,需要整体纳入条例的保护范围,做到全面保护。

其二,要保障文化遗产保护体系的协调性。物质文化遗产与非物质文化遗产本质上都属于文化遗产,其文化内涵是一脉相承的。其保护的方针、原则,认定的标准、程序虽有诸多区别,但内在的文化保护理念是统一的。因此,为了保持文化的整体性和活力,有必要建立统一的文化保护体系,统筹协调各类民族文化遗产的保护。此外,保护机构也要形成沟通协作的保护机制。在实地调研中,立法工作组发现,连南的文化主管机构、城乡规划主管机构、民族宗教事务主管机构之间存在职能划分不清、分割管理难以协调等问题,在协同保护、联合执法上缺乏沟通协调,对保护工作造成了较大影响。因此,有必要建立统一协调的民族文化遗产保护体系,充分协调连南瑶族自治县行政区域内的各项保护工作,充分利用资源,提升保护水平。

二、突出地方特色

地方特色主要就是要求条例能反映本地的特殊性,对自治县文化遗产保护具有较强的针对性。具体地说,就是要求:一是能充分反映连南经济、政治、法制、文化、风俗、民情等地域特性,确保立法适合本地实际情况;二是条例要有较强的、具体的针对性,并能解决连南民族文化遗产保护的突出问题,把制定单行条例同解决连南实际问题结合起来。

连南瑶族自治县的地方特色是以瑶族文化为核心。作为全国唯一的排瑶聚居地和典型的瑶汉杂居区域,连南瑶族的文化充分反映了历史长河中瑶族文化的发展和多元文化的融合。瑶族本民族的风俗、礼仪、器物和村寨是民族特性的载体,而各类生产工具、文书契约、历史档案等又展现了文化融合与发展的轨迹。条例制定时要充分尊重民族文化保护的内在规律,在确定保护措施和法律责任时要突出瑶族和本地其他民族的特色,并针对自治县这一基层行政单位,制定适宜的规范。

要做到体现地方特色,对立法工作组也提出了较高的要求:一是要能充分了解连南经济、政治、法治、文化、风俗、民情等对立法调整的需求程度,研究如何通过地方立法有针对性地解决地方的特殊问题。二是能根据连南的实际情况,抓住文化遗产保护的民族特性和一般规律,一方面,要把条例同本地发展总体战略结合起来。例如,充分体现广东省文化生态保护区整体规划与连南民族文化生态保护规划的协同关系,在符合广东省整体发展战略的同时保证地方特色。另一方面,要把条例同解决本地具体问题结合起来。例如,连南瑶族自治县瑶族公民较多,需要根据瑶民生活的特点设置相关保护措施,做到文化遗产保护深入瑶民生活。三是要充分调查研究。不仅要对本地情况进行调查研究,也要对国家立法和地方立法进行调查研究,才能了解全局,在立法中做到既与上位法保持协调一致,又具有针对性,能解决民族自治地方民族文化遗产保护的实际需要,彰显地方立法的特色。

第三节 《连南瑶族自治县民族文化遗产保护条例》立法体例的选择

文化遗产保护的内涵丰富,保护主体、保护对象的数量、种类繁多,保护措施也较为复杂,在国际、国内的相关立法存在统一立法与分别立法两种体例。在《连南瑶族自治县民族文化遗产保护条例》的起草中,立法工作组对两类立法体例分别进行了考察,最终从民族文化遗产保护的特点和连南瑶族自治县的实际情况出发,选择了统一立法体例。

一、文化遗产保护的立法体例

(一)统一立法体例

统一立法体例是指在对文化遗产进行立法中,将物质文化遗产与非物质文化遗产等进行综合立法的体例。在国际上,有日本、韩国等采用了统一立法的体例。日本是世界上较早颁布法律来保护文化遗产的国家,日本文化遗产的立法始于19世纪初的明治初年。1871年5月,颁布了保护工艺美术品的《古器旧物保存方》,这是日本政府颁布的第一部文化遗产保护法案。1950年颁布了

《文化财保护法》,这是日本文化遗产保护最重要的一部法典,时至今日这部法典经历了1954年、1966年、1975年和2004年的四次修改。日本文化遗产称为"文化财",在法律中文化财的分类是:(1)物质文化财;(2)非物质文化财;(3)民俗文化财;(4)纪念物(历史遗迹、名胜、自然纪念物等);(5)传统建筑群;(6)文化景观。其中无形文化财是指"戏曲、音乐、传统工艺技术和其他无形的文化财产中具有较高历史价值或艺术价值的;民俗文化财是指与衣食住行、信仰、节庆等相关的风俗习惯,民俗民艺以及在这些活动中使用的衣物,器具,住房及其他物品"。日本的《文化财保护法》将物质文化遗产和非物质文化遗产统一立法的体例,可更好地实现对遗产的整体保护。

(二)分别立法体例

分别立法体例是指对文化遗产进行立法时,采用将物质文化遗产和非物质文化遗产分别立法的体例。这种立法体例在文化遗产立法中是采用较多的。

在国际公约中,对文化遗产的保护多采取分别立法的体例,如《保护世界文化和自然遗产公约》《保护和促进文化表现形式多样性公约》《保护非物质文化遗产公约》等国际公约构成的文化遗产保护法律体系,强调了非物质文化遗产具有多元性"承认各社区,尤其是原住民、各群体,有时是个人,在非物质文化遗产的生产、保护、延续和再创造方面发挥着重要作用,从而为丰富文化多样性和人类的创造性做出贡献"。

在我国的文化遗产保护立法中,国家立法主要采取分别立法的模式。《文物保护法》《非物质文化遗产法》明确划分了不同种类的文化遗产。《文物保护法》第2条规定,文物的保护范围包括"具有历史、艺术、科学价值的古文化遗址、古墓葬、古建筑、石窟寺和石刻、壁画;与重大历史事件、革命运动或者著名人物有关的以及具有重要纪念意义、教育意义或者史料价值的近代现代重要史迹、实物、代表性建筑;历史上各时代珍贵的艺术品、工艺美术品;历史上各时代重要的文献资料以及具有历史、艺术、科学价值的手稿和图书资料等;反映历史上各时代、各民族社会制度、社会生产、社会生活的代表性实物"。《非物质文化遗产法》第2条规定,非物质文化遗产保护的范围包括"各族人民世代相传并视为其文化遗产组成部分的各种传统文化表现形式,以及与传统文化表现形式相关的实物和场所”,并列举了具体的文化遗产形式,与《文物保护法》形成互补。此外,国务院《传统工艺美术保护条例》、《历史文化名城名镇名村保护条例》和定期下发的少数民族事业发展规划文件,也体现了对不同保护对象分别立法的精神。

二、《连南瑶族自治县民族文化遗产保护条例》选择统一立法体例的缘由

在充分研究统一立法与分别立法两种立法体例的特点与各地立法情况之后,立法工作组组织了多次研讨,对立法的科学性、合理性和连南瑶族自治县立法资源的实际情况等因素进行了综合考量,最终确定采用统一立法体例。其主要理由是:

其一,统一立法体例符合连南瑶族自治县民族文化遗产保护的实际情况。连南瑶族自治县作为县级行政单位,采取统一立法的体例具有必要性和可行性。连南瑶族自治县民族文化资源丰富,但保护对象的数量与类型民族特色突出,范围集中,具有较强的整体性。作为基层单位,连南瑶族自治县负有保护义务的职能机构较少,人员、编制相对精简,管理工作的综合性较强,对各类民族文化遗产单独立法缺乏必要性。除此之外,立法和执法需要大量的人力、物力和财力支持,连南瑶族自治县属于贫困县,立法资源有限,缺乏立法人才和立法经费,难以支持分别立法,采用统一立法体例,在一部条例中全面规定各类民族文化遗产的保护,统筹协调各项工作的方式更符合实际需求。

其二,统一立法体例有利于建立协调完整的民族文化遗产保护体系。统一立法体例有利于建立完整的保护体系,明确各主体职责和权限,充分协调保护工作、统一保护标准、合理分配资源。在全国范围内,少数民族文化资源集中的地区较多采用统一立法,如《云南省民族民间传统文化保护条例》《贵州省民族民间文化保护条例》等。连南以瑶族为主体,特色鲜明、体系完整,各类保护工作的重心明确,统一立法可以围绕民族特色作出集中规定。保护范围为连南瑶族自治县境内,区域集中,保护对象数量相对有限,统一立法有条件对各类民族文化遗产统一管理、协调资源。《连南瑶族民族文化遗产保护条例》采取统一立

法的模式,有助于连南瑶族自治县建立完整的民族文化遗产保护体系,充分发掘瑶族文化特色,有效保护和充分利用各类民族文化资源。

其三,统一立法体例可强化民族文化遗产保护的整体性。民族文化遗产以内在的民族精神为基础,经过民族文化的各个元素整合形成完整的文化模式,文物、建筑群、遗址、语言文字、文学艺术、宗教习俗等均是其有机的组成部分。因此民族文化遗产保护要保持民族文化的完整与活力,具有不可分割的属性。连南的瑶族文化的传承自古以来未曾中断,瑶族民众在与时俱进的发展过程中,依然保持着瑶族传统文化的完整性和生命力,因此《连南瑶族民族文化遗产保护条例》选择统一立法体例,可强化民族文化遗产保护的整体性,对物质文化遗产、非物质文化遗产和传统瑶族村寨等内容统一规定,通过立法全面完整保护民族文化遗产。

第四节 《连南瑶族自治县民族文化遗产保护条例》制定的过程

在《连南瑶族自治县民族文化遗产保护条例》的制定中,由自治县人大及其常委会、自治县人民政府及其职能部门、立法专家组、非物质文化遗产传承人组成了多元合作的主体,这些不同的主体在《民族文化遗产保护条例》的制定中,以己之所长,对《连南瑶族自治县民族文化遗产保护条例》制定贡献了智慧,尤其是非物质文化遗产传承人的参与,对于保护瑶族习惯有重要的作用。在《连南瑶族自治县民族文化遗产保护条例》制定的过程中自治县人大常委会与立法专家组的深度合作,既保证了《连南瑶族自治县民族文化遗产保护条例》的立法质量,也能凸显其地方特色性和针对性。

一、《连南瑶族自治县民族文化遗产保护条例》起草中的多元参加者

(一)连南瑶族自治县人大及其常委会

根据《中华人民共和国宪法》《中华人民共和国地方各级人民代表大会和地

方各级人民政府组织法》《中华人民共和国立法法》的规定，地方人大及其常委会是地方立法的主体，是立法工作的主要推动者。连南瑶族自治县人大及其常委会在《连南瑶族自治县民族文化遗产保护条例》制定中，主要由人大内务司法委员会和人大常委会法制工作委员会负责立法的具体工作。

在《连南瑶族自治县民族文化遗产保护条例》起草中，人大及其常委会做了以下工作：一是组织立法调研。2015 年 3 月，县人大内务司法委员会开展了《民族文化遗产保护条例》的前期调研工作，组织文化广电新闻出版局、博物馆等机构，对连南各项文化遗产的保护情况进行了调查，为各参与单位形成立法可行性报告提供了基础。二是订定立法计划。根据省、自治县的立法规划和前期调研的情况，自治县人大常委会法制工作委员会制订了具体的立法计划，明确了《民族文化遗产保护条例》起草、征求意见、修改等各个阶段的时间、人员安排。三是共同完成《连南瑶族自治县民族文化遗产保护条例》。自治县人大常委会与华南理工大学法学院立法专家组通力合作，在前期调研的基础上，根据自治县文化遗产保护的现实需要，依据相关上位法，并参考其他相关法律法规，共同完成了《连南瑶族自治县民族文化遗产保护条例》的起草工作。四是组织调研、召开座谈会完善《连南瑶族自治县民族文化遗产保护条例》。五是修改完善《连南瑶族自治县民族文化遗产保护条例》草案并提交自治县人民代表大会通过。六是《连南瑶族自治县民族文化遗产保护条例》草案经自治县人民代表大会通过后，自治县人大常委会将《连南瑶族自治县民族文化遗产保护条例》草案提交广东省人大常委会，由广东省人大常委会批准。

(二)连南瑶族自治县人民政府及其职能部门

随着现代分工的日益细化，具体治理事务所要求的专业化程度越来越高，行政系统及其部门机构凭借自身在技术、信息方面的优势，越来越多地参与到代议制机关的立法活动中。[①] 在《连南瑶族自治县民族文化遗产保护条例》制定过程中，连南自治县人民政府及其与文化遗产保护相关的职能部门参与了《连南瑶族自治县民族文化遗产保护条例》立法立项和起草工作。在《连南瑶族

① 李准：《自治立法权的行使现状及对策研究》，载《广西民族研究》2017 年第 5 期。

自治县民族文化遗产保护条例》立法立项阶段,作为自治县文化遗产保护主管部门的文化广电新闻出版局根据文化遗产保护工作的实际情况,协助人大内务司法委员会开展了深入的调研工作,并完成了《连南瑶族自治县民族文化遗产保护条例立法可行性报告》。报告详细分析了近年来自治县民族文化遗产保护工作的情况,总结了成果与问题,提出了立法的必要性和迫切性,是《连南瑶族自治县民族文化保护条例》立法立项的重要依据。在条例起草中,人民政府派出相关主管部门负责人和有经验的工作人员参与了立法座谈,为《连南瑶族自治县民族文化遗产保护条例》的完善提供了较为有针对性的建议,对条例的操作性提供了保障。

(三)立法专家组

《中华人民共和国立法法》第53条第2款规定:"专业性较强的法律草案,可以吸收相关领域的专家参与起草工作,或者委托有关专家、教学科研单位、社会组织起草。"连南瑶族自治县人大常委会于2015年与学院签订了立法合作协议,邀请学院的专家学者成立立法专家组,并与自治县人大常委会共同成立了立法工作组。立法专家组全程深入参与了条例的调研、起草和修改完善工作,并举办专家论证会,针对条例中传统瑶族村寨保护较为专业的问题邀请专业领域的专家对条例提出完善建议,对条例的立法质量提供了保障。

(四)连南瑶族自治县非物质文化遗产传承人

非物质文化遗产传承人是"在有重要价值的非物质文化遗产传承过程中,代表某项遗产深厚的民族民间文化传统,掌握杰出的技术、技艺、技能,为社区、群体、族群所公认的有影响力的人物。"在连南的民族文化遗产中,非物质文化遗产占有重要的地位,在《连南瑶族自治县民族文化遗产保护条例》的立法过程中,自治县非物质文化遗产的传承人通过参加座谈会对立法提出建议。在座谈中,连南歌王、鼓王和绣娘参加了会议,他们介绍了瑶族民歌、长鼓舞、瑶绣的传承现状,结合自身的经验,对传承场所、传承形式提出了建议,对《连南瑶族自治县民族文化遗产保护条例》中非物质文化遗产保护提供了重要参考。非物质文化遗产代表性项目传承人还通过开展传承活动,让立法专家组加深了对连南瑶族文化的认识,当立法专家组到民族小学调研时,歌王唐买社公和鼓王唐桥辛二公在民族小学开展了非物质文化遗产传承活动,组织学生学习瑶族歌舞,亲自展示了非物质文化遗产的传承过程。非物质文化遗产代表性项目传承人以这种独特的方式对《连南瑶族自治县民族文化遗产保护条例》保护瑶族习惯提供了示例。

二、《连南瑶族自治县民族文化遗产保护条例》的启动

(一)《连南瑶族自治县民族文化遗产保护条例》的立项

2015 年 3 月,自治县人大内务司法委员会组织领导了《连南瑶族自治县民族文化遗产条例》立法的前期调研工作,经过自治县人民政府主管部门的具体研究和论证,完成了《连南瑶族自治县民族文化遗产保护条例立法可行性报告》(以下简称《立法可行性报告》)。《立法可行性报告》指出,连南民族文化遗产保护经过长期发展,已经取得了较大的成效,“瑶族要歌堂”“瑶族长鼓舞”“瑶族婚俗”等 3 个项目获得了国家级非物质文化遗产代表性项目名录,自治县也制定了一些文化遗产保护保护规章。但是,文化遗产保护仍面临着发展不平衡保护不充分带来的问题,有必要制定单行的民族文化遗产保护条例,使民族文化遗产的保护得到法律的保障。

《立法可行性报告》提交县人大常委会审议。报告指出,自治县制定文化遗产保护的单行条例,拟解决以下问题:

其一,通过制定民族文化遗产保护的单行条例提高民众对文化遗产保护的认识。自治县民众对民族文化的重要性认识不足,认识不到传统民族民间文化属于“不可再生资源”,在城市化加速发展的态势下,文化遗产的生态环境日益恶化,有加速消亡的危机,应提高民众文化遗产保护的紧迫感、责任感。通过条例的制定和宣传,对提升民众对文化遗产保护的意识有重要意义。

其二,解决民族民间文化资源流失严重的问题。由于缺乏规范、系统的传承体系,民族民间文化的继承后继乏人,一些传统技艺面临灭绝。许多技艺属独门绝技、口传心授、因人而存、人绝艺亡。同时,民族民间文化保护工作专业人才匮乏,致使一些民间传统技艺濒临绝亡;民间文化资源大多分散存留或流传于民间,尤其是些独门绝技,传世不多。通过条例的制定,可采用多种的保护

方法和传承方式,解决民族民间文化资源严重流失的问题。

其三,建立民族文化遗产的规范保障体系。长期以来,民族文化遗产在保护工作的政策规章方面不够健全,难以建立起科学的文化遗产发现、评估、认定、保护、管理、利用等工作程序,制定单行条例,有利于建立民族文化遗产的保障体系。

经审议通过了《连南瑶族自治县立法可行性报告》,自治县人大常委会于2015 年 10 月 29 日确定制定民族文化遗产保护的单行条例的立法立项。

(二)收集材料和实地考察调研

为了解地方民族文化遗产保护实际情况,收集立法资料,立法工作组向连南主管部门和社会各界征求意见,到文化广电新闻出版局、住房与城乡规划建设局、档案局、博物馆、文化馆、镇、村等多个部门广泛调研,充分听取各方意见,了解文化遗产保护工作的情况。各主管机构通过书面形式提出了有建设性的建议,并提供了历年非物质文化遗产保护的工作总结、工作计划、政府报告,以及各类文化遗产保护工作的实施情况,为《连南瑶族自治县民族文化遗产保护条例》的制定提供了较为翔实的材料。

立法工作组赴连南实地考察调研,走访具有代表性的镇、村。先后前往连南国家级历史文化名村南岗千年瑶寨、省级历史文化名村油岭古寨,并走访了广东瑶族博物馆、各镇文化馆,实地了解情况,为立法工作奠定了基础。

(三)知悉文化遗产保护立法的最新动态

在起草条例的过程中,立法专家组搜集了国内外文化遗产保护立法的资料, 研究了国内外文化遗产保护的立法,了解立法动态和立法趋势,为《连南瑶族自治县民族文化遗产保护条例》的制定提供理论支撑、法律依据和参考。

1. 国际公约

文化遗产保护的国际公约反映了人类对文化遗产保护的共识和趋势,是文化遗产保护立法的重要资料。根据自治县民族文化遗产保护立法的需要,立法专家组搜集和整理的国际公约主要包括:《保护世界文化和自然遗产公约》《世界文化多样性宣言》《保护和促进文化表现形式多样性公约》《保护非物质文化遗产公约》等。这些国际公约相互补充,将物质文化遗产保护和非物质文化遗产保护有机地结合起来，要求保护文化遗产所拥有的全部内容和形式，注重文化载体、文化形式和文化土壤的关联性，从整体上对文化遗产加以关注并进行多方面的综合保护。这种将文化遗产视为有机整体进行保护的理念，对自治县民族文化遗产保护采取统一立法体例有重要的启示和借鉴意义。

其一，《保护世界文化和自然遗产公约》。1972 年联合国教育、科学和文化组织大会通过了《保护世界文化和自然遗产公约》。制订公约的出发点是保护人类文明的遗迹和珍贵的自然资源，公约明确指出："保护不论属于哪国人民的这类罕见且无法替代的财产，对全世界人民都很重要，考虑到部分文化或自然遗产具有突出的重要性，因而需要作为全人类的世界遗产的一部分加以保护，考虑到鉴于威胁这类遗产具有突出的重要性，因而需要作为全人类世界遗产的一部分加以保护，考虑到鉴于威胁这类遗产的新危险的规模和严重性，整个国际社会有责任通过提供集体性援助来参与保护具有突出的普遍价值的文化和自然遗产。"

面对遗产遭受蓄意的破坏、文化多样性保护面临挑战的现实，公约确立了文化遗产保护的新理念，将保护文化遗产作为人与环境的关系问题来认识，重申文化遗产为全人类世界遗产的一部分，提升了文化遗产保护的价值。公约在总结世界文化遗产保护历史经验的基础上，进一步丰富了文化遗产保护的内涵，提出了"确定、保护、保存、展出和恢复"的多层次内涵，为世界各国的文化遗产保护提供了方向。最后，公约还拓展了文化遗产保护的视野，为文化遗产和自然遗产提供了标准，推动文化遗产保护的政府间合作，追求人与环境的和谐共生与可持续发展。

其二，《世界文化多样性宣言》。2001 年联合国教育、科学及文化组织大会通过了《世界文化多样性宣言》。宣言首次在世界范围内明确了"文化多样性"的意义，提出"文化在不同的时代和不同的地方具有各种不同的表现形式。这种多样性的具体表现是构成人类的各群体和各社会的特性所具有的独特性和多样性，文化多样性是交流、革新和创作的源泉，对人类来讲就像生物多样性对维持生物平衡那样必不可少。从这个意义上讲，文化多样性是人类的共同遗产，应当从当代人和子孙后代的利益考虑予以承认和肯定"。宣言将文化多样性作为文化保护的一个维度,深化了文化遗产保护的理念。同时,宣言还指出文化保护与文化权利之间的密切联系,强调“每个人都有接受充分尊重其文化特性的优质教育和培训,每个人都应当能够参加其选择的文化生活和从事自己所持有的文化活动,但必须在尊重人权和基本自由范围内”。使文化保护上升到权利保护的范畴,“在日益走向多样化的当今社会中必须确保属于多元的、不同的和发展的文化特性的个人和群体的和睦关系和共处”。

其三,《保护和促进文化表现形式多样性公约》。2005年联合国教育、科学及文化组织通过《保护和促进文化表现形式多样性公约》。公约:“确认文化多样性是人类的一项基本特性。认识到文化多样性是人类的共同遗产,应当为了全人类的利益而对其加以珍爱和维护。意识到文化多样性创造了一个多姿多彩的世界,它使人类有了更多的选择,得以提高自己的能力和形成价值观,并因此成为各社区、各民族和各国可持续发展的一股主要推动力。”进一步提升了文化多样性的价值,将其作为人类的基本特性对待,是人类发展的主要动力之一。公约特别提出要注重文化的物质财富与非物质财富,“承认作为非物质和物质财富来源的传统知识的重要性”,并专门指出了民族对文化的价值,“特别是原住民知识体系的重要性,其对可持续发展的积极贡献,及其得到充分保护和促进的需要”。在此基础上,公约提出了明确的保护原则和完整的权利义务体系,为世界各国的文化遗产保护立法提供了重要的指导和参照。

其四,《保护非物质文化遗产公约》。2003年联合国教育、科学及文化组织通过了《保护非物质文化遗产公约》。尽管国际社会已经注意到非物质形态的文化遗产与文物、建筑等有形文化遗产具有同样的遗产价值,但长期以来未能形成统一的共识。公约的通过,是世界范围内首次对非物质文化遗产形成较为一致的理解:“非物质文化遗产,指被各社区、群体,有时是个人,视为其文化遗产组成部分的各种社会实践、观念表达、表面形式、知识、技能以及相关的工具、实物、手工艺品和文化场所。包括以下方面:口头传统和表现形式,包括作为非物质文化遗产媒介的语言;表演艺术;社会实践、仪式、节庆活动;有关自然界和宇宙的知识和实践;传统手工艺。”

该公约是第一个非物质文化遗产保护的国际法律文件。它继承了国际文化遗产保护的成果,继续贯彻和推动文化多样性的理念,“承认各社区,尤其是原住民、各群体,有时是个人,在非物质文化遗产的生产、保护、延续和再创造方面发挥着重要作用,从而为丰富文化多样性和人类的创造性做出贡献”。明确了非物质文化遗产的内涵,并建立了较为完备的世界非物质文化遗产保护体系,对管理机构、认定标准、申报程序、责任义务等作出了明确规定,为国际非物质文化遗产保护作出了重要贡献,对各国非物质文化遗产保护立法也具有重要的现实意义。

2. 国内立法

国家和地方均制定了各类文化遗产保护的法律法规,根据《连南瑶族自治县民族文化遗产保护条例》立法的需要,立法专家组收集整理了文化遗产保护的相关法律、法规,具有参考性的地方性法规,为《连南瑶族自治县民族文化遗产保护条例》的制定提供法律依据和参考。

其一,《中华人民共和国文物保护法》(以下简称《文物保护法》)。1982 年颁布。为了加强对文物的保护,继承中华民族优秀的历史文化遗产,促进科学研究工作,进行爱国主义和革命传统教育,建设社会主义精神文明和物质文明,我国颁布了《文物保护法》。该法第二条明确规定了文物的范围,包括:“具有历史、艺术、科学价值的古文化遗址、古墓葬、古建筑、石窟寺和石刻、壁画、与重大历史事件、革命运动或者著名人物有关的以及具有重要纪念意义、教育意义或者史料价值的近代、现代重要史迹、实物、代表性建筑;历史上各时代珍贵的艺术品、工艺美术品;历史上各时代重要的文献资料以及具有历史、艺术、科学价值的手稿和图书资料等;反映历史上各时代、各民族社会制度、社会生产、社会生活的代表性实物。”尽管《文物保护法》并未针对少数民族做专项规定,但作为国内对物质文化遗产保护的基本法,它对民族自治地方文物保护有重要的规范作用,民族自治地方文化遗产保护立法的基本依据。

其二,《中华人民共和国非物质文化遗产法》(以下简称《非物质文化遗产法》)。2011 年颁布。《非物质文化遗产法》包括总则、非物质文化遗产调查、代表性项目名录、传承与传播、法律责任和附则。该法的立法目的是“继承和弘扬中华民族优秀传统文化,促进社会主义精神文明建设,加强非物质文化遗产保护，保存工作”。在整体思路上，《非物质文化遗产法》对不同非物质文化遗产采取不同保护措施、对全部文化遗产采取认定、记录、建档的统一管理，对濒危的文化遗产采取抢救性保护。同时，《非物质文化遗产法》强调发挥政府主导作用，鼓励和支持社会各方面积极参与，正确处理文化遗产保存保护与开发利用的关系。

《非物质文化遗产法》设立了非物质文化遗产保护的三项重要制度：(1)调查制度。调查是保护非物质文化遗产的基础，该法各级人民政府、相关主管部门和人员的权利义务，以及境外组织或个人在我国境内的调查分别作出了规定，并强调“进行非物质文化遗产调查，应当征得调查对象的同意，尊重其风俗习惯，不得损害其合法权益”，在开展保护工作的同时维护民众的合法权益。(2)代表性项目名录制度。名录制度是非物质文化遗产保护的核心制度，《非物质文化遗产法》规定各级人民政府有建非物质文化遗产代表性项目名录的义务，对重大历史、文学、艺术、科学价值的非物质文化遗产项目列入名录保护。非物质文化遗产代表性项目名录的建立，旨在规范认定和保护程序，集中保护资源，开展重点保护。(3)传承与传播制度。传承与传播制度是保护非物质文化遗产可持续发展的重要制度，通过建立传承人制度，对代表性传承人进行认定、扶持和帮助，并规定了不同主体传播非物质文化遗产的义务，推动社会的积极参与。《非物质文化遗产法》不仅是《条例》制定的上位法依据，也为《条例》草案框架的确立提供了重要参考。

其三，国务院颁布的法规和政策性文件为连南民族文化遗产保护提供了明确的依据。2000 年 2 月，文化部和国家民委共同下发了《关于进一步加强少数民族文化工作的意见》，对民族自治地方文化工作做出了较为全面的部署。文件明确提出了“加强民族地区文化基础设施建议”“抓好少数民族文艺创作”“并加强民族地区文化队伍建设”等要求，为民族地方文化工作提供了保障。同时，文件专门强调了加强民族传统文化的保护和利用，指出要扶持优秀的少数民族文化，落实和完善文化经济政策，对民族自治地方的文化遗产保护起到了重要的推动作用。

2005 年 12 月 22 日，国务院下发《国务院办公厅关于加强我国非物质文化遗产保护工作的通知》,通知针对文化遗产保护工作,内容具有明确的规范性与指引性,其指导思想、保护目标和文化生态区等具体措施都已经取得了一定成效,为保护民族文化遗产提供了保障。

2012年国务院办公厅发布了《少数民族事业"十二五"规划》。规划中提出"加强少数民族文化遗产保护工作。加强少数民族语言文字规范化信息化建设。健全少数民族文化遗产普查、登记、认定制度,加强对世界文化遗产、大遗址和文物保护单位的保护,继续实施少数民族文物保护工程,加强民族地区历史文化名城(街区、村镇)的保护。对濒危的少数非民族文化遗产实施抢救性保护,对具有一定市场前景的少数民族非物质文化遗产项目实施生产性保护,对少数民族非物质文化遗产集聚区实施整体性保护"。对民族自治地方立法具有重要的指导作用。

其四,民族文化遗产保护的地方性立法为《连南瑶族自治县民族文化遗产条例》的制定提供了重要的参考。随着国家法律的颁布,各地开始陆续制定文化遗产保护的地方立法。2000年云南省人大常委会批准了《云南省民间传统文化保护条例》,这是我国第一部保护民间传统文化的地方性法规,该条例主要通过行政手段对民族民间传统文化实行保护。2002年贵州省人大常委会批准了《贵州民族民间文化保护条例》,分别就民族民间传统文化保护的原则、职责部门、抢救和保护的要求、民族民间传统文化传承人的传承单位的命名、开发和利用的原则、保障措施和法律责任等进行了规定。此后,福建、广西、宁夏、新疆等省和自治区也陆续颁布了文化遗产保护的地方立法。

一些自治县也制定了非物质文化遗产条例,主要有:《延边朝鲜族自治州朝鲜族文化工作条例》(1989年)、《恩施土家族苗族自治州民族文化遗产保护条例》(2005年)、《湘西土家族苗族自治州民族民间文化遗产保护条例》(2006年)、《长阳土家族自治县民族民间传统文化保护条例》(2006年);《北川羌族自治县非物质文化遗产保护条例》(2008年)、《玉屏侗族自治县非物质文化遗产保护条例》(2010年)等。这些民族地方文化遗产保护条例,对连南瑶族自治县文化遗产保护条例的制定提供了重要的参考。

三、《连南瑶族自治县民族文化遗产保护条例》的内容与特色

(一)《连南瑶族自治县民族文化遗产保护条例》的内容

《连南瑶族自治县民族文化遗产保护条例》包括总则,调查、管理与保护,传承、传播与利用,保障与激励,法律责任和附则共 6 章 41 条。主要内容如下:

第一章总则。是对条例内容的总体要求和一般性规定。包括立法目的与依据、保护对象、适用范围、保护原则、管理体制、部门统一协调保护民族文化遗产的机制等内容。

第二章调查、管理和保护。条例根据民族文化遗产保护工作的程序与重点内容,规定了民族文化遗产一般性保护、抢救性保护、文化生态区域保护三类内容。一般性保护包括民族文化遗产保护专家调查、咨询、评估制度,调查研究、归类建档、编制保护规划;抢救性保护包括抢救性保护项目和抢救性保护措施;文化生态区域保护包括瑶族文化生态保护区、传统瑶族村寨的认定和保护、传统瑶族村寨村民委员会的职责、传统瑶族村寨保护的措施等内容。

第三章传承、传播与利用。传承、传播立足于民族文化遗产的延续,主要包括平台建设、传承机制、资金资助和扶持、传承传播活动的形式等内容,以推动民族文化遗产保护的可持续发展。开发利用立足于民族文化遗产的推广,主要包括传承项目的知识产权保护,民族文化遗产教育,民族文化遗产宣传,民族文化遗产产品开发,民族文化遗产旅游项目等内容。

第四章保障与激励。民族文化遗产的保障主要包括文化遗产保护合作与人才培养,专项保护资金,代表性项目保护基金等,对文化遗产保护进行保障。对民族文化遗产保护奖励措施的规定,旨在调动社会积极性,鼓励各界参与民族文化遗产保护,建立政府主导、社会参与的民族文化遗产保护模式。

第五章法律责任。是违反条例规定的责任,包括侵占和破坏文化遗产保护项目的责任,破坏传统瑶族村寨保护项目的责任,保存保护单位和个人的责任,主管部门及相关工作人员的责任,是条例相关规定的保障和落实。

第六章附则。是条例生效的相关规定。

(二)《连南瑶族自治县民族文化遗产保护条例》的特色

其一,明确了民族文化遗产的保护范围。连南自治县瑶族历史悠久,在世代传承中留存下了丰富的文化遗产,急需发掘和整理。为更好地保护自治县境内的民族文化遗产,《连南瑶族自治县民族文化遗产保护条例》第 2 条列举了民族文化遗产保护的范围,为民族文化遗产保护提供明确的依据,规定:本条例所称民族文化遗产包括:具有代表性的瑶族建筑物、设施、标识和传统瑶族村寨;瑶族经文、过山榜、民间传说、谚语、礼词、诗歌等传统文学以及作为其载体的瑶语;瑶族长鼓舞、民歌、口技等传统舞蹈、音乐;瑶族银饰、扎染、刺绣、食品、传统服饰、生产生活器具等传统制作技艺;瑶族耍歌堂、香歌堂、众人堂、婚俗、传统体育等传统节庆、礼仪民俗;瑶族医药;其他非物质文化遗产、文物、场所等民族文化遗产。该规定兼顾了明确性与原则性,使民族文化遗产保护的范围比上位法的规定更加明确,更具有可操作性。

其二,完善民族文化遗产的抢救性保护制度。《连南瑶族自治县民族文化遗产保护条例》在上位法的基础上,结合自治县民族文化遗产保护的实际,规定了更为具体的保护制度,第 9、10 条规定了民族文化遗产濒危项目目录和抢救性保护措施,对具有较高保护价值,但尚未列入保护项目、保护资金尚未到位或传承人才断档等具体原因,而面临损坏、失传和灭失风险的民族文化遗产,给予抢救性保护。

其三,加强文化遗产整体风貌的保护。《连南瑶族自治县民族文化遗产保护条例》第 11 条针对民族文化遗产集中,已经形成稳定风貌的区域制定了专门的保护措施,“自治县人民政府应当将体现瑶族优秀传统文化,具有重大历史、文学、艺术、科学价值的文化遗产项目列入名录予以保护,在民族文化遗产集中、特色鲜明、形式和内涵保持完整的核心区域设立民族文化生态展示区。在民族文化生态展示区内,应当确立与民族文化遗产表现形式关系紧密、内容系统完整的文化区域,实行区域性的整体性保护。自治县人民政府统一协调民族文化生态展示区内的民族文化遗产保护工作,城乡规划建设主管部门依法制定民族文化生态展示区专项建设规划”。通过上述措施,维护民族文化遗产的整体风貌。

其四,强化对民族文化遗产的传承的规定。《连南瑶族自治县民族文化遗产保护条例》第三章对非物质文化遗产的传承作出了规定,第 15 条规定了传承平台的建设,在学校、传统瑶族村寨、景区等文化传承的重点地区设立传承平台,开展文化传承工作。第 16、17 条规定了代表性传承人的认定、传承人培养的认定、培养等扶持措施。

其五,注重民族文化遗产的可持续发展。民族文化是一个民族的标志,滋养和维系着民族的生存、文化的可持续发展,是一个民族繁衍生息的根基。《中华人民共和国非物质文化遗产法》对文化的可持续发展做出了原则性规定:"保护非物质文化遗产,应当注重其真实性、整体性和传承性,有利于增强中华民族的文化认同,有利于维护国家统一和民族团结,有利于促进社会和谐和可持续发展。"《连南瑶族自治县民族文化遗产保护条例》在上位法的基础上,将民族文化的可持续发展的理念具体化,建立民族文化遗产保护的长效机制。(1)规定了完整的文化遗产保护与发展措施。包括民族文化遗产的调查、申报、保护、传承、传播与利用,并通过保障与激励制度,增强社会各界的积极性,使民族文化遗产保护形成政府主导、多方参与的格局,将保护与开发利用有机结合,最终实现文化发展与文化保护相辅相成良性的循环。(2)根据不同类型文化遗产的特点,结合自治县保护工作中的实际经验,制定了针对性的保护措施:对传统瑶族村寨、建筑等实物,以设立保护单位和保护区,明确保护责任为主要措施;对语言、舞蹈、节庆等非物质文化遗产,以培养传承人才,扩大文化影响力为主要措施;对民族文化遗产集中的区域,以生态保护和整体开发为主要措施。通过不同措施的有机结合,使自治县民族文化遗产的保护、传承和开发利用相协调,实现民族文化的可持续发展。

其六,明确了民族文化遗产保护的资金保障机制。民族文化遗产保护工作作为一项社会公共事业,具有投资周期长、投资效果难以量化和吸收社会资金能力较弱的特点。为了实现保护工作的长远可持续发展,必须提供可靠的资金来源。为此本条例规定了多种类型的资金来源。《连南瑶族自治县民族文化遗产保护条例》第 17 规定了自治县人民政府应当对民族文化遗产代表性项目的学艺者给予资助或扶持;第 25 条规定了自治县人民政府应设立民族文化遗产专项保护资金，并要求将保护资金纳入自治县年度财政预算，实现资金管理的法治化。此外，还规定了代表性项目保护基金，鼓励社会各界的投入，实现保护资金来源的多元化，推进保护工作的健康发展。

四、立法中连南瑶族自治县人大常委会与立法专家组的深度合作

在《民族文化遗产保护条例》的立法过程中，自治县人大常委会与专家组展开了深度合作，为自治县的地方立法提供了质量保障。

其一，共同拟定立法计划。在《连南瑶族自治县民族文化遗产保护条例》起草中，自治县人大常委会根据县立法规划，确定初步的时间安排。专家组根据立法的实践经验，对《连南瑶族自治县民族文化遗产保护条例》各个环节需要的时间和需要补充的内容提出建议，与自治县人大常委会协商调整工作计划，最终形成了较为合理的立法工作计划，以保障立法工作在保证质量的前提下能如期完成。

其二，共同组织和参与立法调研。立法调研是《连南瑶族自治县民族文化遗产保护条例》制定的基础，收集立法资料，听取立法建议是《连南瑶族自治县民族文化遗产保护条例》制定的重要环节。在这一过程中，自治县人大常委会与立法专家组发挥各自的优势，共同推动调研工作。自治县人大常委会对自治县实际情况有深入的了解，对各主管部门和其他相关人员较为熟悉，有较强的组织能力，能够根据实际问题和调研需要组织工作和人员。立法专家组能够有针对性地拟定调研计划，结合立法需要提出明确的问题，确定调研内容和调研对象。调研过程中，双方优势互补，县人大常委会、专家组均出席各类活动，与调研对象进行访谈，并根据需要引导讨论方向，获取立法所需的信息，并将调研内容进行进一步的梳理总结。通过这种深度合作的方式，保障了立法的针对性和专业性。

其三，共同合作《连南瑶族自治县民族文化遗产保护条例》的起草工作。在《民族文化遗产条例》的起草中，立法专家组根据立法调研所收集的材料，参考国际公约，依据文化遗产保护的相关上位法规定，参照地方性法规，确立了《连南瑶族自治县民族文化遗产保护条例》草案的框架和基本内容，共同完成了《连

南瑶族自治县民族文化遗产保护条例》草案。

《民族文化遗产保护条例》草案完成后，自治县人大常委会组织自治县文化遗产保护的各主管部门对草案提出了具体的修改意见。立法专家组在整理、吸收相关意见后，再次前往自治县，与非物质文化遗产主管部门、非物质文化遗产传承人、文物保护单位负责人等座谈，围绕文化遗产保护范围、管理体制、财政经费和自治地方立法变通权等重点问题进行了深入的研讨，以保障《民族文化遗产保护条例》的合法性、可操作性和地方特色性。

自治县人大常委会与专家组在《连南瑶族自治县民族文化遗产保护条例》制定过程中的深度合作，既保证了立法的专业性和科学性，又能保证《连南瑶族自治县民族文化遗产保护条例》的针对性，凸显地方民族特色，解决民族地方立法的实际问题，是民族自治地方合作立法的有益尝试，也为民族自治地方合作立法提供了一种范例。《连南瑶族自治县民族文化遗产保护条例》2017 年 11 月 30 日被广东省人民代表大会常务委员会批准，自 2018 年 3 月 1 日起施行。

从 2015 年连南瑶族自治县人大常委会与学院签订合作协议，邀请法学院参加《连南瑶族自治县民族文化遗产保护条例》的立法工作，双方派出人员，成立了立法工作组，从《连南瑶族自治县民族文化遗产保护条例》的起草、草案到法规的蜕变，经历了两年多的时间，专家组也因深度参与制定《连南瑶族自治县民族文化遗产保护条例》的机会，将我们对连南瑶族习惯的保护与传承写进了条例之中，也为广东地方习惯法的保护与传承提供了一种范本。

第五节 《连南瑶族自治县村镇规划建设管理条例》对传统瑶族村寨和民族文化的保护

随着连南瑶族自治县社会经济的发展，基层管理体系不完善、村镇规划滞后、违法建设频发、民族文化保护亟须加强等问题日益突出。为落实简政放权的改革方向，完善连南瑶族自治县村镇规划建设管理体系，规范各项管理工作，加强村镇居民建设指引，保护民族特色村寨，贯彻绿色环保原则，2017 年连南瑶族自治县制定了《连南瑶族自治县村镇规划建设管理条例》。笔者作为专家组主持人也深度参与了该条例的制定。该条例的制定对保护传统瑶族村寨意义重大,而传统瑶族村寨也是瑶族习俗和风俗等民族文化的重要载体,对传统瑶族村寨的保护,也可实现对瑶族习惯的保护。

一、《连南瑶族自治县村镇规划建设管理条例》中保护传统瑶族村寨和民族文化的概况

连南瑶族自治县制定《连南瑶族自治县村镇规划建设管理条例》是为加强村镇规划、建设和管理,改善村镇生产、生活、生态环境,保障村镇建设规范化,落实连南城乡统筹发展与新农村建设而制定的,内容包括总则、村镇规划、村镇建设管理、民族特色村寨规划与建设、法律责任和附则,共 6 章 41 条。由于连南有保存较为完好的传统瑶族村寨,这些传统瑶族村寨是瑶族传统习俗文化的载体,是非物质文化遗产和物质文化遗产的结合体,由此,在制定条例中突出了对传统瑶族村寨的保护,在本条例的 41 个条文中涉及传统瑶族村寨保护的条文共有 16 条,其中设专章“第四章民族特色村寨规划与建设”保护传统瑶族村寨。

二、《连南瑶族自治县村镇规划建设管理条例》保护传统瑶族村寨和民族文化的内容

《连南瑶族自治县村镇规划建设管理条例》中涉及传统瑶族村寨和民族文化保护的内容有以下几个方面。

(一)总则

总则是对条例内容的总体要求和一般规定,共有 8 个条文,其中有 6 个条文都涉及了传统瑶族村寨和民族文化的保护。在立法目的、适用范围和基本原则中都强调了保护民族特色村寨。第 5 条专门就民族特色规划与建设作了规定,自治县人民政府在村镇规划中设立民族特色村寨,体现民族文化。连南瑶族自治县是重要的瑶族聚居地,民族特色鲜明、文化资源丰富,村镇规划和建设管理应体现和保护民族文化。《城乡规划法》规定历史文化保护应纳入规划与

建设管理,《广东省城乡规划条例》和《少数民族事业“十二五”规划》也强调了民族文化保护的重要性,并专门提出了对“民族特色村寨”的保护。因此,本条根据上位法和连南瑶族自治县实际情况,规定了民族特色村寨的规划与建设。第6条第2款还专门规定了资金机制,民族特色村寨内的建设工程符合规划要求,体现民族文化特色的,连南瑶族自治县人民政府应当给予资金支持。《城乡规划法》和《广东省城乡规划条例》均作出了在城乡规划与建设中保护历史文化的规定,自治县、镇人民政府应鼓励民族文化的保护与传承,对城乡民族特色村寨内的建设工程给予适当的资金支持。根据国务院办公厅《关于改善农村人居环境的指导意见》与《广东省人民政府办公厅关于改善农村人居环境的意见》,在规划与建设过程中,各级财政要加大资金支持力度,加强村镇基础设施建设,改善农村人居环境,加快建立“政府主导、村民参与、社会支持”的工作机制,引导社会资金投入村镇规划与建设管理。结合连南瑶族自治县实际情况,村镇规划建设管理的资金机制采取以财政资金为基础,鼓励社会资金投入的原则,并对民族文化保护相关的规划和建设工程给予资金支持。灾害防控中也有对民族特色村寨的相关规定。

(二)村镇规划

村镇规划是对村镇规划编制与管理的相关规定。第11条镇规划的第1款规定,镇总体规划的内容应当包括规划区范围、规划区内建设用地规模、基础设施和公共服务设施用地、水源地和水系、农用地和绿化用地、综合防灾减灾设施用地、环境与自然资源保护、历史文化保护以及民族特色村寨保护等。第2款规定,镇控制性详细规划的内容应当包括规划地段内建筑开发总量,各地块的土地使用性质、容积率、建筑密度、允许建设高度、绿地率、停车设施、公共服务设施和基础设施建设的具体配置要求,历史文化保护区以及涉及文物保护的建筑物、构筑物控制指标等。这两款对镇的总体规划和详细规划内容都必须考虑对历史文化保护区和民族特色村寨的保护。第12条村庄规划的内容中也涉及了“对耕地等自然资源和历史文化遗产保护、防灾减灾的具体安排”的规定。

(三)村镇建设管理

村镇建设管理是对村镇规划范围内建设工程实施管理的相关规定。第24

条自建住宅指引第2款“在村镇规划确定的民族特色村寨内,村民自建住宅应当符合规划区的专用设计规范”是关于民族特色村寨内村民自建住宅的设计标准的规定。此款规定是对上位法保护历史文化的规定和本条例第5条“特色规划与建设”的落实。连南瑶族自治县人民政府应当发挥指引作用,通过制定住宅设计图集和特色村寨规划区施工标准,引导村民在村镇建设中体现民族特色。同时,民族特色村寨内住宅建设符合第6条第2款规定,遵循规划要求,体现民族特色的,应当给予资金补贴。第四章民族特色村寨保护中的建设工程符合本条规定的,应当提供资金支持。对其他应体现民族特色的规划区域,如移民新村等,连南瑶族自治县人民政府应对符合规划要求、体现民族特色的村民住宅建设提供适当支持。

(四)民族特色村寨规划与建设

民族特色村寨规划与建设部分是为保护连南瑶族自治县丰富的民族文化资源而制定的。主要包括民族特色村寨的范围认定、规划编制、建设维护、开发利用、档案管理和经费来源等内容。

《连南瑶族自治县民族文化遗产保护条例》第33条是规定民族特色村寨的范围的,有两款,第1款是民族特色村寨内容的规定,民族特色村寨包括传统村寨和新建的民族特色村寨。在连南瑶族自治县,瑶族先民遗留下大量具有文化特色的传统村寨;人民政府在保护传统村寨的同时,也组织翻修、新建了一批具有民族特色的新村,两者均具有文化保护与传承价值,纳入民族特色村寨的保护范围。第2款是民族特色村寨认定的主体与职权的规定,连南瑶族自治县人民政府组织文化主管部门、民族宗教主管部门、城乡规划建设主管部门对历史建筑、非物质文化遗产和文物开展普查,根据民族文化传统、历史建筑保护现状、地理区位等确定民族特色村寨名单并公布。国务院《历史文化名城名镇名村保护条例》和《广东省城乡规划条例》主要从历史文化保护区、历史文化名村和历史建筑的角度规定保护措施。连南瑶族自治县具有民族特色的村寨数量较多,除已经纳入文物、历史建筑、历史文化名村等范围进行保护的村寨,还有大量亟须建设和保护的民族特色村寨。本条例参考上位法规定,结合自治县实际情况,通过民族特色村寨的方式对民族文化载体予以保护。民族特色村寨的称谓根据《少数民族事业“十二五”规划》拟定。该规划提出进一步做好少数民族特色村寨保护与发展工作，改善特色村寨的人居环境，培育特色产业，促进少数民族文化传承。

《连南瑶族自治县民族文化遗产保护条例》第 32 条是规定民族特色村寨的规划，该条是关于各级人民政府组织开展民族特色村寨规划的规定，自治县、镇人民政府应当积极开展民族特色村寨的规划工作，在村镇规划中反映特色村寨保护的范围和要求。是关于新建民族特色村寨规划体现文化特色的规定。根据《广东省城乡规划条例》和《少数民族事业“十二五”规划》，自治县、镇人民政府应积极履行职责，推进民族特色村寨的规划，保护民族特色村寨的建筑风格和整体风貌。根据上位法提出的村镇规划编制原则与依据，将民族特色村寨纳入村镇规划。

《连南瑶族自治县民族文化遗产保护条例》第 34 条是规定民族特色村寨建设与维护的，有两款，第 1 款是关于民族特色村寨内建筑物、构筑物维护、修缮、改造与拆除的规定：“民族特色村寨内的建筑物、构筑物应当及时维护，其维修、改造应当符合保护目标，未经批准不得改建、拆除。”第 2 款是民族特色村寨内自然景观与人文景观保护标志的规定：“民族特色村寨内的自然山水、建筑物、构筑物、古树名木及名胜古迹，由自治县人民政府设置保护标志。”本条参考《广东省城乡规划条例》关于历史文化保护区和历史建筑的保护规定，根据连南瑶族自治县实际情况制定。

《连南瑶族自治县民族文化遗产保护条例》第 35 条是关于民族特色村寨的开发利用的规定，有两款，第 1 款是关于民族特色村寨开发利用中的保护性规定：“民族特色村寨的开发利用不得影响保护工作。对具备开放条件的景点和传统建筑物，镇人民政府可以在征得所有权人或者使用人同意后，实行保护性利用。”开发利用相关的旅游、文化产业规范由管理主体根据实际情况制定，本条例不做具体规定。第 2 款是关于民族特色村寨保护工作档案管理的规定，自治县人民政府文化、民族宗教和建设等主管部门应当建立民族特色村寨的建设和保护档案，将民族特色村寨修缮、维护等保护工作的资料及时整理归档。本条规定的档案，仅限于因民族特色村寨建设与保护形成的资料，民族特色村寨区域内其他建设活动的档案不属于归档范围。

《连南瑶族自治县民族文化遗产保护条例》第36条是关于保护的资金机制的规定,有两款,第1款是关于民族特色村寨建设、保护与管理经费纳入财政预算的规定:“自治县人民政府应当安排财政资金,推进民族特色村寨的规划、建设与保护。”民族特色村寨的规划与建设是民族文化保护的重要内容,连南瑶族自治县人民政府应安排财政资金。本条的规定是对上位法的落实。第2款是关于鼓励社会力量参与民族特色村寨建设、保护和开发利用的规定:“鼓励社会力量参与民族特色村寨的建设、保护和开发利用。”鼓励公民、法人或其他组织以资金、劳务或其他方式参与民族特色村寨的建设、保护和开发利用。

连南瑶族自治县排瑶先民留存下大量瑶族村寨,这些具有保护价值的文化载体,既无法全部认定为文物或历史建筑,也难以全部申报国家与省级历史文化保护区和历史文化名村。《连南瑶族自治县民族文化遗产保护条例》在上位法的基础上,结合连南瑶族自治县瑶族实际情况,设立民族特色村寨,通过专项规划与专项管理的方式,对这些民族特色村寨进行整体性保护,传承瑶族文化。

(五)法律责任

法律责任是违反管理规定所需承担的责任,主要包括管理主体责任、建设单位和个人责任。其中第40条专门就破坏民族特色村寨的责任作了规定,有两款,第1款是关于破坏民族特色村寨内建筑物、构筑物和自然资源的责任的规定:“建设单位或者个人违法违规占用或者拆除、破坏民族特色村寨的建筑物、构筑物和自然资源,由自治县人民政府责令停止违法行为、限期恢复原状或者采取其他补救措施;逾期不恢复原状或者不采取其他补救措施的,自治县人民政府可以指定有资质的单位代为恢复原状或者采取其他补救措施,所需费用由违法者承担;造成严重后果的,依法追究责任。”第2款是关于违反民族特色村寨规划要求进行工程建设、破坏村寨整体风貌的责任规定:“建设工程不符合民族特色村寨的规划要求,不按照民族特色村寨设计标准进行建设,破坏区域整体风貌的,由自治县人民政府责令停止建设、限期改正。逾期不改正或者无法改正的,停止资金支持。拒不停止建设的,由自治县人民政府责成有关部门查封施工现场,依法拆除。”

民族特色村寨范围较大,有些村寨已经入选国家和省级历史名村,或已经纳入历史文化保护区,相关法律法规有更高的保护标准和处罚力度,应按照更高标准进行保护。

(六)附则

附则是关于条例生效条款的规定。该条例第 41 条规定:"本条例自 2017 年 12 月 1 日起施行。"说明保护连南传统瑶族村寨和民族文化的规定,从 2017 年 12 月 1 日起就具有法律效力,获得了国家强制力的保障。

三、《连南瑶族自治县村镇规划建设管理条例》突出了保护传统瑶族村寨和民族文化的特色

连南瑶族自治县民族文化资源丰富,大量村寨、民居保持了原生态的民族特色,具有较高的保护价值。为体现民族特色,发扬民族文化,该条例规定了民族特色村寨保护制度。该条例总则规定了民族特色村寨规划与建设的一般性要求,将保护民族文化作为工作重点。在资金保障机制中,该条例在一般性保护资金的基础上,还制定了鼓励和引导措施,对民族特色村寨内符合规划要求,体现民族文化特色的建设工程,给予资金支持。该条例第四章规定了民族特色村寨保护的具体要求,包括保护范围、保护规划、建设与维护、开发与利用和档案管理等内容,全面规范民族特色村寨的保护工作,促进村镇建设与民族文化保护协调发展。

第六节 结　　语

借助民族自治地方立法,将民族的和地域的文化内容纳入法律保护,构建一套完善的民族自治地方文化遗产保护的法律体系,使民族文化遗产保护走向规范化、法制化的道路,也是探索地方法对习惯认可的经验,是加强民主立法、科学立法的必然要求,法律的生命力来自与社会的契合,法律的权威性来自深

厚的实践基础,法律的科学性源于对客观规律的尊重①。文化遗产是与具体的民族和地域相关联的,体现在民族的传统文化中。《非物质文化遗产法》虽然规定了非物质文化遗产保护的对象,但比较抽象,不能将各民族自治地方体现非物质文化遗产精髓的民族文化都具体化。《连南瑶族自治县民族文化遗产保护条例》在制定过程中根据连南瑶族自治县民族文化遗产的实际,细化了上位法关于保护对象的原则性规定,突出瑶族传统文化特色。该条例第 2 条规定:本条例所称民族文化遗产包括:具有代表性的瑶族建筑物、设施、标识和传统瑶族村寨;瑶族经文、过山榜、民间传说、谚语、礼词、诗歌等传统文学以及作为载体的瑶语;瑶族长鼓舞、民歌、口技等传统舞蹈、音乐;瑶族银饰、扎染、刺绣、食品、传统服饰、生产生活器具等传统制作技艺;瑶族耍歌堂、香歌堂、众人堂、婚俗、传统体育等传统节庆、礼仪民俗;瑶族医药;其他非物质文化遗产、文物、场所等民族文化遗产。采用列举的方式,将瑶族文化遗产明确纳入法律保护范围,对于瑶族民族文化的真实性保护有重大的意义。《连南瑶族自治县规划建设管理条例》第四章专章规定对传统瑶族村寨的保护,包括民族特色村寨的范围认定、规划编制、建设维护、开发利用、档案管理和经费来源等内容,对连南传统瑶族村寨和民族文化的保护也将起到重要的作用。

通过立法对民族习惯进行保护,是保护民族习惯非常重要的方式,因为法本身的作用在于"通过对人们思想的影响,实现对人们行为的评价、指引、预测,实现对合法行为的保护和对非法行为的谴责,制裁、警戒和预防的作用"②。

把民族自治地方文化遗产的保护上升到法律的高度,使之具有刚性的约束,是文化遗产保护的重要措施。民族文化是影响国家发展和社会稳定的重要因素,通过民族自治地方立法管理文化事务,体现了全面依法治国的精神,也是增进民族团结的重要方式,对进一步推进具有中国特色的法治研究,丰富地方习惯法的研究,也有一定的理论价值。

---

① 高其才:《法律应当重视对习惯的认可》,载《学习时报》2017 年 1 月 25 日,第 7 版。

② 孙国华、朱景文等主编:《法理学》,中国人民大学出版社 1999 年版,第 54 ~55 页。

参 考 文 献

一、典籍方志类

1.(东汉)应劭:《风俗通义校释》,吴树平校译,天津人民出版社1980年版。

2.(明)林大钦:《东莆先生文集·潮州八贤》,潮安县仙都乡林世堂刊印1987年版。

3.(明)黄仲昭:《八闽通志》,福建人民出版社2017年版。

4.(清)徐珂编撰:《清稗类钞》,中华书局1984年版。

5.(清)屈大均:《广东新语》,中华书局1985年版。

6.(清)蓝鼎元:《鹿州公案》,群众出版社1985年版。

7.(明)陈天资纂修:《东里志》,潮州市地方志办公室2004年版。

8.(明)郭春震纂修:《潮州府志》,嘉靖二十六年(1547年)。

9.(清)周硕勋纂修:《潮州府志》,乾隆二十七年(1762年)。

10.(清)李书吉:《澄海县志》,嘉庆二十年(1815年)。

11.(清)周恒重:《潮阳县志》,光绪十年(1884年)。

12.(清)卢献猷:《海阳县志》,光绪二十六年(1900年)。

13.饶宗颐纂修:《潮州志》,潮州修志馆1949年版。

14.汕头市地方志编纂委员会:《汕头志》,广东人民出版社1990年版。

15.揭阳县地方志编纂委员会编:《揭阳县志》,广东人民出版社1993年版。

16.《上海邮电志》编纂委员会编:《上海邮电志》,上海社会科学院出版社1999年版。

17.《关望蔡氏族谱》,康熙八年(1669年)。

18.《龙田蔡氏族谱》,乾隆十五年(1750年)。

19.《潮汕纪氏始祖宋元宠纪公族谱》,乾隆六十年(1795年)。

20.《深村蔡氏家谱》,光绪元年(1875 年)。

21.《潮州市陈氏族谱》,民国十年(1921 年)。

22.《潮州陈氏有庆堂族谱》,民国十三年(1924 年)。

23.《黄氏族谱》,民国二十一年(1932 年)。

24.《潮汕王氏族谱》,民国二十五年(1936 年)。

25.《仙洋林氏族谱》,民国三十七年(1948 年)。

26.(清)冯奉初辑:《潮州耆旧集》,吴二持点校,暨南大学出版社 2016 年版。

二、著作类

1. 朱勇:《清代宗族法研究》,湖南教育出版社 1987 年版。

2. 刘作翔:《法律文化理论》,商务印书馆 1999 年版。

3. 何勤华主编:《多元的法律文化》,法律出版社 2007 年版。

4. 梁治平编:《法律的文化解释》,三联书店 1994 年版。

5. 陈顾远:《中国婚姻史》,上海书店 1984 年版。

6. 罗香林:《中国族谱研究》,香港中华学社 1971 年版。

7. 黄挺:《潮汕文化源流》,广东高等教育出版社 1997 年版。

8. 陈占山:《1990 年以来潮汕历史研究》,载《潮学研究(7)》,花城出版社 1998 年版。

9. 郭伟川:《岭南古史与潮汕历史文化》,广东人民出版社 2012 年版。

10. 叶春生、林伦伦主编:《潮汕民俗大典》,广东人民出版社 2010 年版。

11. 陈泽弘:《潮汕文化概说》,广东人民出版社 2001 年版。

12. 黄赞发:《潮汕先民与先贤》,汕头大学出版社 2000 年版。

13. 王晶主编:《潮汕区域文化研究——韩山师范学院大学生学术创新成果集》,暨南大学出版社 2008 年版。

14. 郑智勇等编著:《潮汕古代名人》,暨南大学出版社 2011 年版。

15. 黄羡章:《潮汕民国人物评传》,广东人民出版社 2008 年版。

16. 黄挺、陈利江:《潮州商帮》,暨南大学出版社 2011 年版。

17. 王炜中:《潮汕侨批》,广东人民出版社 2007 年版。

18. 邹金盛:《潮帮批信局》,艺苑出版社 2001 年版。

19. 邹金盛:《潮帮批信局》(续编),潮汕历史文化研究中心 2006 年版。

20. 王炜中主编,汕头市档案局馆、侨批文物馆、潮汕侨批档案馆合编:《潮汕侨批业档案选编(1942—1949)》,天马出版有限公司 2010 年版。

21. 潮汕历史文化研究中心编:《潮汕侨批萃编》(第 1 辑、第 2 辑),公元出版有限公司 2003 年版。

22. 潮汕历史文化研究中心侨批文物馆编著:《馆藏晚清侨批选读》,暨南大学出版社 2017 年版。

23. 林朝虹、林伦伦编著:《全本潮汕方言歌谣评注》,花城出版社 2012 年版。

24. 林伦伦主编:《潮汕非物质文化遗产研究》,暨南大学出版社 2013 年版。

25. 蔡鸿生:《关于"海滨邹鲁"的反思》,载《潮学研究》,汕头大学出版社 1993 年版。

26. 翁小筑:《茶甲天下:潮汕功夫茶》,广东教育出版社 2013 年版。

27. 李学勤主编:《十三经注疏》,北京大学出版社 1999 年版。

28. 陈香白:《中国茶文化》,山西人民出版社 1987 年版。

29.《古本小说集成》编委会编:《古本小说集成》,上海古籍出版社 1994 年版。

30. [日]滨下武志:《中国近代经济史研究:清末海关财政与通商口岸市场圈》,高淑娟、孙彬译,江苏人民出版社 2006 年版。

31. [英]查·索·博尔尼:《民俗学手册》,程德祺等译,上海文艺出版社 1995 年版。

32. 常建华:《明代宗族研究》,上海人民出版社 2005 年版。

33. 黄挺、陈占山:《潮汕史》(上册),广东人民出版社 2011 年版。

34. 乔素玲:《近代广东社会与地方法制发展》,法律出版社 2016 年版。

35. 冯江:《祖先之翼》(第 2 版),中国建筑工业出版社 2017 年版。

36. 黄挺:《十六世纪以来潮汕的宗族与社会》,暨南大学出版社 2015 年版。

37. 许倬云:《西周史》,生活·读书·新知三联书店 2012 年版。

38. 黄赞发:《潮汕先民与先贤》(第 4 版),汕头大学出版社 2005 年版。

39. 马小红:《中国古代法律思想史》,法律出版社 2004 年版。

40. 徐祥民、刘笃才、马建红编:《中国法律思想史》,北京大学出版社 2004 年版。

41. 俞荣根:《儒家法思想通论》,广西人民出版社 1992 年版。

42. 刘真伦:《韩愈思想研究》,河南大学出版社 2018 年版。

43. 张洪林主编:《中国传统法律文化》,华南理工大学出版社 2018 年版。

44. 包桂荣等:《民族自治地方少数民族非物质文化遗产的法律保护研究——以蒙古族为例》,民族出版社 2010 年版。

45. 吴宗金、敖俊德主编:《中国民族立法理论与实践》,中国民主法制出版社 1998 年版。

46. 王允武主编:《中国少数民族自治地方自治立法研究》,四川人民出版社 2005 年版。

47. 张文山:《通往自治的桥梁——自治条例与单行条例研究》,中央民族大学出版社 2009 年版。

48. 吉雅:《民族区域自治地方自治立法研究》,法律出版社 2010 年版。

49. 祁庆富、史晖主编:《少数民族非物质文化遗产研究》,中央民族大学出版社 2015 年版。

50. 张洪林主编:《民族自治地方文化遗产保护立法研究》,华南理工大学出版社 2019 年版。

三、报纸、论文类

1. 谢荣:《潮汕文化研究述论》,载《韩山师专学报(社会科学版)》1992 年第 1 期。

2. 司徒尚纪:《广东风俗文化景观与群落》,载《中国历史地理论丛》1992 年第 4 期。

3. 陈春声:《正统性、地方化与文化的创制——潮州民间神信仰的象征与历史意义》,载《史学月刊》2001 年第 1 期。

4. 陈友义:《潮汕家训的文化审视》,载《汕头大学学报(人文社会科学版)》2010 年第 6 期。

5. 王笑天、陆玉:《乡村社会重修族谱现象的思考——兼论宗族意识与农村现代化的关系》,载《社会学研究》1996 年第 6 期。

6. 卢继定:《潮汕旧存谱牒的文化价值》,载《韩山师范学院学报》1995 年第 1 期。

7. 黄挺:《潮汕近十年新编族谱》,载《潮学研究》(第 6 辑)汕头大学出版社 1997 年版。

8. 黄万德、王琳乾:《论潮汕过去的宗族社会生活中祠规乡约的作用》,载《潮学研究》(第 6 辑),汕头大学出版社 1997 年版。

9. 王伟深:《乡规加竹槌》,载陈泽、吴奎信主编:《潮汕文化选》第三集《逢看湖山便忆家》,潮汕历史文化研究中心 2001 年版。

10. 曹国庆:《明代乡约发展的阶段性考察——明代乡约研究之一》,载《江西社会科学》1993 年第 8 期。

11. 赵晓耕、赵启飞:《中国传统司法中的清官崇拜批判》,载《湖湘论坛》2009 年第 3 期。

12. 范依畴:《民间司法公正观念的神话表述及其特征——明清文学中"城隍信仰"的法文化解读》,载《法学》2013 年第 1 期。

13. 蒋炳钊:《"筹台宗匠"蓝鼎元——评述蓝鼎元治台方略及其意义》,载《福建师范大学学报(哲学社会科学版)》1995 年第 1 期。

14. 张秀蓉:《从〈鹿洲公案〉看清初潮汕地区的社会生活》,载《"国家、地方、民众的互动与社会变迁"国际学术研讨会暨第九届中国社会史年会论文集》2002 年 8 月。

15. 陈训先:《论侨批的起源》,载《华人华侨历史研究》1996 年第 3 期。

16. 马楚坚:《潮帮批信局与侨汇流通之发展初探》,载《韩山师范学院学报》2008 年第 2 期。

17. 柯林木:《新加坡侨汇与民信业研究》,载柯林木、吴振强编:《新加坡华族史论集》,南洋大学毕业生协会 1984 年版。

18. 马明达、黄泽纯:《潮汕侨批局的经营网络》,载《暨南学报(人文科学与社会科学版)》2004 年第 1 期。

19. 吴二持:《侨批业与“水客”》,载《潮州日报》2008 年 3 月 26 日。

20. 张洪林、薛锐:《从习惯调整到国家规制:潮汕侨批中的法律文化透析》,载《华南师范大学学报(社会科学版)》2018 年第 1 期。

21. 宋钻友:《从会馆、公所到同业公会的制度变迁——兼论政府与同业组织现代化的关系》,载《档案与史学》2001 年第 3 期。

22. 陈岑博:《潮汕地区婚姻习惯法探析》,载《法制与经济》2011 年第 3 期。

23. 陈友义:《潮州歌册:潮汕历史上独有的女子文化》,载《岭南文史》2013 年第 2 期。

24. 江金波、司徒尚纪:《中原文化与土著文化在梅州的整合研究——以梅州客家山歌的形成为例》,载《中国历史地理论丛》2002 年第 1 期。

25. 冯祥武:《潮汕方言淡化论》,载《汕头大学学报(人文社会科学版)》2011 年第 3 期。

26. 黄挺:《〈南赣乡约〉在潮州的施行》,载《韩山师范学院学报》2013 年第 4 期。

27. 韩秀桃:《中国古代乡里基层组织特征》,载《法学杂志》1998 年第 1 期。

28. 韩秀桃:《〈教明榜文〉所见明初基层里老人理讼制度》,载《法学研究》2000 年第 3 期。

29. 韩秀桃:《中国古代礼法合治思想在基层乡里社会中的实践》,载《安徽大学学报(哲学社会科学版)》1998 年第 1 期。

30. 张洪林、朱腾伟:《家族文化构筑的潮汕侨批纠纷调处方式探析》,载《广东社会科学》2019 年第 2 期。

31. 乔素玲:《基层政区设置中的地方权力因素——基于广东花县建县过程的考察》,载《中国历史地理论丛》2010 年 1 月。

32. 乔素玲:《建国初期婚姻制度变革的地域性》,载《比较法研究》2010 年第 3 期。

33. 乔素玲:《商业团体对于建构和谐秩序的作用与意义——近代广东商业团体化解纷争的个案分析》载《江苏商论》2006 年第 2 期。

34. 邱捷:《民国初年广东乡村的基层权力机构》,载《史学月刊》2003 年第 5 期。

35. 曾天然、张洪林:《少数民族非物质文化遗产的保护与传承——以民族地方文化遗产保护立法为考察对象》,载《学术研究》2018 年第 6 期。

36. 刘魁立:《非物质文化遗产的共享性本真性与人类文化多样性发展》,载《山东社会科学》2010 年第 3 期。

37. 贺学君:《关于非物质文化遗产保护的理论思考》,载《江西社会科学》2005 年第 2 期。

38. 蒋万来《从现代性和文化多样性看非物质文化遗产的法律保护》,载《知识产权》2015 年第 2 期。

39. 田艳:《非物质文化遗产代表性传承人认定制度探究》,载《政法论坛》2013 年第 4 期。

40. 王巨山:《非物质文化遗产保护原则辨析——对原真性原则和整体性原则的再认识》,载《社会科学辑刊》2008 年第 3 期。

41. 刘志军:《非物质文化遗产保护的人类学透视》,载《浙江大学学报(人文社科版)》2009 年第 5 期。

42. 张舜玺:《习近平文物事业法治思想研究》,载《中国法学》2017 年第 4 期。

43. 沈玮玮、刘盈辛:《潮汕日常媒介中的儒家法律文化》,载《人民法院报》2017 年 4 月 7 日,第 5 版。

44. 沈玮玮:《茶法与礼法:潮汕功夫茶的礼仪规训》,载《人民法院报》2017 年 3 月 31 日,第 7 版。

45. 沈玮玮:《古代边陲治理:潮汕地区法文化透视》,载《人民法院报》2017 年 2 月 17 日,第 5 版。